乡村振兴战略
在永州的探索与实践

主　编／黄　燕

副主编／李跃军　范仰棋

湖南大学出版社

·长沙·

图书在版编目（CIP）数据

乡村振兴战略在永州的探索与实践/黄燕主编；李跃军，范仰棋副主编. —长沙：湖南大学出版社，2024.7

ISBN 978-7-5667-3442-6

Ⅰ.①乡…　Ⅱ.①黄…　②李…　③范…　Ⅲ.①农村—社会主义建设—研究—永州　Ⅳ.①F327.643

中国国家版本馆 CIP 数据核字（2024）第 040000 号

乡村振兴战略在永州的探索与实践

XIANGCUN ZHENXING ZHANLÜE ZAI YONGZHOU DE TANSUO YU SHIJIAN

主　　编：黄　燕
副 主 编：李跃军　范仰棋
责任编辑：邓素平
印　　装：长沙鸿和印务有限公司
开　　本：787 mm×1092 mm　1/16　　印　　张：15.75　字　　数：300 千字
版　　次：2024 年 7 月第 1 版　　印　　次：2024 年 7 月第 1 次印刷
书　　号：ISBN 978-7-5667-3442-6
定　　价：58.00 元

出 版 人：李文邦
出版发行：湖南大学出版社
社　　址：湖南·长沙·岳麓山　　邮　　编：410082
电　　话：0731-88822559（营销部），88821343（编辑室），88821006（出版部）
传　　真：0731-88822264（总编室）
网　　址：http://press.hnu.edu.cn
电子邮箱：820178310@qq.com

实施乡村振兴战略，是党的十九大作出的重大决策部署，是决胜全面建成小康社会、全面建设社会主义现代化国家的重大历史任务，是新时代"三农"工作的总抓手。党的十九大报告指出："要坚持农业农村优先发展，按照产业兴旺、生态宜居、乡风文明、治理有效、生活富裕的总要求，建立健全城乡融合发展体制机制和政策体系，加快推进农业农村现代化。"党的二十大部署"全面推进乡村振兴"，指出："加快建设农业强国，扎实推动乡村产业、人才、文化、生态、组织振兴。"党中央的部署为推进乡村振兴战略描绘了宏伟蓝图。

2018年1月2日，《中共中央 国务院关于实施乡村振兴战略的意见》指出："没有农业农村的现代化，就没有国家的现代化……实施乡村振兴战略，是解决人民日益增长的美好生活需要和不平衡不充分的发展之间矛盾的必然要求，是实现'两个一百年'奋斗目标的必然要求，是实现全体人民共同富裕的必然要求。"该意见明确了乡村振兴战略的总体要求和实践要求，规划了推进乡村振兴战略的时间表与路线图，阐明了推进乡村振兴战略必须坚持和完善党对"三农"工作的领导，把党管农村工作的要求落到实处。

2021年4月29日，第十三届全国人民代表大会常务委员会第二十八次会议通过了《中华人民共和国乡村振兴促进法》，以法律的形式对产业发展、人才支撑、文化繁荣、生态保护、组织建设、城乡融合、扶持措施和监督检查等方面推进乡村振兴工作进行了明确规定，为全面实施乡村振兴战略，促进农业全面升级、农村全面进步、农民全面发展，加快农业农村现代化，全面建设社会主义现代化国家，起到了极大的推动作用。

为了贯彻落实乡村振兴战略，中共永州市委始终把巩固拓展脱贫攻坚成果、全面推进乡村振兴作为首要政治任务，成立了以市委书记为组长的实施乡村振兴战略领导小组，各县（市、区）都建立了以县（市、区）委书记为组长的实施乡村振兴战略领导小组，压紧压实县（市、区）党委书记"一线总指挥"、乡镇党委书记"主攻队长"的职责。市委、市政府主要领导定期主持召开乡村振兴推进会，专题听取推进情况汇报。2021 年，永州市委常委会会议、永州市政府常务会议专题研究《中华人民共和国乡村振兴促进法》的贯彻落实措施、乡村振兴系统建设、重点帮扶和示范创建推进等工作。中国共产党永州市第六次代表大会、永州市第五届人民代表大会第六次会议对全市今后五年实施乡村振兴战略的目标定位、实施路径和任务举措等作了全面部署。永州市编制了"十四五"巩固拓展脱贫攻坚成果同乡村振兴有效衔接规划，进一步明确了全市实施乡村振兴战略的路线图和时间表；制定了贯彻落实《中共湖南省委 湖南省人民政府关于实现巩固拓展脱贫攻坚成果同乡村振兴有效衔接的实施意见》的具体措施，强化督查考核评估；出台了"1+4"（1 为市委一号文件，4 即发展主导产业、打造农业公用品牌、整治农村环境、乡村振兴考核 4 个配套文件）政策文件，强力推进全市乡村振兴工作，取得了积极成果。

2022 年 12 月，为了总结永州市各县（市、区）实施乡村振兴战略取得的巨大成绩、基本经验，针对面临的问题提出的发展对策，中共永州市委党校（永州市行政学院）与全市各县（市、区）党校（行政学校）以"永州实施乡村振兴战略研究"为题，开展了科研课题协作，进行了集体攻关。各县（市、区）党校（行政学校）积极响应、高度重视，组织精干力量进机关、下乡镇、跑社区、入村户开展实地调研，收集第一手资料，并对所获资料进行整理归纳、综合分析、提炼升华，如期高质量完成了集体攻关任务。

中共永州市委党校（永州市行政学院）组织人员，对"永州实施乡村振兴战略研究"集体成果结集出版。冀以此书为镜，管窥我国乡村振兴战略实施情况。

编 者

2023 年 2 月

第一章　乡村振兴战略在永州市的探索与实践

第二章　乡村振兴战略在冷水滩区的探索与实践

第三章　乡村振兴战略在零陵区的探索与实践

第四章　乡村振兴战略在祁阳市的探索与实践

第五章　乡村振兴战略在东安县的探索与实践

第六章　乡村振兴战略在双牌县的探索与实践

第七章　乡村振兴战略在道县的探索与实践

第八章　乡村振兴战略在江永县的探索与实践

第九章　乡村振兴战略在江华瑶族自治县的探索与实践

第十章　乡村振兴战略在宁远县的探索与实践

第十一章 乡村振兴战略在新田县的探索与实践

第十二章 乡村振兴战略在蓝山县的探索与实践

后 记 / 240

第一章
乡村振兴战略在永州市的探索与实践

全面建设社会主义现代化国家，实现中华民族伟大复兴，最艰巨最繁重的任务依然在农村。党的十八大以来，以习近平同志为核心的党中央把解决好"三农"问题作为全党工作的重中之重，把脱贫攻坚作为全面建成小康社会的标志性工程，组织推进人类历史上规模空前、力度最大、惠及人口最多的脱贫攻坚战。经过8年持续奋斗，我国如期完成了新时代脱贫攻坚目标任务，现行标准下农村贫困人口全部脱贫，贫困县全部摘帽，消除了绝对贫困和区域性整体贫困。

近年来，永州始终坚持以习近平总书记关于乡村振兴的重要论述为指引，认真贯彻落实党中央、国务院和湖南省委、省政府的部署要求，把巩固拓展脱贫攻坚成果、全面推进乡村振兴作为首要政治任务，严格落实省、市、县、乡四级党委书记和村党支部书记（即"五级书记"）抓巩固拓展脱贫攻坚成果和乡村振兴的要求，调整充实市委实施乡村振兴战略领导小组，高位推动，压实责任，凝聚齐抓共管的工作合力，稳步推进巩固拓展脱贫攻坚成果同乡村振兴有效衔接各项工作。全市脱贫攻坚成果得到巩固拓展，全面推进乡村振兴取得良好成效。

第一节　永州市实施乡村振兴战略的基本情况

习近平总书记在中央农村工作会议上强调，坚持把解决好"三农"问题作为全党工作重中之重，举全党全社会之力推进乡村振兴，促进农业高质高效、乡村宜居宜业、农民富裕富足。2021年以来，按照党中央、国务院和湖南省委、省政府的部署要求，在永州市委的坚强领导下，全市脱贫攻坚收官工作扎实有力，"十三五"脱贫攻坚战取得了丰硕成果，如期完成了新时代脱贫攻坚目标任务。

一、坚持从高从严推动

永州始终把巩固拓展脱贫攻坚成果、全面推进乡村振兴作为首要政治任务，坚持高位推动，从严要求，狠抓落实。

（一）全力部署调度

2022 年初召开的全市农村工作会议进行了安排。市委、市政府主要领导定期主持召开乡村振兴推进会，专题听取推进情况汇报。市委常委会会议、市政府常务会专题研究《中华人民共和国乡村振兴促进法》的贯彻落实措施、乡村振兴系统建设、重点帮扶和示范创建推进等工作。中国共产党永州市第六次代表大会、永州市第五届人民代表大会第六次会议对全市今后五年实施乡村振兴战略的目标定位、实施路径和任务举措等作了全面部署。永州市委、市政府、市人大、市政协班子成员坚持每半年到县区集体调研乡村振兴工作，并建立联席会议制度，每季度调度一次。编制了市"十四五"巩固拓展脱贫攻坚成果同乡村振兴有效衔接规划，进一步明确了全市实施乡村振兴战略的路线图、施工图和时间表。

（二）完善责任链条

严格落实"五级书记"抓乡村振兴工作要求，调整充实了市、县两级党委实施乡村振兴战略领导小组，成立以市委书记为组长的实施乡村振兴战略领导小组，县（市、区）都建立了以县（市、区）委书记为组长的实施乡村振兴战略领导小组，压紧压实县（市、区）党委书记"一线总指挥"、乡镇党委书记"主攻队长"的职责。强化领导干部联系基层责任，市、县两级党政主要负责人分别走遍乡镇、村的人数超过总数的 30%。召开市委实施乡村振兴战略领导小组会议、现场会议、工作推进会议，制定了贯彻落实《中共湖南省委 湖南省人民政府关于实现巩固拓展脱贫攻坚成果同乡村振兴有效衔接的实施意见》的具体措施，明确了责任分工，按要求组织开展了乡村振兴战略实绩市级年度考核，各行业部门及时调整优化了政策措施。强化督查考核评估，将实施乡村振兴战略纳入市委、市政府对县（市、区）党委、政府的绩效考核，对县（市、区）推进实施乡村振兴战略进行实绩考核。

（三）夯实基层基础

出台政策文件，起草制定了"1+4"（1 为市委一号文件，4 即发展主导产业、打造农业公用品牌、整治农村环境、乡村振兴考核 4 个配套文件）政策文件，并积极探索创新投融资机制，每个县（市、区）整合财政涉农项目资金 1 亿元以上。科学选派驻村帮扶力量，选派省、市、县三级驻村工作队 1103 支 3236 人，实现脱贫村、易地搬迁集中安置村（社区）、乡村振兴重点帮扶村、党组织软弱涣散村一村一队全覆盖。

二、稳步巩固拓展脱贫成果

脱贫攻坚任务完成之后，永州市坚持底线思维，严防返贫风险，稳步巩固拓展脱贫成果。

（一）强化监测帮扶

坚持把监测帮扶作为巩固脱贫攻坚成果的主要抓手，紧抓不放、落实落细。制定了"1+13"防止返贫监测与帮扶工作方案，即1个全市总体方案和13个市直行业部门配套子方案，明确监测帮扶的基本原则、主要对象、监测预警方式和精准帮扶要求，组建了专门工作队伍，选用和培训乡镇、村监测员3347名，实现乡镇、村和易地搬迁集中安置点全覆盖；明确12个市直行业部门为数据归集单位，共开展数据归集筛查7次、集中排查2次，全市识别监测对象4144户8429人；定期开展暗访督查，召开了会议调度推进，对发现的问题及时下发通报，督导有效推进。所有监测对象均明确由乡镇或后盾单位班子成员结对，所有脱贫户都落实了结对联系人。根据监测对象的风险类别、发展需求，落实产业就业、帮扶解困、兜底保障等针对性帮扶措施。

（二）保持帮扶力度

保持重视程度不降、推进力度不减，强化薄弱环节，让脱贫基础更稳固、脱贫成效可持续。**聚焦兜底抓巩固。**全市义务教育阶段贫困生、孤儿寡母子女、残疾人、特殊困难家庭子女、农村留守儿童"五类"人员中适龄儿童入学率达到100%，无一人失学辍学。全市特困人口、脱贫人口参保全覆盖，享受大病保险待遇36872人次，脱贫人口县域内住院报销比例达到85%以上、患4种慢性病的脱贫人口家庭医生签约服务率100%。脱贫人口、监测对象住房安全鉴定核实全覆盖，完成新增农村危房改造1156户。建立农村饮水安全动态监测机制，农村饮水安全隐患问题实现动态清零。坚持"凡进必核"、精准救助，完善农村低收入人口定期核查和动态调整机制，农村低保标准提高至4500元/年，残疾人"两项补贴"提高至每人每月70元。永州市民政局被中华人民共和国民政部评为"全国农村留守儿童关爱保护和困境儿童保障工作先进集体"。"一老一小""老有所依老有所养"等工作被中共湖南省委办公厅推介。双牌县养老服务联合体建设专项试点项目被确定为国家基本公共服务标准化试点项目之一。永州市被列为全省"社会救助制度综合改革试点市"。重病重残"单人保"政策拓展到低保边缘家庭，重残范围由一、二级重残拓展到三级精神、智力残疾，重病兜底范围由原来的4类9种拓展到29种。全市非法定监护人监护的农村留守儿童委托照护协议率 100%。**突出发展抓巩固**。全市 147 个重点产业扶贫项目联结脱贫人口 75872 人，均按要求兑现了帮扶协议。建立完善"一特两辅"（重点支持一个特色主导产业，辅助发展两个相关产业）项目储备库，培育"百佳"省级农民合作社 10 个、省级产业扶贫合作社 45 个；积极探索推行了普惠金融"三三四"（推进"物流网点+移动终端+E 平台"金融服务点建设，推行农村金融组织员、协理员、联络员"三员"助贷服务新形式，搭建政银、银企、银农、政保四大合作平台）模式，2021 年 12 月 3 日农村宅基地使用权抵押贷款发放首证首贷，为全省首例。发放脱贫人口小额信贷 3.87 亿元，完成省年度指导计划的 140%。开展确权登记"回头看"，全面查漏补缺，梳理项目资产清单，建立风险预警机制。**改善环境抓巩固**。完善安置区基础设施和基本公共服务配套，全市 168 个集中安置点均设立了专门管理机构，符合条件的安置点均成立了党支部。定期开展安置住房质量排查和消防安全巡查，各安置点均配备了消防设施。开展就业技能培训，扶持搬迁户自主发展产业，搬迁群众产业就业和特困搬迁对象兜底保障全覆盖。

（三）平稳衔接过渡

贯彻落实党中央衔接过渡的部署要求，逐步把资源力量、政策举措、工作重心转移到乡村振兴，实现了良好开局。**稳岗就业扎实有力**。2022 年村级公共就业服务平台覆盖率 100%，农村劳动力转移就业培训 4.3 万人次，完成省年度任务的 361%，脱贫人口务工达到 28.9 万人，高于 2021 年 8.85 个百分点，建成就业帮扶车间 954 个。**发展短板加快补齐**。截至 2022 年 10 月，776 个村庄规划编制完成阶段性工作，达到省定进度要求；完成农村公路提质改造 400 公里、安防设施建设 1250 公里，全市农村公路优良率 78.42%，超过省定水平。乡村医疗卫生机构和人员"空白点"实现动态清零，村级卫生室全部达标，建制乡镇卫生院中医药服务基层全覆盖。提质改造乡村小规模学校 86 所，停办教学点 293 个，全市农村教学点优化整合为 549 个，得到省委、省政府肯定。按标准配备娱乐室、图书室、休息室等场所的农村互助养老服务设施覆盖率超过 30%。**农村综合改革稳步推进**。落实农业领域综合行政执法改革措施，开展农村集体产权制度改革"回头看"，全市农村集体资产清产核资、成员身份确认完成率 100%，农村集体经济组织挂牌、登记赋码及颁证率 100%，集体经济年收入 5 万元以上的村占比 81.1%。

三、持续做大乡村产业

产业兴旺是乡村振兴的重点。永州市将产业和"三农"工作、乡村振兴结合起来，以产业带动乡村振兴，让群众吃上"产业饭"，走上振兴路。

（一）围绕建好基地做大产业

2022 年，全市粮食作物播种面积、早稻种植面积、总产量分别为 50.47 万公顷、14.67 万公顷、306.78 万吨，均超额完成省定任务。制定优质湘猪产业发展规划，全市建成投产万头猪场 29 个，全市前三季度生猪存栏 535.1 万头，提前完成省定任务。促进农业优势特色千亿产业发展，全产业链产值增速 10.5%。创建 1 个优势产业集群、8 个现代农业产业园，新增年销售收入过亿元企业 15 家，创建省级示范合作社 29 家、示范家庭农场 69 家。制定出台对接粤港澳大湾区"菜篮子"工程建设的三年实施方案。设立农业发展专项资金 5000 万元，夯实产业发展基础。推进领导办点示范，每个产业由县（市、区）党政主要领导、分管领导各领办一个 333.33 公顷以上的高标准示范基地。新创建市级标准化示范基地 60 个、省级优质农副产品供应基地 2 个、现代农业特色产业园省级示范园 4 个。湖南农副产品集中验放场（道县）被列为粤港澳大湾区"菜篮子"供应中心 6 个配送分中心之一并正式运行，71 个基地被认定为粤港澳大湾区"菜篮子"生产基地，数量居全省第一。2.27 万公顷高标准农田已全面开工建设，2022 年 3 月全面完工。

（二）围绕培育龙头做长链条

组织企业到粤港澳大湾区举办特色农产品推介活动，拓展粤港澳大湾区市场。目前，已有 17 家企业的 31 个产品成功进入澳门展示中心和超市企业。重点培育了湖南自然韵黑茶科技有限公司、湖南瑞鑫源生物科技开发有限公司等 10 家标杆企业。同时，全年农产品加工销售收入预计可完成 10 亿元的企业有 2 家，过 5 亿元的有 3 家，过 1 亿元的有 29 家。引进了温氏食品集团股份有限公司、中国交通建设股份有限公司等 30 余家实力雄厚的龙头企业，签约金额达 106.5 亿元。加大了股权分置改革力度，目前永州永粮米业有限公司、湖南天惠油茶开发有限公司等 6 家企业与湖南股交所签约，挂牌 5 家。2019 年全市农产品加工销售收入完成 1000 亿元，同比增长 32%。

（三）围绕打造品牌做优产品

"六大强农"（品牌强农、特色强农、质量强农、产业融合强农、科技强农、开放强农）行动全面推进，全市绿色食品、有机农产品、地理标志农产品新增 46 个；大力推进"厅市共建"农业标准化生产，已创建及在建的农产品质量安全县共 9 个，居全省第一，其中道县成功创建为国家农产品质量安全示范县。实行农产品"身份证"管理和赋码标识，175 个农产品取得"身份证"赋码，195 家企业入驻国家农产品质量安全追溯管理信息平台。新增绿色食品认证产品 31 个。"永州之野"公用品牌，是湖南省内第一个发布的全品类、全领域、全覆盖、全产业链的市级农业公用品牌。2021 年，销往粤港澳大湾区的农产品销售额达 210 亿元。其中蔬菜出口量占全省 90% 以上，同比增长 20%。

四、着力改善农村环境

农村人居环境整治是乡村振兴的重要抓手。农村人居环境整治是实现乡村振兴的第一场硬仗。永州扎实推进农村人居环境整治，着力提升农村人居环境质量，实现面貌大改善，让农村成为幸福美好家园。

（一）狠抓责任落实

健全"市统筹、县区主导、乡镇主责、村主抓"的责任体系，落实"四级书记"（市、县、乡、村书记）一起抓，实行"县区干部包乡镇、乡镇干部包村、村组干部包户"，95.76% 的行政村制定了村规民约，94.62% 的行政村制定了农户"门前三包"（包卫生、包绿化、包秩序）制度。

（二）突出工作重点

开展村庄清洁行动，推行"三清理三整治四提升"，即清理农村废弃杂物、清理河塘沟渠、清理农业生产废弃物，整治乱搭乱建、整治乱贴乱画、整治乱接乱拉，提升垃圾分类水平、提升厕所管护水平、提升庭院美化水平、提升卫生健康水平，乡村面貌进一步改观。2021 年，全市累计完成户厕改建 3.07 万座、公厕改建 200 座。创建美丽乡村建设全域推进县 1 个、全域推进镇 6 个，省级美丽乡村示范村 55 个、市级美丽乡村示范村 70 个，规划建设乡村旅游精品线路 21 条，双牌县茶林镇桐子坳村获评"2019 年度中国最美休闲乡村"。

（三）通力协作配合

建立农村人居环境整治联席会议制度，每季度召开一次联席会议。新建乡镇垃圾压缩中转站 10 个，完成非正规垃圾堆放点整治 68 个。全市新启动 300 个村的污水治理，全市对污水进行治理的行政村比例达 60% 以上，农村生活污水处理率达 66.18%。着力开展规模化养殖场粪污处理设施配套建设，畜禽粪污综合利用率达到 76.06%。全市农作物秸秆综合利用率达到 85.28%。启动 803 个行政村路灯亮化工程，安装农村路灯 8.7 万盏；完成自然村通水泥（沥青）路建设 1436 千米，农村公路窄路加宽 603 千米，行政村通畅率达到 100%。2021 年永州市成功创建湖南省第一批"四好农村路"省级示范市和全国"四好农村路"建设市域突出单位，冷水滩区入选第三批全国"四好农村路"示范县。

五、全面推进乡风转变

乡村振兴，既要塑形，也要铸魂。永州通过深挖文化底蕴，创新农村社会治理机制，着力提升现代乡风文明水平。

（一）持续推进文明创建

全面完成了"三个清单"（责任清单、任务清单、问题清单）以外事项的清理整治，建立了社区工作事项准入制度，所有行政村（社区）应急能力均达到了"三有"（有场地设施、有装备物资、有工作机制）建设要求。截至 2022 年 6 月，全市共创建全国文明村镇 8 个、省文明村镇 15 个、县级以上文明村镇 1951 个，全市占比 67.78%，1214 个村制定了村规民约，签订文明节俭操办婚丧喜庆承诺书达 26.99 万份，成立红白理事会 2070 个，劝导、整治不文明节俭操办婚丧喜庆事宜 1.2 万人次，积极探索推广"合约食堂"，引领农村红白喜事新风尚。新时代文明实践建设省级试点宁远县、市级试点冷水滩区上升为国家试点县区。

（二）狠抓乡村治理建设

4 个村成功创建第二批全国乡村治理示范村，5 个村和 1 个乡镇成功创建全省示范村镇。零陵区"137 工程"（1 名党员帮扶 3 户居民，做好 7 项耕地保护工作）和发挥农民群众主体作用的经验做法得到了农业农村部的肯定。蓝山县毛俊镇毛俊村等 5 个村经验入选全国典型案例。新田县乡村小学优化提质工作经验在全省推广，"永州教育扶贫管理系统"案例入选全国学生资助信息化典型案例。

（三）做实基层组织阵地

创新基层干部"导师帮带制"，推行乡镇干部"组团联村、五抓五促"工作机制，"五个到户"即"党员联系到户、民情走访到户、政策落实到户、产业对接到户、精准服务到户"工作经验在全省推广。按照"一村一策"要求和"五个一"（党委领导一面旗、支部引领一张网、小组服务一条线、党员带动一盏灯、群众响应一条心）措施，持续开展集中整顿软弱涣散村党组织行动，取得了阶段性成效。加强党群服务中心建设管理，全市村（社区）党群服务中心设施完善、管理规范、功能齐全。2022 年，全市农村党支部"五化"建设达标率达到 99.9%。在全省率先分 6 期对 3186 名村（社区）党组织书记进行集中培训。全年共排查出 224 个软弱涣散村（社区）党组织，现已全部整顿到位。目前，全市 113 个行政村纳入中央扶持壮大村级集体经济项目计划，村级集体经济年经营性收入达 10 万元以上的村 237 个，占行政村总数的 8.02%，比 2021 年提高 5.25%。

（四）开展法治乡村建设

开展农村"法律明白人"培训，已培训 3 万余人次；建立民主法治示范村动态管理机制，对全市获评全国、全省的民主法治示范村开展复核，保留 9 个全国民主法治示范村（社区）、74 个全省民主法治示范村（社区）；"一村一法律顾问"制度全面建立，全市有 2956 个村、347 个社区配备了法律顾问，配备率 100%。

第二节　永州市实施乡村振兴战略的主要成效

近年来，全市上下始终坚持以习近平总书记关于乡村振兴的重要论述为指引，认真贯彻落实党中央、国务院和湖南省委、省政府的部署要求，稳步推进巩固拓展脱贫攻坚成果同乡村振兴有效衔接的各项工作，全市脱贫攻坚成果得到巩固拓展，全面推进乡村振兴实现良好开局。

一、坚持高位推动，工作合力不断增强

永州市委、市政府把巩固拓展脱贫攻坚成果、全面推进乡村振兴作为首要政治任务，高位推动，压实责任，凝聚齐抓共管的工作合力。

（一）认真研究部署

严格落实"五级书记"抓巩固拓展脱贫攻坚成果和乡村振兴的要求，调整充实市委实施乡村振兴战略领导小组，办公室设市乡村振兴局。先后召开了市委实施乡村振兴战略领导小组会议、现场会、推进会，市委常委会会议、市政府常务会议先后专题研究《中华人民共和国乡村振兴促进法》的贯彻落实措施，乡村振兴系统建设、重点帮扶的示范创建推进工作。中国共产党永州市第六次代表大会、永州市第五届人民代表大会第六次会议对全市今后五年实施乡村振兴战略的目标定位、实施路径和任务举措等作了全面部署。编制了市"十四五"巩固拓展脱贫攻坚成果同乡村振兴有效衔接规划，进一步明确了全市实施乡村振兴战略的路线图、施工图和时间表。制定了落实湖南省有效衔接实施意见的具体措施和责任分工、市级年度考核方案、重点帮扶村工作要点等文件，按要求组织开展了乡村振兴战略实绩市级年度考核，各行业部门及时调整优化了政策措施，实现了领导体制、工作体系和考核机制有效衔接。各县（市、区）都相应调整了党委实施乡村振兴战略领导小组，县（市、区）党委书记、乡镇党委书记分别履行乡村振兴"一线总指挥""主攻队长"的职责。强化领导干部联系基层责任，市、县两级党政主要负责人走遍乡镇、村的人数超过总数 30%。

（二）加强基层党组织建设

按照"一村一策"要求和"五个一"的措施，扎实开展集中持续整顿软弱

涣散村党组织行动，使软弱涣散村党组织得到全面整顿。加强党群服务中心的建设管理，全市村（社区）党群服务中心设施完善、管理规范、功能齐全。

（三）强化驻村帮扶

选派省、市、县三级驻村工作队 1103 支 3236 人，实现了脱贫村、易地搬迁集中安置村（社区）、乡村振兴重点帮扶村、党组织软弱涣散村一村一队全覆盖。

二、落细监测帮扶措施，防返贫底线坚实牢靠

把健全完善防止返贫监测与帮扶作为巩固脱贫攻坚成果的主要抓手，始终紧抓不放、落实落细。

（一）行动早

制定了"1+13"防止返贫监测与帮扶工作方案（1 个全市总体方案和 13 个市直行业部门配套子方案），明确监测帮扶的基本原则、主要对象、监测预警方式和精准帮扶要求，迅速启动监测帮扶工作。组建了专门工作队伍，选用、培训乡镇、村监测员 3347 名，实现了乡镇、村和易地搬迁集中安置点全覆盖。

（二）排查细

依托全省防返贫监测与帮扶管理平台，明确了 12 个市直行业部门为数据归集单位，按照"线上比对和线下排查相结合、自愿申报和组织核查相结合、信息采集和信息比对相结合"的"三结合"原则，每月定期开展数据归集、比对分析、风险预警。2021 年共开展大规模的数据归集筛查 7 次，核实处理风险预警信息 1.8 万余条。先后开展了 2 次集中排查，全市共识别监测对象 4144 户 8429 人，其中脱贫不稳定户 1526 户 3074 人、边缘易致贫户 512 户 1132 人、突发严重困难户 2106 户 4223 人。每个行政村均设立了农户自主申报窗口，推广使用手机 APP 进行注册，畅通农户自主申报通道，受理率、办结率均为 100%。

（三）督导紧

2021 年全市开展了 5 次暗访督查，召开了 4 次会议调度推进，下发了 5 期通报，及时发现整改排查不细致、风险处置不规范、帮扶措施不精准、数据信息欠精确等方面的问题。

（四）帮扶实

根据监测对象的风险类别、发展需求，落实产业就业、帮扶解困、兜底保障等有针对性的帮扶措施，所有监测对象均明确由乡镇或后盾单位班子成员结对，所有脱贫户都落实了结对联系人。

三、对标"四个不摘"，脱贫成果持续巩固

把巩固拓展脱贫成果作为全面推进乡村振兴的前提和基础，保持重视程度不降、推进力度不减，强化薄弱环节，推进脱贫成效更稳固、可持续。

（一）"三保障"成果得以巩固

"三保障"指的是保障义务教育、基本医疗和住房安全。"三保障"是农村贫困人口脱贫的基本要求和核心指标。2021 年，开展义务教育阶段"五类"（贫困生、孤儿寡母子女、残疾人、特殊困难家庭子女、农村留守儿童）人员信息核查、动态监测、"三帮一"劝返复学行动和送教上门工作，全市义务教育阶段"五类"人员中适龄儿童入学率达到 100%，无一人失学辍学。发放"雨露计划"职业教育补助 2884.8 万元。落实参保分类资助、大病保险、医疗救助托底和慢性病签约服务管理等帮扶政策，全市特困人口、脱贫人口参保全覆盖，全面实现农村贫困人口基本医疗有保障；贯彻落实困难人口倾斜政策，享受大病保险待遇 36872 人次，脱贫人口县域内住院报销比例达到 85% 以上、患 4 种慢性病的脱贫人口家庭医生签约服务率 100%。组织开展农村住房安全排查整治，监测对象住房安全鉴定核实全覆盖，完成新增农村危房改造 1156 户。在全省率先制定农村饮水安全动态监测和巩固提升农村供水质量实施方案，建立农村饮水安全动态监测机制，农村饮水安全隐患问题实现动态清零。

（二）产业帮扶效果持续向好

2021 年，全市 147 个重点产业扶贫项目联结脱贫人口 75872 人，均按要求兑现了帮扶协议。建立完善"一特两辅"项目储备库，入选"全省农民合作社 100 佳推荐名单"的合作社有 10 个，被认定为省级产业扶贫合作社的有 45 个。发放脱贫人口小额信贷 3.87 亿元，完成省年度指导计划的 140%。

（三）农村低收入人口帮扶举措更为完善

完善农村低收入人口定期核查和动态调整机制，依托"智慧民政"平台，常态化开展部门数据核对，做到"凡进必核"、精准救助。农村低保标准提高至 4500 元/年，残疾人"两项补贴"提高至 70 元/（人·月）。重病重残"单人保"政策拓展到低保边缘家庭，重残范围由一、二级重残拓展到三级精神、智力残疾，重病兜底范围由原来的 4 类 9 种拓展到 29 种。全市由非法定监护人监护的农村留守儿童委托照护协议签订率达 100%。

（四）易地扶贫搬迁后续帮扶更有保障

完善安置区基础设施和基本公共服务配套，全市 168 个集中安置点均设立了

专门管理机构，安排物业、卫生、保洁等专职工作人员，符合条件的安置点均成立了党支部。定期开展安置住房质量排查和消防安全巡查，各安置点均配备了消防设施，开展了消防安全知识宣传活动。落实搬迁人口就业产业帮扶措施，开展就业技能培训，有就业意愿的搬迁劳动力实现就业全覆盖。采取直接帮扶和委托帮扶模式，扶持搬迁户自主发展产业，实现搬迁群众产业就业和特困搬迁对象兜底保障全覆盖。

（五）扶贫项目资产管理不断深化

开展确权登记"回头看"，全面查漏补缺，梳理项目资产清单，建立风险预警机制，已按要求全部录入全国返贫监测信息系统。

四、平稳推进衔接过渡，乡村振兴开局良好

永州市认真贯彻落实党中央、国务院和湖南省委、省政府衔接过渡的部署要求，切实抓好有效衔接各项重点工作，逐步把资源力量、政策举措、工作重心转移到乡村振兴，实现了良好开局。

（一）提质发展乡村产业

扎实推进粮食稳产和生猪保供，2022年全市粮食作物播种面积、早稻种植面积、总产量均超额完成省定任务，粮食总产量超过300万吨。制定优质湘猪工程发展规划，2022年生猪出栏680万头，居全省第一。全面推进"六大强农"行动，支持农业优势特色千亿产业发展，全产业链产值增速10.5%，推进重点水域禁捕、受污染耕地安全利用等。

（二）扎实促进稳岗就业

2022年，永州市推进村级公共就业服务平台建设，全市行政村公共就业服务平台覆盖率达100%。加强农村劳动力转移就业培训，完成农村转移就业劳动者培训4.3万人次，完成省定任务的361%，新增农村劳动力转移就业4.6万人。落实"311"就业帮扶措施，全市脱贫人口务工人数达到28.9万人，高于2021年8.85个百分点，建成就业帮扶车间954个。

（三）加快补齐农村基础设施和公共服务短板

稳步推进村庄规划编制，776个村庄完成规划编制阶段性工作，达到省定任务进度要求。全面完成农村公路提质改造任务，投入养护补助资金9341万元，全市农村公路优良率为78.42%，超过省定水平。乡村医疗卫生机构和人员"空白点"实现动态清零，全市行政村卫生室全部达标，乡镇卫生院中医药服务实现全覆盖。提质改造乡村小规模学校86所，停办教学点293个，圆满完成年度任

务，全市农村教学点从 2019 年的 1150 个优化整合为 549 个，得到湖南省委、省政府肯定。加强"一站一中心"运行管理，乡镇综合文化站、行政村综合文化服务中心均落实了省规定的免费开放项目和最低时限要求。按标准配备娱乐室、图书室、休息室等场所的农村互助养老服务设施覆盖率超过 30%。

（四）推动农村人居环境整治提升

开展村庄清洁行动，推行"三清理三整治四提升"，乡村面貌进一步改观。扎实推进农村"厕所革命"，全市累计完成户厕改建 3.07 万座、公厕改建 200座。创建美丽乡村建设全域推进县 1 个、全域推进镇 6 个，省级美丽乡村示范村55 个、市级美丽乡村示范村 70 个。

（五）加强和改进乡村治理

全面完成"三个清单"以外事项的清理整治，建立了社区工作事项准入制度。全市所有行政村（社区）应急能力均达到了"三有"建设要求。实施全域文明村镇创建，截至 2022 年 6 月，共成功创建全国文明村镇 8 个、湖南省文明村镇 15 个、县级以上文明村镇 1951 个，全市占比达 67.78%。

（六）稳步推进农村综合改革

落实农业综合行政执法改革措施，成立了农业综合行政执法机构，配备了执法队伍。开展农村集体产权制度改革"回头看"，全市农村集体资产清产核资、成员身份确认完成率为 100%，农村集体经济组织挂牌、登记赋码及颁证率100%。盘活农村集体资产资源，开展村级集体经济"消薄攻坚"行动，全市村集体经济年收入 5 万元以上的村占比 81.1%。

五、积极探索创新，特色亮点突出

立足全市实际，积极探索乡村振兴的新路子，形成了一些特色亮点。**在抓党建促乡村振兴方面**，创新基层干部"导师帮带制"，选聘 4850 名导师帮带学员7210 人，组建 14 个乡村振兴"导师团"跨域指导，重点帮扶指导 161 个薄弱村、后进村和试点村。在全市推行乡镇干部"组团联村 五抓五促"工作机制，在全省推广"五个到户"工作经验。**在乡村治理方面**，双牌县麻江镇廖家村等 4个村成功创建为第二批全国乡村治理示范村，零陵区南津渡街道香零山村等 5 个村和 1 个乡镇创建为全省示范村镇。零陵区"137 工程"和发挥农民群众主体作用的经验做法得到了中华人民共和国农业农村部的肯定。蓝山县毛俊镇毛俊村等5 个村乡村治理经验入选全国典型案例。**在发展乡村教育方面**，新田县乡村小学优化提质工作经验在全省推广，"永州教育扶贫管理系统"案例被全国学生资助管理中心选为全国学生资助信息化典型案例。**在农村低收入人口帮扶方面**，永州市民政局被国家民政部评为"全国农村留守儿童关爱保护和困境儿童保障工作先进集体","一老一小""老有所依老有所养"等工作被湖南省委办公厅推介，双牌县养老服务联合体建设专项试点项目被国家市场监督管理总局、中华人民共和国国家发展和改革委员会、中华人民共和国财政部确定为国家基本公共服务标准化试点项目，永州市被列为湖南省"社会救助制度综合改革试点市"。**在农村基础设施建设方面**，2021 年 11 月，永州市成功创建为"四好农村路"全国示范市。**在扶贫项目资产管理方面**，永州市在全省率先开展试点，"351"① 模式在全省推介，在 2022 年的省委农村工作会议上作典型发言。在金融助力乡村振兴方面，探索推行了普惠金融"三三四"模式，全市共建立农户信用档案 94.7 万户，评定信用户 68.3 万户、信用村 282 个、信用乡镇 31 个。宁远县试行农村宅基地使用权抵押贷款，2021 年 12 月 3 日发放了首证首贷，为全省首例。

第三节　永州市实施乡村振兴战略的主要问题

永州市乡村振兴战略实施工作总体进展顺利，但与实现乡村全面振兴的要求相比还存在一些困难和问题，从宏观上来看，全市的乡村振兴工作总体上呈现"四多四少""三高三低"的局面。

"四多四少"指的是议论多、谋划少；等待观望多、真抓实干少；制约的因素多、闯出的路径少；单一亮点多，统筹提升少。**议论多、谋划少**。大部分的专家学者、县乡村干部和农村群众，对乡村振兴怎么干、干什么，议论的多，认真静下心来学习调研、思考谋划的少，特别是履行推进乡村振兴工作主体的相关部门重视程度不够，仍然把乡村振兴工作作为一项常规性的工作来抓，有的甚至认为这些工作是乡村振兴部门一家的事。**等待观望多、真抓实干少**。县乡村干部、驻村干部和群众对于乡村振兴工作没有找准切入口和着力点，工作主动性不够，存在"等、靠、要"思想。**制约的因素多、闯出的路径少**。目前，国家、省层面出台了很多支持乡村振兴的政策，但具体可操作落地的支持措施和项目还不够，受到土地、人才、资金等要素制约，加上长期以来农村基础设施和公共服务欠账较多，还有较大短板，全面推进乡村振兴战略还存在瓶颈制约，各县（市、区）没有形成可复制、可推广的模式路径。**单一亮点多、统筹提升少**。通过近几

---

① "3"指三类管理——精准分类登记、分类使用、分类监管。"5"指"五权五化"。"五权"为所有权、经营权、收益权、处置权、监督权；"五化"指所有权明晰化、经营多元化、收益权持续化、处置规范化、监督权阳光化。"1"指建立"一套机制"。

来的工作，一些村在乡村产业发展、人居环境整治、乡风文明建设等方面取得了一些突破，在某一方面打造了亮点，但没有形成各方面统筹提升整村变化的典型。

"三高三低"指的是干部积极性高、群众参与度低；对上期望值高、自发创新能力低；建设标准高、务实进取性低。**干部积极性高、群众参与度低**。从工作推进层面来看，一些通过换届新上任的县乡村干部热情高，急于通过努力促进乡村发展提升，但在激发群众主体作用、发动群众积极参与上没有好的办法措施，一定程度上出现了干部干、群众看的不良倾向。**对上期望值高、自主创新能力低**。国家提出实施乡村振兴战略全面推进乡村振兴，一些基层干部和群众期望乡村一两年就发生翻天覆地的变化。为此，近期规划了一大批项目，忽略了因地制宜、量力而行，没有把主要精力放在自主探索适合本村实际的新路子上来。**建设标准高、务实进取性低**。一些基层干部群众在项目规划、建设标准上盲目攀比，基础条件差的村攀比基础条件好的村，一般村攀比美丽乡村，面上村攀比特殊村，人为抬高标准，不从实际出发。

具体来讲，有以下十个方面的突出困难和问题。

一、防返贫的底线守得不够严实

在实际工作中，乡村两级虽然把防返贫致贫动态监测帮扶纳入了重要工作内容，驻村干部、村两委干部将监测对象作为重点对象进行了走访，但对政策要求、标准程序不精通，所制定的监测措施仍然不够完善，对建档立卡之外的农户监测力度不够，特别是对一些档外家庭出现变故后没有及时给予监测帮扶，对新增监测对象的识别过于机械，大多仅以收入为标准，没有考虑家庭的实际困难，存在"应纳未纳"的现象。乡镇、村的专门监测员作用发挥不够突出，监测员主要工作是将预警信息的数据录入系统，对风险预警信息上门核实不够。监测对象虽然明确了结对帮扶责任人，但帮扶措施不具体、针对性不强，一般只限于走访，了解其兜底类政策落实情况，帮扶效果不明显。

二、乡村产业提质发展任务艰巨

乡村特色产业呈现出"散而不强""有而不优"的特点，产业结构单一，基本以种养业为主，规模不大，同质化严重，主导性不强，精深加工不足，产业融合程度偏低，经济效益和带动效应不强。如冷水滩区上岭桥镇渲溪村的渔业养殖初具规模，但没有形成特色品牌优势；普利桥镇小水村的红薯粉产业精深加工不够，产业链条短；道县寿雁镇水源头村乌龟养殖的经济效益和市场前景好，但规模不大、农户参与度不高；零陵区永连村、马坝村和祁阳市三家村、唐家岭村等发展乡村文化旅游有特色、有基础，但规划定位基本都是郊区型乡村游，产品层次低，服务项目大同小异，经济效益不高，没有形成吃、住、行、游、购、娱一体化、一条龙的消费链，覆盖面不广，只覆盖个别村组，对其他村组没有形成带动效应。龙头企业、专业合作组织、种养大户等农村新型经营主体不强，带动辐射作用弱。据统计，2021 年，全市规模以上龙头企业年产值过亿元的仅 161 家，没有一家年产值超过 15 亿元的龙头企业，更谈不上上市公司。全市累计发展农民合作社 8812 个，入社成员 25.6 万户（人），占全市农户总数的 21%；累计认定家庭农场 9896 家。家庭农场大多运作不规范，监督机制不全，合作意识薄弱，没有形成紧密的联结和利益分配机制，除了提供就业外，在行业订单上与农户之间均挂钩不紧密或无挂钩，带动作用不明显。

三、基础设施还存在明显短板

饮水方面，饮水安全还有薄弱环节，还有个别村组存在季节性缺水问题，虽然有保障，但保障能力薄弱，保障水平不高，如祁阳市唐家岭村 8 组有 40 多户未通自来水，日常饮水全部依靠井水，遇到干旱季节水量难以满足日常需求。水利设施老化严重，农业生产用水问题突出。调研发现多个地方的干部群众对解决农业生产用水问题需求强烈，特别是位于无河流、无大中型水库等大型骨干水利工程的村，山塘和灌溉渠年久失修，淤塞严重，蓄水功能严重下降，灌溉面积严重萎缩，这种情况不但影响了粮食生产，而且还制约了乡村产业的发展和治污排污设施的建设。如宁远县许家村、麻池塘村，零陵区永连村、马坝村，道县石马神村等。**道路方面**，主要是村组公路还有断头路，特别是一些 25 户以下的村寨道路还没全部实现硬化，交通出行条件差，如冷水滩区小水村由原小水村和麻田村合并，原麻田村还有 3 个自然村未通硬化路，零陵区永连村罗家桥 5 组、6 组还有 1.8 公里公路没有硬化，马坝村还有 300 米到组公路没有拉通，道县石马神村有 700 米断头路，冷水滩区小水村 4 个村民小组有 3.5 公里公路、渲溪村 5 个村民小组有 5 公里公路没有硬化，江华瑶族自治县水口镇濠江村、桥市乡大鱼塘村弯多路窄，通行条件差。**其他基础设施方面**，有的非贫困村基本公共服务平台还没建好，许多村因网络系统不健全，"一站式"服务打通服务群众"最后一米"还存在困难，个别地方易地扶贫搬迁后续帮扶产业发展、就近就业等条件还不够成熟，特别表现在后续帮扶产业乏力、无法维持经营等等。如双牌县何家洞镇老屋张家村电信信号弱，生活垃圾村收集、镇转运不完善，村民垃圾仍主要靠就地填埋。

四、基本公共服务差距较大

农村基本公共服务资源在数量和质量上与城市还有较大差距。群众性文体休闲娱乐设施配备不全，基层公共文化设施布局发展不均衡，"重设施建设、轻管理使用"的现象仍具有普遍性，长效服务运行机制未能有效建立。功能作用发挥不好，群众性文化体育活动没有引导、无人组织、参与度低。如冷水滩区小水村的小游园、健身器材、文化舞台等设施未建成或投用，江华瑶族自治县大鱼塘村村级综合服务平台新建投入使用，但广场没有硬化，村卫生室、阅览室职能缺失。同时，部分基层干部关注耕地抛荒、安全生产等问题较多，关注精神文明建设等问题较少。乡村教育、医疗、文化等公共服务水平偏低，乡村教师、乡村医生等专业技术人员配备不足，农村学校教学设备差、教育教学水平低，乡镇卫生院医疗设施设备配备不足，医疗服务水平不高，导致农村学生向城区学校集中，农村患者就诊向县城以上医院集中。宁远县九嶷山瑶族乡 21 个村只有三分之一配备了公共娱乐设施，大部分村民的日常娱乐单一。农村养老服务缺口大，目前全市 135 家农村敬老院拥有床位 9292 张，其中护理型床位 4380 张，远远不能满足农村养老服务的需求。

五、农村人居环境整治任务压头

农村人居环境总体水平与群众的期盼差距不小。目前，只有一部分村启动了"多规合一"村庄规划编制，但进度较慢，还处于招投标阶段，尚未正式开展村庄实地调研勘测工作，大部分村还没有启动，两年内要实现"多规合一"村庄规划编制全覆盖，任务十分艰巨。经过近几年来的努力，农村"空心房"拆除取得了一定成效，存量有一定削减，增量得到了有效遏制，但剩余的都是成本高、难度大、权属复杂的农村"空心房"，拆除后的复垦复绿、权属处置没有统一的标准要求，要达到"应拆尽拆"的目标还有很大困难。"厕所革命"取得了重大进展，但后续改厕任务仍然艰巨，存量仍然较大，改厕的质量不高，四格化粪池极少，基本没有配套厕所粪污无害化处理或就地消纳处理措施，集中式公厕配套建设不达标，重建设、轻管理的问题突出，已经建成的基本处于无人管理状态。生活污水处理管网设施滞后，污水乱倒的现象普遍存在，农村排污沟渠建设标准低、定期清理不到位、回收利用不好，存在污水横流的隐患。生活垃圾源头分类减量的短板突出，分类处理、资源化利用、有毒有害垃圾单独贮存无害化处理的意识淡薄，农村生活垃圾回收利用率极低。"一约四制"（村规民约和"门前三包"制、公共区域保洁制、卫生文明户评比制、农村卫生缴费制）的推进和实施还存在突出问题，"门前三包"（包卫生、包绿化、包秩序）责任机制、公共区域日常保洁长效机制、卫生评比机制落实不到位，大多流于形式，家庭卫生费收缴困难。特别是一些有乡村文化旅游景点的乡村，卫生保洁费用无稳定可靠的来源，成为村集体经济新的负债，如零陵区永连村、道县贵头村保洁员工资发放困难。

六、文明乡风培育任重道远

虽然大部分村都制定了村规民约，但其约束力、强制性很低，没有配套形成惩戒监督机制，主要约束手段为村干部规劝做思想工作，没有其他有效手段，群众内生动力不足，村规民约落实落地难。红白理事会、道德评议会等村民自治组织的作用没有发挥出来，婚丧喜庆事宜大操大办、建房修房盲目攀比、请客吃饭劝酒斗酒酗酒的现象不同程度存在，家风培育日趋式微，春节、清明等重要节庆，外出务工人员返乡聚集，劝酒酗酒、打牌赌博时有发生。乡贤文化没有受到应有的重视，每个村在外经商创业就业人员和村内老党员、退伍老军人、退休老教师资源丰富，但没有较好地利用起来，既没有定期交流合作的平台，也没有挖潜引援的激励机制。同时，一些群众思想观念陈旧，缺乏敢闯敢干的创业精神和创新发展意识，在一定程度上抵制文明卫生的生活习惯。因此，推动形成文明乡风、良好家风、淳朴民风仍然是一项长期性的任务。

七、要素保障瓶颈制约破除难

全市农村劳动力外出多，普遍存在农村劳动力缺失的问题，留守在家的基本上是老人、妇女和儿童，乡村振兴缺少最根本的人力支持。2021年永州市乡村振兴局对269个重点帮扶村进行问卷调查的数据反映，留守的老人、妇女和儿童占常住人口的20.87%，在家的全劳动力占常住人口的29.8%。例如，冷水滩区小水村外出务工人员占全村劳动力总数的82%，渲溪村这一比例达到86%。人力资源是制约乡村产业发展、农村人居环境整治提升等工作实施的重要瓶颈。2022年，永州市委党校中青班第三组调研的双牌县老屋张家村人口外流的比例高达88%。同时，农村乡土人才流失严重、培养乏力，农村实用型人才奇缺。2021年，据农业农村部门调研统计，全市农村实用人才占农业从业人员的比重仅为1.39%，农村人才队伍学历水平和技能等级整体不高，97%以上的农村实用人才只有大专及以下文化程度，95%以上的只有初级职称或无职称。土地方面，村庄规划滞后，规划实施管控不力，对旧址重建的激励引导不够，盲目攀比成风，导致群众宅基地建设哄抢蛮占村主干道两旁，无序建设、建新不拆旧现象普遍。产业发展用地规划不科学、不合理，特别是土地、林地确权颁证后，流转困难，难以发展适度规模经营，耕地"非粮化""非农化"现象较为严重。金融支持服务方面，现有的金融服务重心还没下沉到乡村，金融政策宣传引导不够，对发展项目的指导不力，群众怕贷畏贷思想严重，如小水村有发展产业或创业能力的部分村民，在后盾单位市农业银行提供多项优惠政策的情况下，仍然不敢贷款用于自身发展。

八、农村低收入群众内生动力不足

自脱贫攻坚工作开展至今，各级干部在加强农村低收入群体外部帮扶的同时，也注重激发贫困群众的内生动力，引导他们自力更生、自主脱贫。但是受综合文化素质和千百年来陈规陋习的影响，农村一些人员仍然存在"等靠要"的思想，安于现状、视野不宽，缺乏敢闯敢干的精神，自我发展本领不强，抓机遇的能力不足。在实施精准扶贫过程中，严格执行的是扶贫政策，特别是各项补助资金到户到人，部分人员在一定程度上产生了"争贫""赖贫"和不以"贫"为耻反以"贫"为荣的消极思想，有少数脱困户出现干与不干都是一个样的想法，认为苦干不如苦熬。从永州市乡村振兴局下乡调研督查入户的情况看，大多数脱贫出列村的人居环境差，厚葬薄养、大操大办、乱搭乱建等陈规陋习仍然未根除。脱贫户的家庭卫生差，没有养成良好的卫生习惯，房前屋后乱堆乱放。

九、村集体经济发展滞后

虽然永州市集体经济发展来势较好，但发展的速度不快、质量不高、区域不均衡等问题还比较突出，主要表现在以下三个方面。一是从发展结构看，集体经济强村少。集体经济收入 30 万元以上的村占比仅有 1.83%，且普遍存在重点帮扶村集体经济比非重点帮扶村好的情况。据永州市乡村振兴局数据统计，2021年全市 2932 个行政村①集体经济年收入状况为：5 万元以下的 180 个，占比6.14%；5 万（含）~10 万（含）元的 2286 个，占比 77.97%；10 万（不含）~30 万（含）元的 412 个，占比 14.05%；30 万（不含）~100 万（含）元的 47个，占比 1.60%；100 万元以上的 7 个，占比 0.23%。二是从发展质量看，经营性收入不多。大多数村的集体经济收入主要为光伏发电站、集体土地租赁流转、种养入股分红等。在经营性收入低、渠道不多、村集体经济组织发展形式单一的现状下，农户和村集体的生产要素无法实现有效利用。三是从发展模式看，虽然一些示范点集体经济发展势头较好，但缺乏可复制可推广的模式。

---

① 全市共有 3305 个行政村（社区），其中 373 个非涉农行政村（社区）未列入农村集体经济收入统计。

十、发展不平衡问题较为突出

一是城乡发展不平衡。城乡要素平等交换、公共资源均衡配置的体制机制尚不健全，人才、资金、技术等要素向乡村流动的动力有待释放，农村基础设施和公共服务的短板仍然明显，发展不平衡、不充分的问题仍然突出。二是乡村之间发展不平衡。政策、资金投入较多，资源优势较为突出的少数乡村发展迅速，而绝大多数乡村发展较为缓慢。蓝山县毛俊村2021年村集体经济收入近700万元，零陵区香零山村2021年村集体经济收入近50万元，而祁阳市油塘村集体经济负债20余万元，道县七里岗村集体经济负债12万元。

第四节　永州市实施乡村振兴战略的对策建议

民族要复兴，乡村必振兴。永州市作为经济欠发达地区，推进乡村振兴战略更具重要性和挑战性，必须锚定目标任务，调动全市各方面积极性，持续发力。

一、加强党对"三农"工作的全面领导

办好农村的事情，实现乡村振兴，关键在党，必须加强党对"三农"工作的全面领导。

（一）强化组织领导

按照中央强化"五级书记"抓乡村振兴的工作机制以及健全中央统筹、省负总责、市县乡抓落实的农村工作领导体制，各级党委政府主动承担乡村振兴主体责任，党政主要负责人积极履行"第一责任人"的责任，凝聚强大合力狠抓乡村振兴工作，在人员安排、工作队选派、后盾单位支撑、项目建设、资金投入、政策实施上严抓，倒排工期、落实责任、强力推进，确保各项工作落到实处。同时，围绕"五大振兴"目标任务，设立由党委和政府负责同志领导的专项小组或工作专班，建立落实台账，压实工作责任。

（二）建立专抓机构

2022年4月1日，习近平总书记在第7期《求是》杂志发表重要文章《坚持把解决好"三农"问题作为全党工作重中之重，举全党全社会之力推动乡村振兴》。文章指出："全面实施乡村振兴战略的深度、广度、难度都不亚于脱贫攻坚，必须加强顶层设计，以更有力的举措、汇聚更强大的力量来推进。"目前，市县两级乡村振兴局已组建完成，面对乡村振兴更加复杂、更加多元的情况，必

须要立足长远，科学规划设置，既要兼顾脱贫攻坚与乡村振兴有效衔接的需要，又要满足工作任务向乡村振兴全面转型的需要，进一步强化乡村振兴局决策参谋、统筹协调、政策指导、推动落实、督促检查等职能，确保各项工作顺利有序推进，取得更好的成绩。

（三）完善村级组织制度

实施贫困村村级后备干部培养计划，完善贫困村村干部选聘办法、管理和考评细则，健全乡村干部考核评价、奖励激励、进退调整机制，优化村级班子，使其真正成为脱贫攻坚的"主心骨"、农民致富的"带头人"。同时，健全评星定级、党员积分、无职党员设岗定责等管理制度，开展"争做合格党员、助力乡村振兴"等系列活动，充分发挥基层党组织战斗堡垒作用，打造为乡村振兴奋力拼搏的工作队。

（四）加强人才培养

制定优惠政策，吸引人才到农村发挥作用，将脱贫攻坚与锻炼干部、人才培养有机结合，通过"内育"与"外引"相结合，补足农村的人才短板。一方面，以"内育"培养乡土人才。把农村年轻人培养成能人，把能人培养成党员，把党员培养成支部书记，把支部书记培养成乡村振兴的"领头雁"。另一方面，"外引"贤士作为创业人才。"筑巢引凤"，以产业发展引进下乡返乡创业人才；引进有技术的专家、医生、教师，提高乡村公共服务能力和水平；引进有志退下来的返乡干部，发挥在乡村治理中的作用。这样达到乡村人才的优化配置，聚齐各类人才，为乡村振兴注入新的活力和动力，为乡村振兴战略提供坚实的人才支撑和智力保障。

二、积极推进巩固脱贫攻坚成果同乡村振兴有效衔接

脱贫摘帽不是终点，而是新的起点。要充分认识巩固脱贫攻坚成果同乡村振兴有效衔接的重要性、紧迫性，持续推进脱贫地区发展和群众生活改善。

（一）持续巩固拓展脱贫攻坚成果

一是健全防止返贫动态监测和帮扶机制。重点是建立健全市县乡村互动互通、数据共享的贫困户信息数据库，对脱贫不稳定户、边缘户及突发致贫户等要"早发现、早干预、早帮扶"，确保已脱贫户实现长效稳定脱贫，其他易致贫户远离贫困线。二是做好后续帮扶。扎实做好易地搬迁后续帮扶工作，持续加大就业和产业扶持力度，继续完善安置区配套基础设施、产业园区配套设施、公共服务设施，切实提升社区治理能力，确保贫困群众"挪穷窝、搬新居、稳得住、能发展"。三是加强扶贫项目资产管理和监督。以开展扶贫项目资产管理试点为契

机，突出以"产权归属、运营管理、收益分配、资产处置、资产监管"为重点，以"产权清晰、权责明确、经营高效、分配合理、监督到位"为目标，继续深化开展"351"模式，打造全国扶贫项目资产管理新亮点。

（二）接续推进脱贫地区乡村振兴

一是深化拓展消费帮扶。进一步做好扶贫产品认定工作，编制永州市扶贫产品名录，充分利用"互联网+"拓宽销售渠道，以国家扶贫"832平台"、湖南省消费帮扶公共服务平台和中国社会帮扶网为主导，组织各类电商企业开展线上直销、借网帮销、微商促销，通过消费帮扶专柜、专区、专馆等集中销售永州市脱贫地区农副产品。进一步加强运用政府采购和工会节日福利支持消费帮扶政策，不定期开展帮扶产品展销会，构建起线上线下、平台展销、政府采购支持于一体的大消费帮扶格局，带动群众实现长效稳定脱贫。二是深化拓展就业帮扶。加强劳务协作和精准对接服务，推进转移就业，持续做好有组织劳务输出工作。依托乡村振兴、重点扶贫项目、产业基地等，开发卫生保洁、治安巡逻、生态护林、河道巡查等公益性岗位，对符合条件的就业困难人员进行就业援助。在农业农村基础设施建设领域推广以工代赈的方式，吸纳更多脱贫人口和低收入人口就地就近就业。三是统筹推进乡村振兴示范点建设工作。每个县（市、区）选择20个左右自然条件好、基础后劲足、发展前景广的村作为乡村振兴第一批重点发展对象，重点突破、以点带面、示范引领，逐步铺开，长远发展，"先富带后富、实现共同发展"。

（三）加强农村低收入人口常态化帮扶

一是对有劳动能力的农村低收入人口，坚持开发式帮扶，通过介绍就业、支持自主创业、资源要素入股等方式，实现长效稳定增收。二是对脱贫人口中丧失劳动能力且无法通过产业就业获得稳定收入的人口，以现有社会保障体系为基础，按规定纳入农村低保或特困人员救助供养范围，并按困难类型及时给予专项救助、临时救助以及其他有针对性的帮扶。

三、大力发展农业产业，夯实乡村振兴根基

发展产业是实现贫困人口长效稳定脱贫及乡村振兴稳步发展的首选之策。没有产业的支撑，就没有贫困人口脱贫之后的长效发展，就没有乡村振兴长远发展的持续性和稳定性。

（一）稳步发展综合农业

进一步加强现代农田水利设施建设，深入开展乡村振兴科技支撑行动，支持市内外高校为乡村振兴提供智力服务，强化动物防疫和农作物病虫害防治体系建

设、死守耕地红线，稳定种粮农民补贴，多渠道引导发展规模化现代化集约化粮食种植，保障粮食生产安全，推进优质粮食工程，为乡村振兴提供充足的粮食储备保障，让种粮有合理收益。

（二）大力发展特色产业

进一步完善政策引导机制，建立完善政策激励体系，全市每年安排产业发展资金 1 亿元，每个示范点 100 万元。要按供给侧结构性改革的要求，明确扶持有市场前景的企业和专业大户发展生产、加工和营销，培育乡村振兴的主导产业和特色产业。重点通过村级基层组织的引导，充分发挥好经济能人的带动示范作用。依托本地资源、产业优势，因地制宜分级制定产业发展规划，带动本村群众积极参与发展特色产业，打造品牌效益。实行"一县一特""一村一策"产业发展工程，逐步形成"一村一品、区域联动"产业发展格局，宜农则农、宜工则工、宜商则商，形成村有主导产业、户有增收项目的长效机制。

（三）促进产业融合发展

重点将产业发展与农业供给侧结构性改革、全域旅游及二三产业有机结合起来，出台扶持政策，把乡村变成投资"洼地"和创业"高地"，引资建设一批生态循环农业、观光旅游农业、体验创意农业。加快培育和引进农产品精深加工企业，逐步提升农产品质量，找准市场供给能力，实行产地与消费地无缝对接，增强农产品就近就地"消化"能力。同时，实施电商服务站点全覆盖工程，通过预售、私人订制等网络营销模式，变"以产定销"为"以销定产"，提高供给质量，更好地提升脱贫质量，稳固脱贫成效。

（四）健全利益联结机制

全面深入采取直接帮扶、委托帮扶和股份合作等模式，筑牢村集体、村民、企业三方利益联结机制，让资金变股金、农民变股民。支持农户特别是脱贫户以承包土地、林地经营权、闲置房舍、劳动力等入股参与产业发展，并通过订单生产、入园务工等方式，实现租金、股金、薪金等多元收入。推广"扶贫车间"模式，深入实施"万企兴万村"工程，鼓励引导民营企业在乡村投资兴业，规范发展农村合作组织，撬动社会民间资本，利用企业的市场、技术和创新优势，发展壮大增收产业，壮大村级集体经济，促使人民群众实现长效稳定振兴发展。

四、大力实施乡村建设行动

全面建设社会主义现代化国家，既要建设繁华的城市，也要建设繁荣的农村。

（一）加快推进村庄规划

乡村振兴，规划先行。制定出台县域乡村振兴规划，既是实施乡村振兴战略的基础和关键，又是有力有效的工作抓手。各县（市、区）乡（镇）村要结合本地实际，反复实地调研和征求人民群众的意见，提升群众的积极性和参与度，编制一个立足全局、切合实际、科学合理的县域乡村振兴规划，充分发挥县域融合城乡的凝聚功能，统筹合理布局城乡生产、生活、生态空间，切实构筑城乡要素双向流动的体制机制，培育发展动能，实现农业农村高质量发展。

（二）加强公共基础设施建设

全面实施农村道路畅通工程，着力推进往村覆盖、往户延伸，加强农村资源路、产业路、旅游路和村内主干道建设，全面实施路长制，加强农村道路桥梁安全隐患排查，强化农村道路交通安全监管。积极实施农村供水保障工程，加强农田灌溉水源工程建设和水源保护，推进集中供水工程建设，逐步推进农村自来水普及。加大农村电网建设力度，推进燃气下乡，大力实施清洁工程。实施数字乡村发展行动，大力推动农村千兆光网、第五代移动通信（5G）、移动物联网与城市同步规划建设。完善农业气象综合监测网络，提升农业气象灾害防范能力。实施村级综合服务设施提升工程，加强村级客运站点、文化体育、公共照明等服务设施建设。

（三）提升基层治理水平

强化乡镇党委"龙头"作用，坚持赋能与减负相结合，落实乡镇党委抓农村基层党组织建设和乡村治理的主体责任，完善乡镇领导班子成员包村联户制度，以党建引领网格化基层治理，把基层各类网格整合成治理"一张网"，推动服务、管理、资源、力量等要素向网格集聚，提升服务群众治理能力和水平。同时，提升村民自治水平，建立健全村民议事会、村务监督委员会，不断完善"一村一辅警"机制，全面落实村级重大事项决策"四议两公开"，有效发挥村务监督作用，深入开展"法律进乡村"活动，组织开展示范创建活动，提升基层治理水平。

（四）不断推动文明乡风建设

推动文明乡风建设，加大社会主义核心价值观宣传力度，在乡村深入开展"听党话、感党恩、跟党走"宣讲活动，加强社会公德、职业道德、家庭美德和个人品德教育。大力开展文明村镇、农村文明家庭、星级文明户、五好家庭等创建活动，通过文明创建活动带动村民思想的转变，增强村民内生动力。推进移风易俗、抵制陈规陋习，倡导健康文明新风尚，推广积分制、道德评议会、红白理事会、时间银行等做法，加大高价彩礼、人情攀比、厚葬薄养、铺张浪费、封建迷信等不良风气治理，推动形成文明乡风、良好家风、淳朴民风。

（五）强化农村人居环境整治

农村人居环境整治的重点是分类有序推进农村厕所革命，加强农村面源污染治理，全面治理养殖污染，深入推进河道清淤清障、绿化和黑臭河道治理等工作。健全农村生活垃圾收转运处置体系，健全农村人居环境整治长效管护机制。深入推进村庄清洁和绿化行动，开展美丽村庄、美丽庭院、美丽家庭示范创建活动，增强村民的环境卫生意识，做好"门前三包"，让广大村民自己行动起来清洁美丽家园。为义务教育、基本医疗、住房安全、饮水安全等提供基本保障，刷新农村新颜值，提升服务群众新能力，激活自身发展新活力。

（六）提升综合保障措施

加大推进实施乡村振兴战略资金投入力度，统筹安排各类用于实施乡村振兴战略的专项资金，建立健全"政府主导、社会参与、农民自筹"的资金筹措机制，采取财政奖补的措施，突出项目申报，积极争取上级资金，增加实施乡村振兴战略资金投入渠道，规范运作管理，全面推进村级公益事业建设财政奖补。同时，加大金融支持力度，促使重点项目、优势产业、中小企业的融资渠道畅通，立足文化旅游、森林资源优势，多方拓展融资渠道，尽快实现金融服务乡村全覆盖，完善国家扶贫贴息贷款政策，加大财政贴息资金投入，同时积极发展农村保险事业，落实财政农业保险保费政策，支持发展特色农业保险和小额扶贫保险，为乡村振兴蓬勃发展保驾护航。

第二章
乡村振兴战略在冷水滩区的探索与实践

党的二十大报告指出，全面建设社会主义现代化国家，最艰巨最繁重的任务仍然在农村。"民族要复兴，乡村必振兴"。在全面建成小康社会后，乡村振兴战略已成为新时代乡村工作的总抓手，是今后乡村工作中的重中之重和发展航标，顺应中国特色社会主义现代化建设的历史要求，助推下一个百年奋斗目标如期实现。

冷水滩区位于湖南省西南部，居湘江上游，东邻祁阳市，西接东安县，南接零陵区，北连祁东县，区域总面积达 1217.12 平方千米。全区总人口 55.47 万人，辖 9 个乡镇、10 个街道办事处、1 个国家经济开发区、204 个村（社区），是湖南省面上扶贫县区，也是全省第一批 20 个全面小康达标县区。曾有贫困村 31 个、有贫困人口的行政村 183 个，纳入系统的贫困户 7542 户 23269 人（其中易地搬迁户 337 户 1150 人）。2018 年底 31 个贫困村已全部出列（2017 年出列 12 个、2018 年出列 19 个），2020 年全区贫困人口已全部脱贫，建档立卡贫困户的年人均纯收入由 2014 年的 0.23 万元增加至 2020 年的 1.17 万元。2014 年、2016 年、2019 年、2020 年，冷水滩区先后荣获"全省脱贫攻坚先进县区"称号。2021 年 2 月 25 日，冷水滩区麦子园村荣获"全国脱贫攻坚先进集体"称号。

第一节　冷水滩区实施乡村振兴战略的基本情况

自乡村振兴战略提出以来，冷水滩区积极贯彻落实党中央、湖南省、永州市实施乡村振兴战略的意见要求，结合本区农村工作实际、农业生产特点和自然环境，按照"抓规划、强产业、夯基础、美生态、育乡风、善治理、富民众"的思路，紧扣"产业兴旺、生态宜居、乡风文明、治理有效、生活富裕"的目标要求，扎实有序推进全区乡村振兴战略落实落地。

一、做好巩固拓展脱贫攻坚成果与乡村振兴的有效衔接

脱贫攻坚与乡村振兴都是围绕"三农"问题而作出的重大决策部署，是一个有机整体，两者同根同源、同域同向，相互联系、相互对接、相互作用。冷水滩区结合本区乡村振兴和脱贫攻坚的实际情况，利用现有的乡村产业发展和乡村建设基础，创新实施"4321"工作法，接续推进巩固拓展脱贫成果与乡村振兴有效衔接，夯实了全区乡村振兴的基础。

（一）严格落实"四个不摘"

打赢脱贫攻坚战以后，冷水滩区对标中央"摘帽不摘责任、摘帽不摘帮扶、摘帽不摘政策、摘帽不摘监管"四个不摘的要求，做到队伍不散、人员不撤，保持帮扶政策稳定、帮扶资金稳定、帮扶力量稳定三个稳定。一是帮扶政策稳定。在过渡期内，保持脱贫人口帮扶政策相对稳定，对边缘易致贫人口，按照缺什么补什么的原则，重点在"两不愁三保障"①方面给予帮扶。二是帮扶资金稳定。区财政的区级配套资金达到相应要求、列入预算，调整优化支出结构，重点倾斜产业发展。三是帮扶力量稳定。衔接乡村振兴战略的实施，继续开展驻村帮扶和结对帮扶，选派新一轮驻村工作队员，要求结对帮扶人继续对脱贫户开展帮扶和走访。目前，全区共派驻工作队44支157人，44个重点村（脱贫村、乡村振兴重点村、乡村振兴示范创建村）驻村工作队员全部到岗到位，对全区10个片区进行精细化、网格化管理，同时，推动有实力的科局在一个村驻点帮扶。

（二）完善长效机制防止返贫

冷水滩区把防止返贫作为巩固拓展脱贫攻坚成果同乡村振兴有效衔接的首要任务，制定了《冷水滩区防返贫动态监测和帮扶工作方案》。2021年纳入监测的有145户294人，做到资料齐全、程序规范，多层次、多角度加强防返贫动态监测，科学划定监测范围，优化监测程序，完善监测方式，坚决守住防止规模性返贫的底线。一是对脱贫不稳定户和边缘易致贫户开展常态化监测预警，通过农户申报、乡村干部走访排查、相关行业部门大数据筛查预警等途径定期核查，及时发现，健全防止返贫大数据监测平台。二是将符合条件的对象纳入监测范围，强化事前预防、事中帮扶的"闭环"返贫动态监测。实行分类监测，对务工类人群，突出就业指导；对因病类人群，突出医疗救助；对教育类人群，突出教育保

---

① 两不愁指不愁吃、不愁穿；三保障指义务教育、安全住房、基本医疗有保障。

障、社会资助；对特殊困难群众，制定出台相应的针对性政策，切实解决特殊困难群体的住房、医疗、教育和基本生活保障等问题。三是充分运用防返贫责任保险，发挥"防火墙"作用，强化综合性社会保障。

（三）发展壮大乡村产业

在全区乡村产业做大做强的基础上，继续把产业发展作为巩固脱贫攻坚成果的有效抓手，持续推进产业扶贫"四选准四保障"① 机制，积极发挥龙头企业、专业合作组织、致富能手的引领和带动作用，推行"公司+基地+脱贫户"等产业化发展模式，把监测户和边缘户的利益联结起来，助推村集体经济发展、监测户和边缘户收入增加，实现振兴乡村产业与建立防止返贫长效机制双赢发展目标。

（四）拓展农民就业增收渠道

冷水滩区积极推进就业帮扶，持续稳定脱贫人员收入来源，提高生活水平。一方面大力开展"先培训再就业""先宣传再送岗""先参观再上岗"等活动，采取"线上+线下"相结合的形式，组织开展"春风行动"系列招聘活动。另一方面规范管理公益岗位，充分发挥其增收、补损、救助的作用，在 2020 年出台的四项措施（用好用活民政兜底政策、开发公益性岗位、整合资金、整合资源）的基础上，继续投入专项资金（每个乡镇 10 万元）用于安排监测户和边缘户的公益性岗位。

（五）加大特色农产品消费帮扶

在特色农业产业发展的基础上，打造本土消费扶贫精品，鼓励扶贫农产品企业注册商标，以创建特色农产品深入推进消费帮扶。现已形成了普利桥红薯粉、荷塘红心柚、黄阳司黄桃等"永州之野"系列农产品。一是通过开展扶贫农产品网络评选活动的方式，扩大扶贫农产品的影响力，提升扶贫农产品的知名度，在全社会形成支持消费帮扶的良好氛围。二是加大帮扶贫消费平台建设，稳定并持续运营好消费帮贫商城、消费帮扶专区、消费帮扶专柜，积极发挥好这三大渠道对消费帮扶的作用。三是确保消费扶贫政策落地，推动工会福利购买扶贫产品比例和财政预留 20% 的政策落实到位。

二、抓好系统谋划、统筹推进冷水滩区乡村振兴工作

（一）明责任、建机制，提高站位抓振兴

（1）实行增收包保机制。实行区、乡、村三级有关部门包抓脱贫人口增收

---

① 四选准指选准产业、选准致富带头人、选准路子、选准村发展"领头雁"；四保障指强化资金投入保障、强化政策机制保障、强化基础设施保障、强化组织领导保障。

工作责任制，下派结对帮扶和联系干部4122人，区农村工作领导小组负责统筹，乡镇农村工作和农民增收工作领导机构负责落实工作人员、工作经费和交通保障，加强协调指导和督促，确保脱贫人口增收各项工作落到实处。逐级制定脱贫人口增收规划和促进增收的产业发展规划，充分发挥农村基层组织在促进脱贫人口增收中的推动带动作用，推动全区各级领导干部不断转变工作作风，在一线调查掌握脱贫群众收入数据，研究解决脱贫人口增收问题。

（2）兜牢增收政策底线。认真贯彻落实历年中央一号文件精神，严格落实耕地地力保护补贴、良种补贴、农机具购置补贴和农资综合补贴、"两免一补"等惠民政策，落实农产品价格保护和减负政策，完善农民负担监管制度。建立健全各项保障性转移支付收入与经济社会发展水平相适应的联动增长机制，确保政策兜底保障的脱贫人口生活水平稳步提高。加大对农村低收入人口动态监测，对突发严重困难户依规做到"应纳尽纳"，确保脱贫人口扶持"应享尽享"，对照"两个高于"目标，精准测算2022年脱贫人口实际收入，坚决防止漏报、错报、瞒报，认真评估脱贫人口和监测对象人均纯收入短收情况，逐人逐户采取针对性帮扶措施。共下拨监测帮扶和开发公益性岗位资金260万元，民政兜底1660万元。

（3）畅通增收销售渠道。采取龙头企业订单收购、帮扶单位定点采购等方式，统筹安排脱贫人口农产品生产销售。各地和定点帮扶单位加强对接协调，与脱贫户提前确定采购农产品的品种、数量和规模，并与脱贫户签订采购协议，确保脱贫户农产品以不低于市场价格销售变现。各级财政预算单位9月底前完成年度食堂食材采购脱贫地区、脱贫户农产品的份额，鼓励通过协议方式，直接采购脱贫地区、脱贫户生产的农产品，确保消费帮扶让脱贫群众直接增收。

（二）兴产业、促就业，多措并举抓振兴

（1）增强产业"造血"功能。紧盯打造现代农业绿色农产品基地目标，积极调整农业产业结构，大力实施特色农业、观光农业、循环农业、设施农业，以产业兴带动农民富。强化农业产业财力保障，从第一批中央财政衔接推进乡村振兴补助资金1017万元中分配672万元用于支持优势特色产业项目，扶持蔬菜、柑橘、青蒿、油茶等优势特色产业有序发展。截至2021年12月，全区形成100万头生猪、200万只蛋鸡、40000公顷优质稻、20000公顷蔬菜、13333.3公顷油茶、6666.7公顷柑橘、4000公顷中药材、1333.3公顷茶叶八大优势特色产业；建成湖南恒伟药业股份有限公司、湖南星辰生物科技股份有限公司、永州安悦农业开发有限公司等省、市、区现代农业产业园34个，建成标准化种养殖基地120余个，创建粤港澳大湾区"菜篮子"备案基地14个、"湘江源"蔬菜基地2个，为农民增收致富夯实产业基础。

（2）用好金融"活血"功能。进一步加大对农村金融的支持力度，解决农民在发展生产过程中遇到的贷款难题。区乡村振兴部门和金融机构密切合作，确保对有贷款需求的脱贫人口和监测对象应贷尽贷，确保年度新增贷款规模较2021年只增不减。进一步落实按季度拨付贷款财政贴息资金并及时兑付到农户的政策，对因疫情影响到期还贷有困难的，及时落实续贷、展期等金融扶持政策，减轻农户还贷压力。2022年，新增小额信贷2273万元。

（3）稳住就业"输血"功能。依托乡村建设行动和农村人居环境整治提升行动等，进一步发挥乡村公益性岗位"兜底线、救急难"的作用，对确实难以实现就业的弱劳动力和半劳动力实施托底安置，为脱贫人口就业"输血"。2022年，利用光伏产业80%的收益开发光伏电站管护、除草等公益性工作岗位，安排脱贫户就近就业；积极开发农村环境整治、村级服务平台卫生保洁等公益性岗位445个，安置脱贫人口401人、监测帮扶对象42人。持续鼓励、引导和支持企业创办帮扶车间，共认定就业帮扶车间24个，吸纳脱贫劳动力就业263人，实现年人均收入2.5万元。结合园区"春风行动"，为园区输送脱贫劳动力78人。

（三）盯要点、重落实，总结改善抓振兴

（1）突出问题导向。2022年5月30日，湖南省巩固脱贫攻坚成果同乡村振兴有效衔接工作推进暨突出问题整改动员部署会议召开。会后，全区迅速安排部署，对照自查清单4个方面25项内容，扎实组织自查，共排查农户9.96万户33万余人，实现全覆盖。区级领导分别深入联系乡镇和重点村开展谈心谈话，帮扶指导乡村振兴工作，形成领导抓、抓领导的整改工作格局。全区成立了7个问题排查整改督导组和4个区纪委监委牵头的督查组，坚持问题导向，积极推动问题整改清零销号。目前，全区4大类25个问题，已排查整改到位25个，自查自纠个性问题342个，已整改到位340个，整改率99.4%以上，问题整改成效初显。

（2）突出重点工作。紧紧抓住产业振兴和就业帮扶这个"牛鼻子"，统筹组织实施好农村人居环境整治、农村厕所革命、农村生活垃圾和污水治理、美丽宜居乡村建设等重点工作，促进乡村治理与农村精神文明建设有机结合，确保乡村振兴工作出亮点、出特色。大力发展庭院经济和观光农业，在示范点伊塘镇孟公山村利用"国家森林乡村"和离中心城区20分钟路程的优势，利用各农户自家房前屋后空地优势，种上无公害蔬菜、水果等农作物，吸引市民前来采摘、认领、租用、种植。同时，整合村庄内闲置土地，引进花卉苗木企业，农民通过土地及闲暇时间管护入股，发展苗木种植及盆景产业，带动村民参与产业发展，提升庭院经济价值，让小庭院变成增收的"金钥匙"。蔡市镇零东圩村坚持以党建为引领，确定了"党建引领、融合发展、产业富民、集体经济强村"的发展思路，充分利用山地资源丰富的优势，加快土地流转，大力发展特色农业和集体经济，逐步建立起光伏发电、园林苗圃、酥脆枣、日本大红桃等6大产业基地。创新利益链接机制，村民不仅可以以土地入股参与分红，还可以通过就业拿工资，持续增收。2021年该村集体经济收入增加了25%，2022年村集体经济收入有望突破40万。

（3）突出以点带面。扎实推进乡村振兴示范创建工作，在乡村脱贫攻坚的基础上全区初步选择3个重点帮扶村、2个乡村振兴示范村、1个乡村振兴示范片，加快发展富民产业，推进乡村建设。将重点帮扶村牛角坝镇麦子园村、蔡市镇红卫村和上岭桥镇渲溪村作为省级美丽乡村示范村重点打造。尤其是上岭桥镇渲溪村，注重激发群众主体作用，加快土地流转，发展村级集体经济，实现乡村全面振兴与发展。选择伊塘镇、上岭桥镇作为脱贫攻坚与乡村振兴的试点，先行先试，然后逐步在全区推开。在脱贫攻坚取得的乡村产业发展、乡村建设的成果上，打造乡村振兴示范片区，开拓乡村振兴示范创建新思路。2022年以来，示范创建投入1128万元，明确44个重点村作为全区乡村振兴工作示范点，将牛角坝镇麦子园村的做法经验在全区推广。重点在牛角坝镇石溪坪村的白村组、中村组，牛角圩村的龙须组和湾家组设点示范，推进改厕工作。坚持"小厕所，大民生"，持续扎实做好农村户厕问题排查整改，取得明显成效，获得湖南省乡村振兴局的高度肯定。

三、加大推进乡村建设，做实乡村振兴工作基础

乡村建设是实施乡村振兴战略的重要任务，也是国家现代化建设的重要内容。冷水滩区因地制宜、多措并举，找准短板和薄弱环节，加大力度推进乡村建设。

（一）完善基础设施建设

在道路交通方面，加快完善城区与乡镇、乡镇与乡镇之间的主要连接线路建设；完成乡村公路的提质改造，窄路加宽，水泥路建造，打通乡村断头路，实现村村相通；增设乡镇客运站，比如启动实施12个乡镇客运站、42个城乡客运首末站项目建设；增设城乡公共交通路线和公交车辆。**在农田水利设施方面**，统筹推进一批水利工程项目和农田水利建设，如大鱼坝水闸新建项目和普利桥、牛角坝、上岭桥等3镇11村农田水利建设；加快推进防洪工程修复隐患点治理，抓好病险水库除险加固和骨干山塘治理；建设农业灌溉骨干水源工程，改善和增加基本农田灌溉面积。**在综合基础设施方面**，铺设自来水管，进一步解决安全饮水问题；完成农村电网改造，在村各个主道和主要集中居住点安装太阳能路灯；改

建乡村步道和乡村活动文化广场;加强乡村网购平台和物流站点建设;加强移动网络基站建设,确保乡镇4G无线网络信号全覆盖等。

(二)加强人居环境整治

对于农村人居环境整治,全区成立了以"一把手"为组长的工作领导小组,把改善农村人居环境作为乡镇党委和政府的重要职责,将农村人居环境整治工作纳入乡村振兴工作的重要考核内容。

(1)生活污水治理。2020年以来,探索建立了"乡镇(集镇)建污水处理厂""村聚居点集中处理""分散处理"三种模式,建成集中式污水处理设施26个、分散式污水处理设施681个、乡镇污水处理厂6个。

(2)生活垃圾治理。2020年以来,坚持"全区推进、全域覆盖、全力整改、全面提升"的工作方针,进一步建立健全农村生活垃圾治理体系,采用"户分类、村收集、镇转运、区处理"的垃圾收运处置模式,购买垃圾清运车30辆、人力斗车3400辆、垃圾箱3560个、户用分类垃圾桶10万余个,建设垃圾收集点667个,建成垂直压缩式垃圾中转站9座、地坑式垃圾中转站2座,农村垃圾治理实现全覆盖。

(3)厕所改建。采取整乡镇、整村推进的方式,对全区所有改厕户实行网格化管理,落实"乡镇干部包村、村干部包片"责任制,集中连片推进农村改厕工作,逐年提高资金补助标准,推进渲溪村和麦子园村"治污+改厕"一体化试点,形成可复制可推广的冷水滩路径和模式。

(4)提升村容村貌。一是通过全面清理私搭乱建、乱堆乱放和拆除空心房、旧危房,整治残垣断壁等方式扩大村庄公共空间,改善村容整体面貌;二是做好村庄公共场所和乡村道路的绿化工作,全区围绕冷祁公路沿线、蔡市湘江沿线和29个乡村振兴示范村,开展周边环境绿化、美化工作;三是强化村民对自家房屋庭院卫生的建设与管理,实施"门前三包"责任制,维护好环境卫生状况。

(三)提升乡村治理能力

乡村治理是乡村建设的重要内容,一方面,冷水滩区加强基层组织建设,通过党建引领乡村治理,建立健全村两委(村党支部委员会、村民委员会)"四议两公开"、村务公开、村务监督、村规民约、乡贤议事等制度。另一方面,积极探索以村为主的基层治理创新模式,秉持"民主建村、依法治村、以德育村"理念,扎实推进自治、法治、德治"三治融合"建设,不断提升基层治理水平,形成共建共治共享的基层社会治理格局。

(四)培育文明乡风

文明乡风是乡村振兴中精神文明建设的核心内容,是乡村振兴之魂。冷水滩区在培育涵养文明乡风方面，一是推动社会主义核心价值观落实落细，做好宣传宣讲工作，积极引导村民践行社会主义核心价值观；二是深入挖掘乡村熟人社会蕴含的道德规范，强化道德教化作用，引导群众爱党爱国、向上向善、孝老爱亲、重义守信、勤俭持家；三是制定村规民约，推进移风易俗，大力弘扬"学乡贤、颂乡贤、做乡贤"的文明风尚，反对婚丧嫁娶大操大办、铺张浪费、盲目攀比、打牌赌博等陋习，开展"文明示范村、示范组、示范户"评比活动，开展"十星级文明户""好媳妇、好婆婆""孝老爱亲模范"评选和家风家规家训征集评选，推进文明乡风建设。

（五）壮大乡村人才队伍

壮大乡村人才队伍，是乡村人才振兴中的重要举措，在整个乡村振兴系统工程中占有十分重要的战略地位。冷水滩区在培养和壮大乡村人才队伍方面注重多管齐下。一是分派乡村振兴驻村工作队，在原有驻村工作队的基础上，2021 年以来全区 44 支乡村振兴工作队，共计 157 名驻村工作人员，扎根农村组织开展乡村振兴工作。二是组建乡村人才服务队伍，制定《冷水滩区人才服务乡村振兴行动方案》，聚集人才合力，推动人才下沉。结合全区乡村振兴工作重点，推行"乡村振兴+专业服务"模式，成立了农业农技、阳光人社、健康乡村、教育兴农、乡村文旅、筑梦村居、林业发展、社会公益、普法教育共 9 个人才服务乡村振兴行动队，为推动乡村振兴提供强有力的人才智力支撑。三是团结新乡贤人士，吸纳凝聚新乡贤力量，发挥新乡贤在乡村产业发展、乡村治理、乡风文明培育等方面的作用。四是加强人才队伍培养：一方面，对乡村振兴驻村工作队成员进行培训，使其熟悉政策方针、农村情况、群众工作，以及集体经济发展等乡村振兴工作内容；另一方面，培养农村基层党员干部和新型农村实用人才，实施"农民大学生培养计划"，进行实用技术、农业生产、经营管理、创业就业等方面的能力培养，夯实农村人才队伍建设。

（六）推进农村综合改革

巩固完善农村基本经营制度，持续推进农村承包土地"三权分置"改革，开展第二轮土地承包到期后再延长 30 年试点前期工作。加快推进农村宅基地房地一体确权登记颁证工作，落实乡镇政府宅基地审批和日常监管，形成"先批后建、依规而建、建新拆旧、一户一宅"的良好建房秩序。深入实施扶持村级集体经济发展规划，培育一批经济强村，深化供销合作社综合改革，深入开展农民合作社、家庭农场的示范创建工作。

第二节 冷水滩区实施乡村振兴战略的主要成效

冷水滩区把乡村振兴作为"三农"工作的总抓手，使脱贫攻坚成果得到持续巩固，乡村振兴实现良好开局。冷水滩区伊塘镇和上岭桥镇成功纳入2021年全国农业产业强镇和第一批省级农村产业融合发展示范园创建名单；获得了全省脱贫攻坚先进县区、全省生猪稳产保供工作先进县区、全省重大动物疫病防控目标管理先进县区、全省政策性粮食库存数量和质量大清查先进县区等省级荣誉；获"全国产粮大县""全国生猪调出大县""'四好农村路'全国示范县"等国家级称号。

一、产业发展稳步提升

冷水滩区围绕一二三产业融合发展目标，不断优化农业产业结构和区域布局，提高标准化、规模化、品牌化水平，做大做强特色优势产业，促进农业增效和农民增收，全力擘画农业强、农村美、农民富的乡村振兴新蓝图。

近年来，冷水滩区致力抓产业、促转型，经济发展质效并进。全面保障粮食、生猪等重要农产品有效供给，稳住农业基本盘，围绕"中药材特色产业集聚区"，发展本地中药材产业，擦亮优质稻、柑橘、西瓜、茶叶四张名片，打造粤港澳大湾区"菜篮子、果盘子"供应基地，在高效农业、设施农业上实现突破，不断提升亩均产值和效益，增加农民收入，推动农业生产发展，全力打造精品农业先行区和一批示范乡镇、示范村。

（一）做好特色种植业

在发展优质果蔬粮油茶产业上，借助中心城区的有利位置和对接粤港澳大湾区"菜篮子"的东风，打造了普利桥镇白茶、吊瓜子，伊塘镇西瓜、柑橘，蔡市镇油茶、酥脆枣，上岭桥镇蔬菜，黄阳司镇紫薯等产业亮点。截至2022年，全区共发展沃柑、甜橙、黄桃、酥脆枣等名优水果1333.3公顷，香芋、绿色蔬菜等精品蔬菜7333.3公顷，白茶、黑茶等特色茶叶333.3公顷，产值达到6.5亿元，惠及村落92个、农户4863个。永州市冷水滩区永益农业开发有限公司蔬菜基地流转了33.33公顷土地，采取"公司+合作社+基地+农户"模式，统一供苗、统一种植、统一价格、统一回收，以标准化的"示范种植"带动周边200余个农户参与种植，实现从田头到港澳市场的全程可控、全程可溯源、全程冷链物流配送，成为供港澳蔬菜基地。在发展本地中药材产业上，冷水滩区立足"一村一品"发展思路，聚焦中药材市场需求，倾力打造中药材全产业链，以青蒿产业为代表，在免费提供种子、技术、签订保底价销售协议等多方面加大保障力度，推动青蒿种植向特色化、规模化、产业化发展，现已成为全国青蒿原料的主要产地。种植基地被列为湖南省现代农业特色产业园省级示范园。冷水滩区内已形成3个千亩青蒿种植基地，其中黄阳司镇水口桥村为最大的青蒿种植基地；黄阳司镇建立了1个示范基地。普利桥镇、杨村甸乡、花桥镇形成了3个重点种植区域带。2020年，全区种植青蒿面积不足3333.3公顷，2022年已超4000公顷，年增长约17%，干叶总产量超过7000吨，约占全国总产量的25%。省级农业产业化龙头企业湖南星辰生物科技股份有限公司在冷水滩区采取"示范带动、板块推进"模式全面发展青蒿种植产业，正在进行利用青蒿秸秆制造生物质颗粒燃料、利用青蒿素提取废渣作为动物饲料添加剂的研究，将青蒿产业打造成了本地龙头产业。

在加强农产特优品牌争创上，全面推行标准化生产，争创名优特品牌。制定优质稻、柑橘、蔬菜、油茶、中药材等主导产业农业地方标准33项，完善主要农产品生产技术标准体系，标准入户率达100%；统防统治率达75%，防治率达90%；建成32个蔬菜、水果、茶叶农业标准化生产示范基地，21个畜禽养殖标准化示范场，5个水产标准化健康养殖示范场，标准化示范面积达到9200公顷；出台了农产品认证奖励政策，截至2022年，累计认证地理标志2个、绿色农产品22个，"两品一标"和有良好农业规范的获证农产品种植面积达到总生产面积的44.3%，冷水滩区农产品质量安全水平和保障水平得到明显提升，质量兴农建设持续向好。2017年并被认定为"国家级出口食品农产品质量安全示范县（区）""省级农产品质量安全县创建单位"。目前，全区拥有"中国名牌产品"1个、"中国驰名商标"3个，省级品牌、商标71个。区域公用品牌建设工作也取得突破性进展，"永州之野""湘江源"2个农业公用品牌授权企业达41家。

（二）优化畜禽养殖业

2021年，冷水滩区千方百计突破生猪价格低迷困境，突出发展规模化标准化养殖业，认真抓好重大动物疫病防控，强化畜产品质量安全监管，发展畜牧业取得了显著成效，发展各类规模养殖场共1518个，生猪规模养殖比重达80%，常年出栏生猪100万头左右。马坪生态养殖场现有智能化生产线1条、优质瘦肉型商品猪生产线2条、标准猪舍25栋、大型污水处理系统1套、饲料加工厂1个、优质蔬菜基地3.3公顷，存栏母猪1000头，年出栏生猪25000头，年产优质蔬菜5000多公斤，年产值达8000多万元。

（三）发展乡村旅游业

休闲农业与乡村旅游加快发展，涌现出"全国乡村治理示范村"仁山村，"国家森林乡村"牛角圩村、敏村，"省五星级乡村旅游点"茶花村和"省级美丽乡村"邓家铺村、零东圩村等一批乡村旅游"明星村"。2020 年，冷水滩区休闲农业和乡村旅游接待人数突破 100 万人次，实现综合营业收入 4.37 亿元。冷水滩区乡村旅游带动一二三产业发展动能增强。冷水滩区仁山湖美田园景区占地133.3 公顷，运用现代农业技术，致力打造成为"湖南省第一、湘粤桂一流"的特大型田园综合体，已获评国家 AAA 级旅游景区、全国生态农业发展示范基地、湖南省科技农业示范基地。

（四）打造龙头企业和农业产业园

冷水滩区大力发展现代农业，以现代农业产业园为龙头，"一村一品、一镇一特"项目为抓手，建成各类农业产业基地 122 个，推动全区特色农业产业高质量发展，粮食、蔬菜、水果、畜禽等 6 个超 10 亿元农业产业集群加快形成。成功创建 6 个省级现代农业产业园、14 个市级现代农业产业园，成功申报湖南省柑橘产业集群、"湘九味"中药材产业集群项目和全省农村一二三产业融合示范县、全省中药材特色产业集聚区项目。伊塘镇成功申报国家级农业产业强镇项目。伊塘镇孟公山村被认定为全国"一村一品"示范村。冷水滩区实行政府引导、政策扶持、市场运作、农民自愿的模式，着力构建以家庭农场和种养大户经营为基础、农民合作社为纽带、农业龙头企业为引领的立体式复合型现代农业经营体系，积极引导新型农业经营主体多元融合发展。2022 年，全区共有市级以上农业龙头企业 54 家，其中国家级 1 家、省级 17 家、市级 36 家。累计创建农民合作社 648 家，其中国家级示范社 5 家、省级示范社 9 家、市级示范社 11 家。登记家庭农场 3020 家，其中省级示范性家庭农场 7 家、市级示范性家庭农场17 家。

二、美丽宜居乡村建设不断探索新模式

2018 年以来，冷水滩区深入推进农村人居环境整治三年行动，大力实施"一革命六行动"，创新开展"问计于民，带头示范"行动，农村人居环境整治三年行动各项目标任务圆满完成。截至 2021 年，新（改）建农村户用卫生厕所27109 座、垃圾中转站 11 座，全区户用卫生厕所普及率达 91.6%，农村垃圾收运率达 100%，处理率达 92%。完成 81 个重点行政村污水治理工作，建成各类污水处理设施 713 个，农村生活污水处理率达 72.4%。成功创建省级美丽乡村示范村 4 个、市级美丽乡村示范村 7 个、区级美丽乡村示范村 42 个，蔡市镇获评全

省美丽乡村建设示范镇。

冷水滩下大力气整治农村人居环境，成立了以"一把手"为组长的工作领导小组，对全区农村人居环境整治工作实行"一月一调度，一月一考核"措施，将督查督导结果与拨付专项资金和年终绩效考核挂钩，严格落实奖惩。同时，积极推动"卫生收费制度"，扩大农村人居环境整治经费来源。组织开展"随手拍、发定位"活动，发动辖区干群共同守护绿色家园，持续改善人居环境。"随手拍、发定位"以农村人居环境整治为主题，由乡镇纪委书记牵头，组织驻村干部开展对乡镇主干道和社区的人居环境整治情况进行巡查，采用"随手拍"的方式对散乱垃圾进行拍照，通过"发定位"的方式通报位置信息，并通知该村保洁员立即清扫整理。随着活动持续开展，越来越多的群众加入"随手拍、发定位"共同守护家园的活动。

第三节　冷水滩区实施乡村振兴战略的主要问题

冷水滩区自实施乡村振兴战略以来虽然取得了一些成效，尤其是脱贫攻坚以来，全区贫困农村地区的面貌焕然一新，但从脱贫攻坚到乡村振兴，仍然存在一些难点和堵点问题亟待解决。主要问题体现在两个大的方面，即内生动力不足和外力作用不强。

一、内生动力不足

2018 年 7 月，习近平对实施乡村振兴战略作出指示："要尊重广大农民意愿，激发广大农民积极性、主动性、创造性，激活乡村振兴内生动力，让广大农民在乡村振兴中有更多获得感、幸福感、安全感。"内因是事物发展的依据，因此，乡村振兴战略实施的关键在人。目前，冷水滩区缺乏长效稳定的利益引导机制，还没有充分调动农民参与的积极性，没有充分发挥农民主观能动性，导致乡村振兴缺乏源源不断的内生力量。

（一）现代农业发展水平相对较低

与传统农业不同的是，现代农业依托于现代工业与现代科学技术，通过实现生产方式现代化与经营管理现代化，从自然经济向商品经济转变，达到农业、农村、农民现代化的高度统一。目前，冷水滩发展现代农业的模式是以农业产业化为主要抓手，发展壮大村级集体经济，从而实现农民增产增收。从全区实际情况来看，农业产业项目虽然遍布各个乡镇，但仍然存在以下几个问题。

（1）农业产业化发展不平衡。从全区来看，近年来，冷水滩区打造了普利桥镇白茶、吊瓜子，伊塘镇西瓜、柑橘，蔡市镇油茶、酥脆枣，上岭桥镇蔬菜，黄阳司镇紫薯等产业亮点。以普利桥镇、黄阳司镇、牛角坝镇、花桥街镇、杨村甸乡为重点，根据市场需要，打造了以青蒿、丹参、金槐为主，板蓝根、葛根、白及、射干、薄荷、旱半夏、大黄姜、金银花、罗汉果等12种特色药材为辅的20亿元中药材产业。建设了上岭桥镇仁山村美丽乡村、蔡市镇邓家铺村潇湘文化园、花桥街镇敏村、高溪市镇田洞村百花园、伊塘镇茶花村等乡村休闲旅游景点。但从各乡镇发展情况来看，受益农户覆盖率不高、产业综合收益参差不齐、产业效能带动作用不强，部分乡镇及其特色产业的发展前景还不够明朗。

（2）农业产业布局缺乏系统性。全区各乡镇虽然都有本地特色产业，但很多产业仍未形成规模，主要原因在于产业链条单一、农产品精深加工能力不强、销售渠道不畅通，从生产到加工到销售的产业化链条中存在薄弱环节，因而全区能够走出省市的农业品牌不多。比如，普利桥镇的红薯粉特色产业，几年前镇里的部分农户就开始通过土地流转大量种植红薯，但当时因为缺乏现代化加工技术，只能通过传统的手工方式加工成粉条，然后自然晾干，甚至连晾晒粉条也只能依赖天气时，这就导致红薯产量虽高，但加工难且效益低。后来，村集体采用"企业+合作社+农户"的管理模式，虽然在很大程度上解决了生产与加工的问题，但在销售方面还是不够理想，如何拓宽销路成为新的难题。

（3）经济作物种植与水稻种植之间的矛盾凸显。冷水滩区土地总面积为121815.8公顷，耕地面积32186.7公顷，其中水田27920公顷，旱地4266.7公顷，人均耕地处于湖南省永州市的中下水平。由于耕地大都是零散分布于丘陵之间，农业机械化程度偏低，不适宜大面积种植水稻，因此大部分乡镇在选择特色产业时都倾向于种植瓜蒌、水果、油茶等经济作物。但为了严守耕地保护红线，保护国家粮食安全，各乡镇需要确保主粮种植面积，这就使得各乡镇面临着在继续推进特色产业发展、保障经济作物种植户收益的基础上如何扩大主粮种植面积的现实问题。2022年以来，冷水滩区以普利桥镇为试点打造"水稻+N"的绿色生态种养模式，引导农民改经济作物为水稻，积极探索解决之道。但"水稻+N"的模式仍然需要解决机械化、科技化等技术难题，以及生产、销售、品牌全链条的经营难题。

（4）村集体经济较为薄弱。2022年，全区178个涉农行政村（社区）中，村集体经济年收入达到5万（含）~10万（含）元的村117个，占比65.73%；10万（不含）~30万（含）元的有55个村，占比30.89%；30万元以上的仅有

6个村，占比3.37%，见图2.1。全区共建立了275个农村专业合作社，对于发展壮大村集体经济发挥了重要作用，但其中有些合作社组织松散、管理疲软、村集体资源闲置，特色产业定位不准，"造血""活血"功能不强，农民增收效果不佳。

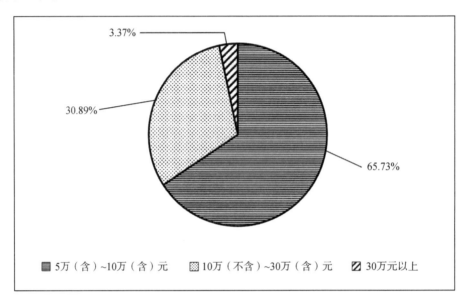

图2.1 冷水滩区2022年村集体经济年收入情况

（二）基层干部队伍建设有待提高

基层干部队伍是推动乡村振兴工作的主体力量，只有政治过硬、本领过硬、作风过硬的基层干部，才能成为引领乡村振兴发展的"排头兵"。冷水滩区近年来注重培养选拔基层优秀党员干部，但从整体上来说仍有不足。

一方面，部分基层干部仍然存在"等靠要"思想，工作缺乏主动性和创造性。乡村振兴工作任务艰巨、难度大，基层工作更是烦琐复杂，基层干部若是缺乏强烈的责任担当意识和吃苦耐劳精神是难以做好基层工作的。有些基层干部依然存在思想懈怠，工作畏首畏尾的问题，面对问题和困难，抱着"多做多错、少做少错、不做不错"的心态，只敢完成"规定动作"，等上级政策、靠领导决策、要上级支持，而不是主动想办法、找出路，未发挥基层干部"领头羊"的作用。

另一方面，基层干部队伍老中青干部分布不均衡，且知识技能型干部较少。近年来，冷水滩区注重选拔优秀的年轻干部充实乡镇（街道）党政领导班子，将全日制本科以上学历，工作表现突出的优秀年轻干部纳入后备干部选拔计划。除此之外，2022年冷水滩区共招录乡镇（街道）岗位公务员16人；事业单位引进高学历高素质人才岗位 97 个，共计 152 人，专门设置了乡村振兴类岗位 6 个，引进专业技术类人才 18 名。通过选拔优秀干部到乡镇，以及人才引进和公务员招聘，虽然充实了基层干部队伍力量，但乡镇（街道）干部队伍里中青干部比例仍然不高且技术型人才不足。从 2021 年冷水滩区村"两委"换届情况可见一斑。文化结构上，如图 2.2 所示，大专及以上学历人员占比 42.60%；高中及中专学历占比 45.90%；初中及以下学历占比 11.50%。年龄结构上，如图 2.3 所示，平均年龄 41.8 岁，其中，35 岁以下人员占比 24.50%，35～45 岁占比 35.00%，46～55 岁占比 32.40%，55 岁以上占比 8.10%。大多数村"两委"成

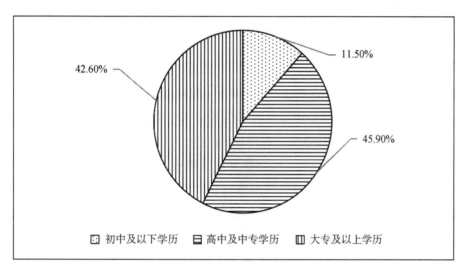

图 2.2　冷水滩区 2021 年村"两委"文化结构

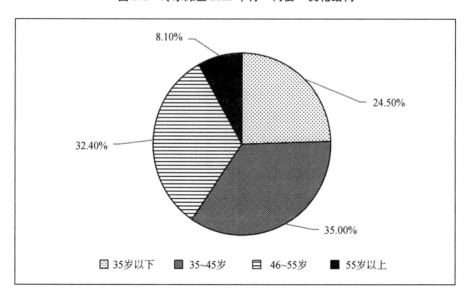

图 2.3　冷水滩区 2021 年村"两委"年龄结构

员年龄老化、文化程度偏低的现象有所改善，但队伍整体素质不高，学历普遍不高，具有本科及以上学历人数较少。很多村干部和本土农民并没有受过高等教育，文化水平较低，知识结构简单。

（三）新型职业农民培育不够理想

农民是乡村振兴的主体，培育新型职业农民，要推动农民由"身份化"向"职业化"转型，让农民在农业生产中获得与城市其他职业同等的价值感和获得感。让农民在提高经济收入的同时，实现农民个人自我发展，是调动广大农民的生产积极性的基础。冷水滩区在培育新型职业农民方面存在两大难题。

（1）长期劳务输出导致留人难。在前期城市化、城镇化过程中，大量农村人口流入城镇，甚至流出到其他省市务工，冷水滩区部分农村出现了"空壳村""空心村""空巢村""空转村"现象。近几年在疫情影响下，出现小部分农村人口回流现象，但从全省范围来看，冷水滩区工资标准较低，且就业机会较少，一直以来就存在高学历人才不愿留、留不住等问题，农村地区更是如此。虽然在"三农"政策的扶持下，部分农民的种粮积极性得以保护，农民基本能够解决温饱问题，但种子、农药、化肥、管理等导致种植成本居高不下，同时靠天吃饭、种粮不赚钱等状况还是没有得到根本改变，因而，年轻人种粮积极性不高。目前，农村的发展态势还无法吸引大量年轻人返乡就业、创业，仍然有许多年轻劳动力外流。因此，总的来说，冷水滩区农业从业人员数量不断减少、年龄不断老化、素质有待提高，农村技术人才、经营人才、管理人才普遍缺乏，已成为制约产业兴旺的突出瓶颈。

（2）缺乏系统培训导致育人难。农业产业化不仅涉及种植、养殖、农产品精深加工等传统农业，还涉及乡村旅游、电商农业、乡村非遗等衍生行业。而农民现代化则不仅要求农民能生产，还要求懂技术、善经营、会管理，这就要求农民各方面能力综合提升。能力素质的提升靠教育，但目前针对新型农民这一职业的培养教育体系并不完善，冷水滩区虽然经常开展"种养+技术"等专项农民培训班，但并没有将职业农民培训纳入系统教育培训，缺乏系统性和针对性，无法大批量培养人才。由于大批的职业农民还未真正培养成，在乡村振兴中发挥主要作用的是村集体、企业、致富带头人等，农民的主动性和创造性还没有完全发挥出来。

（四）农村基础设施和公共服务滞后

冷水滩区虽然在美丽乡村建设、乡村治理等方面取得了较大进展，但其农村的基础设施和公共服务与城区相比仍有很大差距，城乡融合度不高。农村基础设施和公共服务滞后是导致农村人口外流、农村城镇化发展缓慢的重要原因。比如，在基础设施方面，有些农村的道路交通不便利，有些村甚至还没有通往城区的班车或公交，导致农民进城难；有些农村早期建设的基础设施普遍标准低且部分设施老旧，而公路、绿化、路灯等公共基础设施养护支出未列入环境整治专项资金范畴，由村级组织自行承担，导致经济稍微薄弱的村无法及时进行维护与整修。在公共服务方面，农村的教育资源、教育环境与城区的相差甚远，农村学校优秀教师匮乏，教学设备陈旧，导致农村学生想方设法进城读书；农村的医疗条件较差，各村虽然有卫生服务中心，但条件相对简陋，医护人员严重不足，农民看病难；社会保障、社会福利方面，农民与城区居民也有差距。

二、外力作用不强

乡村振兴是一项长期的复杂的系统性工程，需政策、资源与人才有机结合。除了发挥农村资源优势，调动农民积极性，使其自力更生外，还需要强大的外力支撑、统筹城乡一体化发展，为乡村振兴赋能增效。近年来，冷水滩区为贯彻落实乡村振兴战略，自上而下建章立制，想方设法加大投入，但因为一些主客观原因，在整合全社会资源、强化外力支持方面仍显不足。

（一）组织实施不到位

冷水滩区虽然从 2018 年就已经开始部署乡村振兴工作，但区乡村振兴局是在 2021 年 5 月 10 日正式挂牌成立的，是新组建的政府工作部门，承担着巩固拓展脱贫攻坚成果同乡村振兴有效衔接的重要职责，但在具体实施乡村振兴战略过程中还存在不到位的现象。

（1）责任目标尚不明晰。乡村振兴包罗万象，几乎包含"三农"工作全部内容，更是涉及区农业农村局、区财政局、区民政局、区水利局、区发改局等21 个部门。一方面，任务考核不明确，导致有些部门责任意识不强。任务考核内容繁多，全区乡村振兴考核部门对怎么考核、考核什么，对计分评分方法分析不多、研究不深。考核目标不明确、考核细则不清晰，任务考核没有发挥出指挥棒的作用，从而导致各部门对自身的工作职责界定模糊，在工作中经常出现不知道做什么以及怎么做的情况。另一方面，任务分工不明确，导致有些部门在工作中缺乏规划性和针对性。乡村振兴战略实施与脱贫攻坚既有衔接又有区别，但原脱贫攻坚职能部门与新纳入的考核部门在做好政策的衔接上都存在一定的懈怠思想，等政策文件、等任务分派，没有将乡村振兴工作纳入部门规划与议事日程，也没有及时开展有针对性的乡村振兴工作，而且有的相关部门虽然开展了工作，但没有总结教训、积累经验、培树典型。

（2）部门协作不够顺畅。乡村振兴工作需要整合全区各部门单位、各乡镇（街道）以及各村力量，高度配合、上下发力才能部署落实好各项工作，但目前冷水滩区各个部门之间的协作环节还未完全打通。区乡村振兴局与 21 个区直部门之间配合度不高，没有形成强大的工作合力。有些部门没有把乡村振兴工作纳入中心工作的范畴，对乡村振兴工作的重视程度和支持力度不够；很多部门之间的工作本身存在一些交叉，难以明确责任归属，遇到问题存在敷衍塞责、推诿扯皮等现象。另外，乡镇力量较为薄弱，落实执行能力有所欠缺。比如，区乡村振兴局结合党务村（居）务民主协商监督月例会，制定并下发《冷水滩区推进"乡村振兴月例会"实施方案》，在全区全面推行乡村振兴月例会，但有些乡镇因为工作任务多、工作人员少等，在执行过程中敷衍了事，用会议资料和照片留痕来应付上级检查。

（3）平台搭建有待加强。乡村要振兴，就必须建立更完善的公共服务平台体系，让生产生活、教育科技等各方面的公共服务入驻乡村，促进城乡一体化发展。冷水滩区虽然注重搭建乡村振兴服务平台，但很多问题仍待解决。比如，在企业助村方面，2018 年以来冷水滩区聚集农业龙头企业参与扶贫，每家企业结对帮扶 1~2 个贫困村，通过发展产业基地、办工厂、"订单收购"等方式帮助结对村发展产业。但一些地方龙头企业与农户之间的利益联结机制不完善，带动农户增收能力较弱，政府还需要加大对本土企业的帮扶力度。在电商兴农方面，本土孵化的"网红"主播、"网红"产品、"网红"品牌不多；政府在对接一些国内大型电商平台、扶持专门电商企业方面还没有突破；另外，大部分农民因为没有接受过专业指导和授课，缺乏电商运营技术，直播卖货水平不高。

（二）资金配置不均衡

乡村振兴工程需要投入大量的建设资金，财政要向农村农业倾斜，但目前财政资金配置并不均衡，导致乡村振兴资金供给不足。

一方面，乡村振兴工作争取资金有难度。中央和省、市出台了一系列实施乡村振兴战略的方针政策，但还没有出台产业发展资金扶持政策。农业产业项目回收周期较长，回报率不高，不能有效吸引社会资本和工商资本进入农村发展农业产业。另外，农村金融体系还不健全，金融机构面向农村农业的金融支持不足，利用农村山权、林权、不动产权、土地承包经营权、信用等开展各项金融改革还处于试点阶段，扶贫贷款对象的脱贫户中有发展产业能力的户数少。

另一方面，乡村振兴工作的资金使用不充分。为加大乡村振兴资金投入，提高专项资金使用率，冷水滩区制定了《冷水滩区财政衔接推进乡村振兴补助资金管理办法》，但在具体实施中仍然存在资金拨付进度慢、绩效资料不齐全、报账手续不齐全、脱贫户利益联结机制不紧密、公示公告不完整不及时、扶贫资产管理不规范等问题，还没有真正做到规范使用、安全高效。

（三）科技应用不充分

科学技术是第一生产力，没有科技现代化就很难实现农业现代化。只有实现产学研用一体化，将生产、学习、科研与成果转化统一起来，才能让科学技术成为乡村振兴的有力支撑，但冷水滩区的农业科技支撑明显不足。一是区域内缺乏高等院校和科研机构，导致农业科技资源匮乏、专业人才培养难度大，没有搭建起长效有力的科研、技术、人才共建共享平台。二是企业研发能力不足。绝大部分企业普遍存在重眼前而轻长远的问题，研发投入占比过少，从而导致企业产能过剩而创新不足，新业态、新技术、新产品研发能力不强。三是农村实用人才稀缺。基层农业产业工人队伍、科技人才队伍、农业部门工作队伍弱化现象不断加剧。新型经营主体联农带农能力不强问题依然存在。四是科技成果转化效果不佳。冷水滩区结合产业发展，有针对性地开展了科技培训工作，大力推进新技术、新品种、新设施、新农药、新肥料等实用技术的培训，并且建立了科技人员直接到户、良种良法直接到田、技术要领直接到人的农技推广新机制等。但这些只是解决了农业生产上的部分问题，并没有完成农业科技管理体制改革和农业转型升级，农业质量效益和竞争力还有待进一步提升。

第四节　冷水滩区实施乡村振兴战略的对策建议

根据目前冷水滩区实施乡村振兴战略过程中存在的矛盾、问题、困难和短板，特提出以下几点对策建议。

一、聚焦重点环节，实现巩固拓展脱贫攻坚成果同乡村振兴有效衔接问题清零，夯实乡村振兴工作基础

对标对表国家和省考核评估指标，要突出 15 个方面的重点，做到组织统筹、分工负责、清单实施、台账管理，落实销号制，确保衔接问题按时按要求清零到位，不走过场。

（一）聚焦脱贫群众持续稳定增收

重点排查脱贫群众人均纯收入增速是否高于当地农民人均可支配收入增速；是否存在因突发事件、不可抗力或其他原因导致脱贫户、监测户收入不升反降的问题；是否存在收入采集计算不精准的问题。

（二）聚焦防止返贫监测与帮扶机制

重点排查是否存在应纳未纳、体外循环的问题，是否存在缺乏针对性帮扶措施、帮扶不及时不全面、一兜了之的问题，是否存在识别程序不规范、不到位的问题，是否存在风险消除标准、程序不严不实的问题，是否存在结对帮扶（联系）人责任履行不到位的问题，等等。

（三）聚焦农户"三保障"及饮水安全保障

义务教育方面，重点排查是否存在除身体原因外的适龄儿童失学辍学的问题，是否存在针对家庭经济困难学生的资助政策落实不到位的问题。基本医疗方面，重点排查是否存在脱贫人口、监测对象参保漏保的问题，是否存在医保"三重保障"政策、医疗再救助政策落实不到位的问题，是否存在慢性病签约服务不到位、乡村医疗卫生服务有效覆盖不达标的问题。住房安全方面，重点排查是否存在未对脱贫户、监测户开展住房安全性鉴定或未消除风险的问题，是否存在符合危房改造条件的农户应纳未纳、应改未改的问题，是否存在 2022 年新增危房改造户未纳入监测对象的问题。饮水安全方面，重点排查是否存在饮水工程管护机制不健全、管护工作不到位的问题，是否存在水质水量不达标、季节性缺水以及应急预案不健全的问题。

（四）聚焦农村低收入人口帮扶

重点排查是否存在低保标准和救助水平未达到省定最低指导标准和水平的问题，是否存在符合条件的对象漏保漏救助的问题。

（五）聚焦产业帮扶成效

重点排查是否存在财政资金投入的产业项目未与脱贫户、监测户建立利益联结机制的问题，是否存在未按协议及时兑现、协议到期未续签的问题，是否存在符合条件且有贷款需求的脱贫户、监测户贷不上款的问题。

（六）聚焦脱贫人口稳岗就业

重点排查是否存在脱贫人口务工就业人数不增反降和年务工时长 6 个月以上的人数下降的问题，是否存在务工信息不真实不准确的问题，是否存在就业帮扶车间、乡村公益性岗位数量以及吸纳脱贫人口、监测对象就业人数不增反降的问题。

（七）聚焦农村集体经济发展

重点排查是否存在村级集体经济收入"空白村"的问题，是否存在虚增村级集体经济收入的问题，是否存在 2022 年未消除村级集体经济年收入 5 万元以下"薄弱"村的问题。

（八）聚焦易地搬迁后续扶持

重点排查是否存在集中安置点基础设施不配套、公共服务不完善、日常管理不到位的问题，是否存在安置点帮扶车间停产停工的问题，是否存在搬迁群众融入社区难、办事"两头跑"的问题，是否存在产业就业帮扶覆盖不全面的问题。

（九）聚焦农村人居环境整治

重点排查是否存在农村户厕改造年度任务未完成和质量不达标的问题，是否存在农村人居环境"脏乱差"的问题，是否存在村庄规划编制任务未完成、规划质量不高的问题，是否存在农村污水治理和农村生活垃圾处理不到位的问题，是否存在"空心房"分类整治不到位的问题。

（十）聚焦乡村治理

农村精神文明建设方面，重点排查是否存在农村精神文明阵地建设滞后的问题，是否存在陈规陋习专项整治不到位、成效不明显的问题，是否存在"一约四会"作用发挥不够的问题。乡村治理模式推广与示范创建方面，重点排查是否存在未有效组织召开乡村振兴月例会的问题，是否存在"积分制""清单制"推广应用不够的问题，是否存在乡村治理模式创新不够的问题。

（十一）聚焦衔接补助资金使用和项目管理

衔接补助资金使用管理方面，重点排查是否存在资金支出进度未达到省定要求、资金使用绩效不高、财务和项目管理不规范等问题。扶贫项目资产管护方面，重点排查是否存在扶贫项目资产管护不到位、产权不清晰、后续管理跟不上的问题。

（十二）聚焦驻村帮扶

重点排查是否存在未按要求派驻工作队和第一书记的问题，是否存在走读式驻村的问题，是否存在后盾单位未给予工作队实质性支持的问题，是否存在第一书记或工作队未认真履行职责，群众对驻村帮扶工作认可度不高的问题。

（十三）聚焦能力培训

重点排查是否存在乡村振兴主题培训未按照"全员、精准、有效"的要求落实到位的问题，是否存在新任乡村振兴干部培训未全覆盖的问题，是否存在驻村帮扶干部业务培训不到位的问题。

（十四）聚焦有效衔接领域信访舆情风险排查化解

是否存在对群众诉求回应处置不主动、不及时的问题，是否存在信访包案、干部下访、事后回访等制度执行不到位的问题，是否存在舆情监督处置不迅速、不到位的问题，是否存在对辖区内的风险隐患排查不全面、风险隐患化解预案不完善的问题。

（十五）聚焦群众认可度满意度

重点排查是否存在脱贫户、监测户对结对帮扶（联系）工作不满意的问题，是否存在脱贫户、监测户对收入采集计算不认账的问题，是否存在群众对巩固拓展脱贫攻坚成果同乡村振兴有效衔接工作认可度不高的问题。

二、强化示范引领，切实推进全区乡村振兴示范创建工作，以点带面有力有序有效实施乡村振兴战略

根据中央、省委、市委、区委决策部署，高质量高标准打造冷水滩区乡村振兴示范点，按照"突出产业发展、突出美丽宜居、突出人口集聚、突出分类指导、突出典型示范"的原则，聚焦区乡村振兴示范村建设标准和重点任务，推动试点村建成示范村，率先实现产业兴旺、生态宜居、乡风文明、治理有效和生活富裕。

（一）把握总体要求

（1）结合自身优势，充分利用和发挥好现有产业条件和资源优势。把市、区一体作为乡村振兴的基准点，充分利用永州创建国家农业高新技术产业示范区和创建全国市域社会治理现代化试点地区的契机，在产业发展上再加码，在基本公共服务一体化和社会治理上再发力。

（2）结合领导挂帅，将乡村振兴示范点与领导联系点有机结合起来，特别是市委书记和区委书记联系的示范创建村，要聚焦资金、资源，起到带头示范作用。

（3）结合社会力量，大力发展乡风文明建设。充分发挥新乡贤组织的协调作用，强化扶贫扶志，增强脱贫群众主体意识，加强对脱贫致富先进经验、典型案例的宣传，着力推动"被动扶"到"主动兴"的转变。

（二）把握工作目标

（1）总结推广麦子园村的典型经验。扩大麦子园乡村振兴工作成果，突出以点带面，把44个重点村作为全区乡村振兴工作的重中之重。将麦子园的做法经验在全区推广，拓宽资金来源渠道，撬动工商资本注入，突出"六个一点"，盘活土地资源，原则上示范创建村要流转土地33.3公顷，重点帮扶村要流转土地13.3公顷，大力发展适合本地资源禀赋的特色产业，为乡村振兴注入强大活力。在示范创建点的选择上要优先选择班子凝聚力强、产业发展有条件、群众基础好的村。原则上每个乡镇选择1~2个付，经过2~3年的创建，在全市打造一

批有影响力的示范创建点。

（2）营造浓厚氛围，全面推进振兴。定期召开全区乡村振兴流动现场会，研究出台示范创建村和重点帮扶村的考核办法，在全区掀起比学赶超的浓厚氛围。在"五大振兴"上，要紧紧抓住产业振兴和就业帮扶两个"牛鼻子"，确保乡村振兴工作出亮点、出特色。同时，在全区打造 5 条示范带：①以上大公路的孟公山村、茶花村的油茶和蔬菜、特色水果等为主的示范带；②以冷祁快速通道的渲溪村、香花坝村直供粤港澳蔬菜的示范带；③以蔡市巴零公路的巴洲滩社区、红卫村、零东圩村的文化旅游、特色水果为主的示范带；④以冷圩公路沿线的牛角圩村、石溪坪村、麦子园村的蛋鸡、蔬菜为主的示范带；⑤以黄阳司镇的黄桃和普利桥镇的白茶为主的示范带。

（三）把握工作方法

将农村人居环境整治、农村厕所革命、农村生活垃圾和污水治理、美丽宜居乡村建设，促进乡村治理与农村精神文明建设有机结合，在伊塘镇先行先试，整体推行，分步实施，初见成效后，在全区进行推广。

（1）整治人居环境。坚持以"一拆二改三归"为抓手，强力推进示范点美丽乡村示范工程。"一拆"，即指拆除旱厕、D 级危房、残垣断壁、废弃建筑等影响村容村貌的房屋。要及时平整土地，进行科学有效利用。"二改"，首先是改造厕所，引导户厕进院、入室；然后改造户与户之间的便道，利用旧房青砖、红砖、吸水砖等铺装人行便道，对原石板路、古路修旧如旧。"三归"指的是畜禽养殖归圈、柴火杂物归堆、菜园菜地归片，做到规范整齐美观。

（2）培育文明乡风。一要建立健全农户卫生评比制度。每月对示范点各户开展房前屋后"卫生三包"考核评比，开展"星级家庭""最美庭院""最美家庭农场"等评选活动。每月评比后在公布栏公示，召开人居环境整治效果点评会，邀请评比得分高的农户作典型发言，发放适当的奖励，形成比学赶超的良好氛围。二要大力开展"革陋习，树新风"活动，进一步完善村规民约，革除高价彩礼、人情攀比、薄养厚葬、铺张浪费等陈规陋习。建立村民议事机制，完善村民代表会议制度，健全红白理事会等群众自治组织。

（3）发展庭院经济。在示范点伊塘镇孟公山村利用"国家森林乡村"和离中心城区 20 分钟路程的优势，发展庭院经济，帮助农户增收。一要引导村民在房前屋后的自留地精耕细作，合理布局，种上无公害蔬菜、水果，吸引市民前来采摘、认领、租用、种植，发展庭院经济和观光农业。二要整合村庄内闲置土地，引进花卉苗木企业，使村民通过土地及闲暇时间管护入股，发展苗木种植及盆景产业，带动村民参与产业发展，提升庭院经济价值，让小庭院变成增收"金钥匙"。三要乡镇对示范点附近区域有一定规模的果园统一授牌，与企业商定果园名称、统一标识标牌，形成连片的采摘园。

（4）坚定文化自信。一要深入挖掘伊塘镇、孟公山村民俗文化和知青文化，提升村文化服务中心品质，综合打造知青博物馆和孟公山村文创中心，吸引广大游客。二要策划、创办伊塘镇"伊家人·一家人"公益文化活动品牌，扎实开展文化下乡、送戏下乡、全民阅读等系列惠民文化活动。建设"伊家人·一家人"之乡村大舞台项目，策划系列节庆活动，比如，伊塘西瓜音乐节、稻香伊塘乡村诵读会、"我为国旗添光彩"演讲比赛、"书香伊塘·橘香伊塘"亲子阅读活动、乡村发现讲故事比赛等；举办"伊家人·一家人"之乡村文化大讲堂活动，开展全民健康教育、农业科普知识、道路交通安全、永州文化等公益讲座。丰富广大群众的精神文化生活，提升人们的幸福指数。三要采取志愿服务积分制的方式，凝聚和团结市区广大文化爱好者，鼓励其支持、参与乡村文化振兴志愿服务活动，吸引市内外广大游客前来打卡，拓宽渠道增加经济收入。凡是参与镇级组织的系列志愿活动，当地乡镇要专门给参与的志愿者积分，积分可以在乡镇范围内的果园里兑换水果、在农家乐消费时打折或者抵扣餐费等。

三、开展专项行动，破难题、突瓶颈、攻难关、补短板，致力推动冷水滩区乡村振兴战略有效实施

（一）实施特色产业提质行动

全力打造蔬菜、柑橘、中药材等特色产业，进一步优化产业布局，促进产业转型升级，加快推进冷水滩农业现代化。一要加快建设精细特色产业基地。全区建设 3333.3 公顷湘江源优质蔬菜生产基地 3 个以上、3333.3 公顷优质中药材基地 3 个以上。抓好湖南省柑橘产业集群项目和湘九味中药材产业集群项目建设。二要大力发展农产品精深加工。以果蔬加工为突破口，继续实施产业链企业"培优倍增"计划，培育扶持全产业链标杆型龙头企业 1 家以上。加大农产品精深加工产业链招商力度，引进 5000 万元的项目 2 个以上。三要加强农业品牌建设。全面推行绿色生产、标准化生产，至少建设 1 个农业标准化示范基地，新增绿色食品认证产品 12 个以上，全年授权使用"永州之野""湘江源"公用品牌商标的企业分别新增 4 家以上、2 家以上。四要推进产业融合发展。实施农业强镇行动，抓好伊塘镇建国家农业产业强镇第二期项目建设，加快推进零东圩现代农业产业园建设。

（二）实施乡村建设行动

一要持续治理农村生活垃圾。探索开展农村生活垃圾分类试点，加强垃圾转

运车等配套设施建设，提升垃圾转运能力，使农村生活垃圾得到有效治理。完善村庄保洁长效机制，"一约四制"行政村覆盖率达到100%，全面建立群众参与、群众监督的村庄保洁管理体系。二要大力推进美丽乡村示范点建设。每年创建省级、市级美丽乡村示范村各4个以上。

（三）实施深化农村改革行动

通过深化改革进一步激发农业农村发展活力。一要深化农村土地制度改革。加强土地承包经营纠纷调解仲裁能力建设，健全完善乡镇（街道）农村产权交易中心建设，稳妥开展第二轮土地承包到期后再延长30年试点，稳慎推进农村宅基地制度改革试点。二要深化农村集体产权制度改革。重点在发展壮大农村集体经济上下功夫，通过租赁、引导农民以土地经营权入股合作社或龙头企业、与工商资本开展土地股份合作等方式盘活资产，发展壮大集体经济。三要提升农业社会化服务水平。突出抓好家庭农场和农民合作社两类新型农业经营主体，启动家庭农场培育计划，深入推进农民专业合作社高质量发展，创建农民合作社国家级示范社1个以上、省级示范社2个以上，创建家庭农场省级示范场6个以上。

第三章
乡村振兴战略在零陵区的探索与实践

民族要复兴，乡村必振兴。党的十九大将乡村振兴战略上升为国家战略，描绘了"产业兴旺、生态宜居、乡风文明、治理有效、生活富裕"的振兴图景。党的十九届五中全会提出，优先发展农业农村，全面推进乡村振兴。从"实施乡村振兴战略"到"全面实施乡村振兴战略"，"全面"二字内涵丰富，既体现了乡村振兴已取得阶段性成果，又指向下一阶段将往扩面提质方向发力。近年来，零陵区委、区政府按照中央精神和省委部署，把"三农"工作作为重中之重，全面推进乡村振兴战略，积极开展农村人居环境治理、乡村治理体系建设试点示范、壮大村集体经济、推动农业转型升级、深化农业农村改革、补齐农村基础设施短板、改善农村民生等工作，持续巩固拓展脱贫成果，探索建立了"五定五化"① 乡村振兴工作模式，全面推进乡村振兴工作取得了较好的成效。但乡村振兴是一项系统工程和长期任务，在实施过程中仍面临一些困难和问题，需各方凝聚共识、集合力量、奋力攻坚。

第一节　零陵区实施乡村振兴战略的基本情况

自实施乡村振兴战略以来，零陵区委、区政府高度重视，认真贯彻落实中央、省、市乡村振兴工作部署，按照"产业兴旺、生态宜居、乡风文明、治理有效、生活富裕"的总体要求，以产业振兴为重点，以农村人居环境整治为突破口，加强乡村治理体系建设，开展厕所革命，建设美丽乡村新家园，提升群众的获得感和幸福感。

---

① "五定"指定分工、定联点、定职责、定任务、定要求。"五化"指产业现代化、村民主体化、村庄宜居化、治理民主化、防贫同步化。

一、坚持党管农村，加强乡村振兴组织领导

（一）全面强化组织领导

零陵区高度重视乡村振兴工作，2018 年以来，成立了以区委书记为组长的领导小组，领导小组下设"一室七组"①，各乡镇（街道）、行业部门相应成立了乡村振兴领导机构，健全工作体系，常态化推进乡村振兴工作。零陵区结合农村实际，制定《关于零陵区推进乡村振兴战略的实施意见（2018 至 2020 年）》，制定了乡村振兴战略具体实施细则，提出了以"五清"（清垃圾、清粪污、清空房、清水域、清田园）、"五改"（改路、改水、改厕、改圈、改院）、"五化"（硬化、绿化、美化、净化、亮化）"三个五"行动为重点，因地制宜、分类推进。对涉农的 15 个乡镇（街道）选择 50 个村作为乡村振兴试点，区委、区政府采取"以奖代补"方式推行"三个五"行动，列入年度综合考核内容。同时，严格实行"一月一调度、一月一督查、一月一通报"制度，确保乡村振兴工作扎实推进。

（二）加强队伍建设

一是开展新一轮驻村帮扶。2021 年全区派出 186 名区直单位优秀干部，组成 62 个驻村工作队，对脱贫村、重点帮扶村、示范创建村、红色美丽乡村开展驻村帮扶。加强结对帮扶，对脱贫不稳定户、边缘易致贫户、突发严重困难户每户安排 1 名区乡干部帮扶。制定了帮扶工作队管理办法和进一步规范驻村帮扶工作队员请销假制度，规范了驻村帮扶工作。建立健全了区、乡、村三级管理体系，以乡、村管理为主，实行严格日勤考核，并由区驻村办、区扶贫办及区纪委作风办建立联动督查机制。二是开展干部培训。2021 年组织乡村振兴工作队队员认真学习宣传《中华人民共和国乡村振兴促进法》，开展全区乡村振兴工作轮训，全面提高工作水平。2022 年 6 月，零陵区举办了农村基层干部乡村振兴主题培训暨村（社区）"两委"干部培训班。培训采取"主会场+分会场"的模式，培训 16 个乡镇（街道）组织委员、334 个村（社区）"两委"干部和 62 个村驻村工作队员共 1450 余人。2022 年 7 月，零陵区举办乡村振兴驻村第一书记和工作队员培训班，62 个驻村工作队第一书记和队员、15 个涉农乡镇（街道）组织委员以及相关职能部门工作人员共 220 余人参加培训。三是将村党组织书记纳入干部人才队伍建设范围。由零陵区委组织部具体负责全区村党组织书记的统筹规划、备案管理、教育培训、建档立案、激励保障等。对于村党支部书记采取基层选

---

① "一室"指乡村振兴领导小组办公室。"七组"指巩固拓展脱贫攻坚成果工作组、产业振兴工作组、乡村建设工作组、组织和人才振兴工作组、文化振兴工作组、乡村治理工作组、乡村振兴联合督查组。

拔、社会选聘、区街选派、挂职锻炼等方式，拓宽村党组织书记来源渠道。加强村党组织书记后备干部队伍建设，建立数量充足、结构合理、素质优良的后备干部队伍。目前，零陵区 334 个村（社区）党组织书记平均年龄 47.3 岁，年龄最小的 24 岁；大专以上学历的 132 人，占比 41%，女性 33 人，年龄、性别、学历结构较为合理。

（三）全覆盖开展集中排查整改，提升巩固脱贫攻坚成效

根据国家、省、市乡村振兴局健全防止返贫动态监测和帮扶机制的文件精神及工作要求，零陵区印发了《关于贯彻落实国家乡村振兴局〈健全防止返贫动态监测和帮扶机制工作指南〉有关要求的通知》和《零陵区防止返贫监测帮扶"大培训、大排查、大整改、大提升"专项行动实施方案》等指导性文件，对区直主要行业部门分管乡村振兴工作的领导、区乡村振兴局班子成员、15 个涉农乡镇（街道）党（工）委书记、分管乡村振兴工作的领导、乡村振兴办主任及专干、62 个乡村振兴驻村工作队队长、320 个行政村（涉农社区）党组织书记、村级防返贫监测员、未消除风险的监测对象结对帮扶联系人进行培训，乡镇（街道）按照分工完成本级培训任务。**精准对标排查**。各乡镇（街道）、各部门扎实深入开展巩固拓展脱贫攻坚成果同乡村振兴有效衔接工作"大排查大起底"行动，对照应纳未纳、住房安全、驻村帮扶、台账管理等 14 个方面，逐村逐组、逐户逐人，深挖细查，集中开展大排查、大走访、大提升。进一步聚焦重点任务和薄弱环节，对照各项考核指标，深入细致开展对照自查、拾遗补阙，把基础工作做扎实、做到位。**提升排查成效**。全面夯实"六个确保"（确保应纳尽纳、确保精准施策、确保稳定消除、确保数据精准、确保守住底线、确保销号清零）。主要是准确把握识别认定条件；重点关注 9 类人群，结合运用"五种必须纳入情形"，确保应纳尽纳；对已消除风险的监测对象开展"回头看"，确保稳定消除；全面排查规模性返贫风险点，确保守住底线。

二、坚持因地制宜，培育乡村发展动能

（一）抓实粮食生产

一是强化组织领导。坚持区乡村"三级书记"（区委书记、乡镇党委书记、村支部书记）直接抓粮食生产，成立区粮食生产工作领导小组，实行党政同责；建立"四包"（区领导和后盾单位包乡镇、乡镇领导包片、驻村干部包村、村干部包组）工作责任制，周密部署，全力推进，层层落实。**强化政策支持**。围绕粮食生产"稳面、增产、增效"的目标，研究制定相关工作实施意见及考核办法，明确指导思想、目标任务、重点工作、保障措施、奖惩办法等，为全年粮食生产

发展打下坚实基础。**强化资金保障**。在粮食安全上，资金投入一分不少、政策落实一分不差、农业项目一个不落。二是加强示范带动作用。制定下发《零陵区双季稻绿色高质高效创建万、千示范点区级领导安排表》《零陵区级领导及区直单位联系乡镇（街道）发展粮食生产安排表》，坚持示范带动，明确区级领导领办一个万亩示范片，各个乡镇、村办好千亩示范片和百亩示范片。三是技术服务到位。春耕生产期间加强力量组建粮食生产工作专班，组织农业技术人员进村入户，广泛开展技术指导，搞好农机维修和维护，为春耕生产提供农机保障。

（二）深化农村改革

十八届三中全会以来，零陵区将农业农村改革作为"三农"工作，特别是乡村振兴战略的重中之重来抓。农业农村改革成效显著，为乡村振兴提供了强大的动力。一是农村集体产权制度改革有条不紊。零陵区农村集体资产清产核资、成员身份确认全面完成，实现行政村集体经济组织登记赋码全覆盖，充分盘活开发利用集体资产发展集体经济。村级集体经济收入显著增长，全面消除了"空壳村"。二是农村宅基地管理与改革稳慎推进。强力推进农村宅基地和集体建设用地房地一体确权登记颁证工作，2020 年 11 月零陵区人民政府办公室印发了《零陵区农村宅基地改革与管理工作实施方案》。三是加强农村人居环境整治。近年来，零陵区根据中央、省、市下发的农村人居环境整治行动方案要求，扎实开展以农村厕所革命、"空心房"整治、生活垃圾处理、生活污水治理、村容村貌提升、村庄清洁行动和美丽乡村示范创建为重点的"一革命六行动"，成功创建省、市级美丽乡村示范村 19 个，区级美丽乡村示范村 58 个。

（三）发展适度规模农业

一是积极推进产业基地建设。近年来，以市场需求为导向调整优化农业结构，零陵区重点抓好"蔬菜、油茶、柑橘"三大特色优势产业基地建设，出台《零陵区关于推进农业优势特色产业发展的实施意见》，设立农业产业发展专项资金。区财政每年整合农业产业发展专项资金 1000 万元，并随全区财政收入增长情况逐步增加。农业产业发展专项资金主要用于支持优势特色产业发展和现代农业产业园区建设、企业培育、品牌创建、基地建设、技术支撑、市场开拓等方面。全力打造蔬菜、油茶、柑橘等"万字号"农业生产基地。二是积极推进农产品精深加工。零陵区以农产品精深加工为主攻点，重点抓好果蔬油茶产品深加工，着力提高农产品加工水平。实行奖补政策，培育壮大农业产业化龙头企业，推动强强联合组成联合体，积极推动股权交易上市。三是大力推进农业品牌建设。鼓励扶持经营主体积极注册商标，申报"绿色食品""有机食品""农产品地理标志""两品一标"农产品。鼓励支持经营主体积极参与各级农产品展销、评优、评奖活动，对通过国家认证的品牌农产品、获得国家级奖项的名优农产品，给予奖励。

三、坚持汇聚力量，强化乡村振兴人才支持

（一）"人才服务"进村助力乡村振兴

乡村产业要振兴，人才是关键。2021 年，零陵区选派 15 个乡村振兴服务小分队共 90 名队员走进 15 个乡镇（街道），重点结对 15 个乡村振兴创建示范村，深入调研乡村振兴示范村建设情况。服务小分队每年下村服务不少于 6 次，"把脉"乡村振兴工作，助推农村经济高质量发展。零陵区乡村振兴人才服务工作站在菱角塘镇永连村正式揭牌，标志着零陵区人才工作向前迈出了全新的步伐，进一步促进各类人才投身于乡村建设，为推动零陵区乡村振兴提供强有力的人才支撑和保障。

（二）搭建"高校+人才+产业"一体化服务平台

零陵区立足乡村振兴产业人才需求，与国内知名高校和科研院所合作，积极推动与湖南科技学院等高校签订校地战略合作协议，用好高校"人才孵化园"，打造一批人才培训示范基地、乡村人才孵化基地。目前，已创建省级创新创业团队 2 家、校地实训实习基地 4 家、乡村人才孵化基地 16 个。组织"小分队+帮扶团"智囊团，邀请高校教授、农技专家、企业家、引进的人才和致富带头人组成"乡村振兴人才服务小分队（帮扶团）"，分赴村（社区）开展调研培训、技术指导和产业帮扶工作。黄田铺镇名山岭村在产业帮扶团协助下，成立 5 个合作社，以资金和土地等入股 20 余家企业，带动村民增收致富。

（三）打造"乡镇党校+人才+产业项目"一体化服务平台

近年来，零陵区通过打造"乡镇党校+人才+产业项目"一体化服务平台，对接全区乡村振兴产业人才需求，每年邀请 300 余名高校教授、农技专家、企业家、致富带头人等，组建零陵"人才智囊团""乡村振兴人才小分队""乡村振兴产业人才帮扶团"，分赴各乡镇党校开展基层人才大培训，共开设"致富带头人培训班""实用技术培训班"等 120 余期，培训新型职业农民 3600 余人、新型农业经营主体带头人及骨干 1265 人。在乡村振兴战略中，"乡镇党校+人才+产业项目"平台，充分发挥了乡镇党校"孵化器"作用，为把乡村人才培养好、使用好，搭建了舞台。

四、坚持文化引领，推动乡村文化发展繁荣

（一）设立新时代文明实践站，着力打造农村文化阵地

乡村振兴，既要塑形，也要铸魂。近年来，零陵区注重把思想引领作为助推

乡村振兴发展的重要基础，着力构建以区文明实践中心为中心，以乡镇（街道）文明实践所（站）为支点，以村、企事业机关单位建立 X 个实践点为依托的"一中心、多站点"的工作新格局。目前已建成 1 个中心、16 个所、334 个站、430 余支志愿服务队，村、企事业机关单位建立 X 个实践点的管理服务体系，从根本上解决了文明实践活动"谁来干""干什么""怎么干"的问题。2022 年，零陵区印发了《2022 年新时代文明实践志愿服务工作实施方案》，全区 16 个乡镇（街道）334 个村（社区）将党史学习教育与乡风文明建设相结合，利用新时代文明实践站等平台，打造"有情有义、邻里和谐"的乡村新风尚；组织开展"十星级文明户""好邻居""好妯娌"等文明评比活动，激发广大群众学习好人、争做好人的热情，筑牢乡风文明之基，使乡村精神面貌焕然一新。

（二）深化文明村镇创建

近年来，零陵区以文明村镇创建为目标，以乡村振兴为抓手，稳步推进农村精神文明建设工作，完善文明村镇测评体系，着力打造乡风文明、产业兴旺、治理有效、生态宜居、生活富裕的社会主义新农村。通过文明村镇创建活动，引导乡村文明建设和村民素质提升，结合实际修改完善村规民约。党员干部发挥模范带头作用，带头宣传、带头参与、带头执行村规民约，引导广大群众建立科学、健康、文明的生活方式，以实际行动抵制不良习俗，自觉摒弃社会上滋生的讲排场、比阔气、慕虚荣等铺张浪费行为。成立红白理事会，成立"新风"劝导队，组建移风易俗党员志愿服务队、青年志愿服务队、老年志愿服务队等，宣传弘扬时代新风，传播文明理念，推动移风易俗，助力乡村振兴。全区现有全国文明村镇 2 个、市级以上文明乡镇 12 个、市级以上文明村 180 个。

（三）扎实传承优秀传统文化

一是推进文明乡风、良好家风以及淳朴民风的培育。注重挖掘地方优秀传统文化和地域特色文化，宣扬家风族训，完善村规民约，推广舜帝德孝文化、柳子民本文化、周家大院耕读文化等文化，培育乡贤文化。二是加强对优秀传统文化的保护。开展优秀传统文化的保护、挖掘及整理工作，对各艺术门类的优秀文化作品给予奖励扶持。挖掘整理了艺术剪纸、包粽子、打糍粑、雕刻、零陵花鼓戏、快板等一批具有地方特色的优秀传统文化项目，并纳入文化巡演节目。送戏下乡，让传统文化真正"活"起来，激发优秀传统文化的活力，提升优秀传统文化影响力。三是村社配备图书室、阅览室。通过自筹资金、争取政府资助资金为所有村社配备图书室、阅览室，馆藏红色书籍、国学经典、历史读本等各类优秀图书 10 万余册，定期举办读书会、交流会，创新开设"红色电影专场"，定期为农村党员群众放映党建题材电影，重温红色历史文化。

第二节　零陵区实施乡村振兴战略的主要成效

一、不断夯实乡村振兴基础，乡村产业发展取得明显成效

（一）守好"粮仓"端稳"饭碗"，全力保障粮食安全

国无农不稳，民无粮不安，粮食产业是乡村振兴的基础。零陵区辖7镇3乡7个街道办事处、334个行政村，是省内外有名的"优质水稻之乡"。零陵区委、区政府坚持把粮食稳产保供作为首要任务和"头等大事"，坚决落实粮食安全党政同责，以稳定粮食生产为目标，不断健全"辅之以利、辅之以义"机制，出台《零陵区治理耕地抛荒十一条措施》《关于稳定发展粮食生产（2020—2021年）的意见》等文件，保障种粮农民有合理收益，激发农民种粮积极性，不断提升农业综合生产能力。2017—2021年全区粮食作物播种面积稳定在6万公顷以上，产量稳定在35万吨以上，实现了粮食稳产增产，农民稳步增收，有效遏制耕地抛荒，为保障国家粮食安全作出了贡献。

表 3.1　2017—2021 年零陵区粮食生产播种面积与总产量

年份	粮食作物播种面积/万公顷	粮食生产总量/万吨
2017	6.33	37.36
2018	8.93	36.70
2019	8.85	36.50
2020	8.29	35.37
2021	8.62	35.90

截至2021年，全区总投入资金7亿多元，按照"田成方、树成行、渠相通、路相连、旱能灌、涝能排、渍能降"的标准，共建设实施高标准农田项目61个，拥有各类农机具11.6万余台，农机专业合作社27家、农机大户116家，农业机耕面积2.45万公顷，农业机械化综合服务水平达73%，其中主要粮食作物耕、种、收综合机械化率超过80%，粮食耕种机械化水平显著提高。

（二）从以粮为纲向协调发展转变，农业综合生产能力增强

全面推进乡村振兴，不但要夯实粮食生产能力基础，还必须增强农业综合生产能力，保障粮、棉、油、糖、肉、奶等重要农产品供给安全。零陵区"菜篮子"产品不断丰富。2021年全区柑橘产量为20万吨、蔬菜总产量61万吨、茶叶

产量 1.2 万吨；生猪出栏 68 万头、肉牛出栏 3.6 万头、羊出栏 3.48 万只、家禽出栏 1455 万只、水产品产量为 4410 吨。零陵区逐步发展成为对接粤港澳大湾区"菜篮子"建设的前沿阵地，新增香零山蔬菜、雨田柑橘、丰盛砂糖橘、古村葡萄、诚鑫沃柑等粤港澳大湾区"菜篮子"备案基地 5 个。近年来，零陵区深入推进农业产业结构调整，农林牧渔业协调发展，区域布局不断优化，全区逐步发展形成 100 万头生猪、46666.7 公顷优质稻、20000 公顷蔬菜、20000 公顷油茶、14000 公顷楠竹、9333.3 公顷柑橘、2000 公顷制种、1333.3 公顷茶叶等八大特色优势农业产业。省、市、区现代农业产业园达 29 个，其中省级示范园 6 个、市级示范园 6 个。零陵区农业生产实现了从以粮为纲向多种经营，进而向农林牧渔业协调发展的巨大转变，农业发展由增产导向转向提质导向。

（三）加强农业供给侧结构性改革，农业发展方式深刻变革

零陵区坚持和加强党对"三农"工作的全面领导，围绕实施乡村振兴战略，把农业供给侧结构性改革往深里做、往细里做，为实现农业强、农村美、农民富的目标而不懈奋斗。一是适度规模经营快速发展。农村土地流转深入推进，目前全区累计流转土地 2.28 公顷，耕地规模化 2 公顷，耕种面积占全部实际耕地耕种面积的比重为 57.58%，规模养殖出栏数占全年出栏数的 70% 以上。规模以上农产品加工企业累计达到 34 家，农产品加工省市龙头企业 32 家，建成潇湘源、雨田农业、丰盛柑橘等省、市、区现代农业产业园 37 个，成功申报湖南省中药材产业集群建设项目县区，黄田铺镇成功创建省农业产业基地，等等。二是新型经营主体大量涌现。全区拥有市级以上农业产业化龙头企业 36 家，农产品加工产值达 150 亿元以上；农民专业合作社注册数量 898 个，家庭农场 520 个；农业社会化服务组织 80 余个，大量农民工、中高等学校毕业生、退役军人、科技人员等返乡下乡人员加入新型职业农民队伍，成为建设现代农业的主力军，为现代农业发展增添新活力和持久动力。三是新业态新模式快速发展。随着农业生产技术和科技水平的提升，设施农业、观光农业、精准农业、创意农业等新型农业生产模式快速发展，全区农业设施数量达 5 万多个，设施农业面积近 800 公顷。2022 年上半年，全区乡村旅游接待游客 197.98 万人次，实现旅游收入 17.06 亿元。全区有电商服务站 311 个、农村淘宝服务站 35 个、村淘淘帮手 82 个、益农社 239 个，电商农产品上行交易额 4500 余万元。

二、着力推进农村人居环境整治和农业农村绿色发展

（一）大力推进城乡环卫一体化，推进美丽乡村建设

环境是村庄的门面，也是乡村振兴的重要内容。近年来，零陵区大力推进城

乡环卫一体化，坚持以"一拆二改三清四化"为总抓手，充分发挥群众主体地位，凝聚社会合力，通过以点带动线面，着力提升农村生活品质，推进美丽乡村建设。建立健全了农村生活垃圾收集、运管体系，实现统一收集、转运和处理，公共区域保洁机制保持日常化、常态化。截至 2022 年 10 月，累计清理陈年垃圾 11.54 万吨，清理疏通河道沟渠 1032 千米，清除畜禽粪污等农业生产废弃物 5640 余处 5.15 万吨，拆除农村"空心房"、杂房、残破建筑 8602 处 68.25 万平方米，拆除率达到 88%。25 户 100 人以上自然村通水泥路的有 680 个，村内主要道路基本硬化。村庄绿化率达到 35.6%，240 个村庄达到绿色村庄标准，占比 71.8%。成功创建省、市级美丽乡村示范村 19 个，区级美丽乡村示范村 58 个，实现了由"脏乱差"到"净绿美"的转变。

（二）以"一约四制"为抓手，做好农村人居环境整治工作

改善农村人居环境是乡村振兴战略的一项重要任务，零陵区高度重视农村人居环境整治工作，秉持"花小钱办大事、建机制管长远"的理念，以"一约四制"（一约即村规民约；四制即门前三包制度、公共区域保洁制度、卫生户文明户评比制度和农村卫生缴费制度）为抓手，立规定矩，提升村民素质，约束不文明不卫生习惯，扎实推进美丽乡村建设，建设宜居宜业宜游的生态家园。2020 年下发进一步做好"一约四制"工作的通知，明确将农村人居环境整治纳入村规民约的固定内容，全区 317 个村制定或修改了村规民约。各村结合实际建立农户"门前三包"制度，发挥村规民约的作用，要求农户做好自家房前屋后、庭院内环境卫生、容貌秩序和绿化管理，并签订责任卡。各村以村干部、党员代表、群众代表为主组成卫生评比委员会，每月开展一次卫生评比活动，对庭院及其周边干净整洁有序的农户授予卫生户称号，并张贴门牌表彰或给予实物奖励。截至目前，全区 17 个乡镇（街道）334 个行政村都建立健全了村规民约，落实了"门前三包"公共区域保洁制度，并定期组织开展了卫生户评比，农村卫生环境有了极大改观，村庄变得更加美丽宜居。

（三）发展农民绿色合作社，推进农业农村绿色发展

推进农业农村绿色发展是实施乡村振兴战略的重要举措。近年来，零陵区把发展农民绿色合作社作为农民高效生产经营、发展特色产业、增加"三农"收入的重要举措来抓，先后制定了《零陵区乡村振兴产业发展规划》《零陵区绿色蔬菜、水果、油茶等产业发展规划》。2020 年 8 月 18 日，零陵区与香港源源兴农业科技有限公司签订了"香港源源兴农业科技与零陵菜篮子基地项目"，项目总投资 1.1 亿元，实现与粤港澳乃至东南亚"菜篮子"工程的无缝对接。通过"政府搭台、部门导演、老板策划、农民主演"，农民绿色专业合作社快速发展。

截至 2021 年底，全区已登记注册的农民专业合作社达到 260 余个，注册资金 2.55 亿元，涉及 15 个乡镇（街道）、232 个村，入社成员 7900 余户，带动农户 3.35 万户。其中省级示范社 6 个，全国首批农民专业合作社示范社名录 10 个，国家"菜篮子"标准园基地项目 3 个，争取中央农业财政补助资金项目 11 个，合作组织创新试点项目 11 个，农业科技推广项目 9 个，农民合作社已成农民致富、乡村振兴"多缸引擎"。目前，零陵区农民绿色合作社已覆盖粮食、蔬菜、油茶、水果、花卉、家禽、家畜、鱼类养殖等产业和产品的种植养殖及加工销售，带动集约化生产基地 14000 公顷，每年组织销售农产品 50 万吨以上，入社农民年均增收 3 万元以上。

三、大力发展乡村旅游，促进一二三产业融合发展

（一）乡村旅游快速发展，带动农民收入大幅增长

近几年来，零陵区以"永州之野"乡村文化旅游精品线路为抓手，出台了《永州市零陵区发展乡村文化旅游》系列文件，按照"进城、下乡、入水"总体规划，先后投入 20 多亿元，按照"修旧如旧、修新如旧"的原则，对永连村、涧岩头历史文化名村、何仙姑村等古村落进行了抢救式修缮，对贤水河公路旁的 90 多座民房进行了立面仿古式改造和装饰，建起了贤水河 10 千米绿色风光带，在双牌水库右干渠两旁建起 10 余千米长紫薇花观光带。在全区 15 个乡镇（街道）建起 50 余处乡村水果观光采摘园、荷花观赏园、亲子菜园等，面积达 1333.3 公顷。与此同时，采取"互联网+文化村落+旅游"模式，将古村落文化打卡旅游与全区巩固脱贫成果、开展乡村整治、助力乡村振兴有机结合起来，开通了"古城零陵"文化旅游、"永州之野"乡村文化旅游、"潇湘之源"潇水文化旅游、"峥嵘岁月"红色文化旅游等 4 条精品线路。将绿色农业、观光农业、现代休闲农业有机融合，充分挖掘森林、湿地、山水、田园风光等特色资源，打造和推出了"生态文化"特色镇邮亭圩、"红色文化"特色镇菱角塘、"果园文化"特色街道接履桥、"仙姑文化"特色镇富家桥、"农耕文化"特色乡大庆坪等富有地方文化特色的全域旅游亮点。与此同时，对 90 余处古桥、古路、古街、古巷、古亭、古景等进行了抢救式修复、修缮和保护，重点打造了 20 余个古村特色景区、5 个特色小镇，装扮、打造、建设、培育了 103 个特色村，新建了 40 余个特色小游园，扶持了 210 余个特色种植、采摘、休闲果园。另外，还投资打造了 10 个省级生态乡镇，103 个村被评为省市生态村、环保村和美丽乡村。2021 年，全区乡村游人数达 430 万人次、收入达 10 亿元。相较 2017 年分别增长 67% 和 139%。乡村旅游快速发展，带动农民收入大幅增长，农村居民人均可支配收

入达 24738 元，比 2017 年增长 41.3%。

（二）因地制宜，乡村旅游发展模式呈现多样化

一是合理利用古村落资源，打造一批各具特色的古村落旅游目的地。零陵区在乡村旅游发展中，以乡村建设规划先行为宗旨，坚持规划和策划相结合，着力解决"规划不高、翻版雷同"的问题；把村庄整治和村容整合相结合，着力解决"大拆大建、忽视传承"的问题；将提供标准和提高水准相结合，着力解决"千村一面、粗制滥造"的问题，打造了富家桥周家大院、大庆坪芬香村等一批各具特色的古村落，实现农旅产业新发展、古村落保护和村民增收双赢，助力乡村振兴阔步前行。二是依托菱角塘镇永连村（原为画眉山村）红六军团指挥部旧址，发展红色生态旅游。零陵区用好用活区域红色资源，依托菱角塘永连村红六军团指挥部旧址打造红色文化教育研学基地，累计投入资金 3000 余万元，高标准打造了永连村红六军团指挥部旧址党性教育培训阵地。永连村转变发展思路，凸显"革命、乡愁、生态"三种文化魅力，逐步形成红色旅游发展链条，充分挖掘永连村七组红六军团指挥部旧址的红色旅游资源，开展旧址修缮和红军路打造。以"弘扬长征精神，传承红色基因"为主题，以"听红军故事、走红军路、吃红军饭"为特色，发掘红色革命故事，丰富红色革命展示内容，吸引省内外游客前来研学旅游。同时积极发展特色水果采摘、生态休闲农家乐等庭院经济，辐射周边枫合槐、罗家桥区域，参观完红六军团指挥部旧址后，游客还可以在永连村尽情游赏，在乡村休闲园垂钓、采摘，在当地民宿休闲体验。从 2019 年开发出红六军团指挥部旧址红色旅游景点以来，永连村累计接待游客量达 16 万人次。三是依托特色产业，打造休闲生态旅游。以农耕文化为魂、以美丽田园为韵、以生态农业为基、以创新创意为径、以田园景观化为目标，高水平发展休闲农业产业，深度开发农业生态休闲功能，重点打造一批乡村旅游线路，并取得了阶段性成效，成功推动了香零山村、大夫庙村、高贤村、大木源村、名山岭村、石烟塘村等以休闲农业为主的美丽休闲乡村。经市、区两级共同努力，香零山村已成功通过农业农村部审核，2021 年获评中国美丽休闲乡村。休闲农业作为零陵区经济发展的主导产业之一，全区休闲农业年经营收入 1520 万元，近三年平均年增速 8%，年接待 228 万人次，休闲农业从业人数 5000 人，休闲农业从业人员人均年收入 2.2 万元。

（三）延长乡村旅游产业链，大力推进一二三产业融合发展

零陵区农业农村局、乡村振兴局按照"产业兴旺、生态宜居、乡风文明、治理有效、生活富裕"总要求，大力推进一二三产业融合发展，确立"基在农业、利在农民、惠在农村"的基本思路。近年来，零陵区以村庄（自然村）为依托，

以民宿客栈、观光农业等为重点，引进乡村养老、乡村研学、旅游扶贫等项目，建设度假乡村和乡村旅游综合体，大力推进农村一二三产业融合。

例如：香零山村着力打造以创意农业、农业设计、农事体验和观光旅游为主要内容的田园综合体，实现了现代农业和旅游产业的融合发展、转型升级。香零山村依托山水做文章，将全村划分为水上游乐区、景点观光区、创意民俗体验区、山地文化休闲区、大棚生态区等，发展湖光山色水上游乐设施、民宿小木屋、环村小火车等项目。通过全面实施村落（民居）改造，形成了品类多样，层次丰富，地方特色浓郁，能够适合各不同群体消费需求的民宿产品。目前共有民宿 108 间 200 个床位。通过合理引导农民发展乡村旅游业、珍稀种植业和特色餐饮业，开发农业体验、亲子互动、参与劳动等形式多样、特色鲜明的旅游产品，形成"农庄游""花季游""采摘游"新业态。由香零山村村委组织，针对不同季节开展犁田、捉鱼、挖红薯、亲子摘菜比赛等十多项农事体验旅游项目，调动了游客的积极性，同时也增加了村民的旅游收入。与上海九崖实业集团合作推进乡村烟雨智慧康养项目建设，培养出一批新业态、新经济。2021 年接待游客16.5 万人次，休闲旅游收入超 450 万元。

四、坚持守正创新，着力打造乡村振兴"零陵模式"

（一）加快推行"五定五化五到户"制度，全面夯实乡村振兴基础

按照全面实施乡村振兴战略部署，结合我区实际情况，通过建立"定分工、定联点、定职责、定任务、定要求"的"五定"工作机制，全面压实责任，围绕"产业现代化、村民主体化、村庄宜居化、治理民主化、防贫同步化"的工作思路，深入实施抓党建促乡村振兴"六项行动"（铸魂赋能、队伍提质、兴业共富、强基善治、引智聚才、连心到户），全面推行党群连心"五个到户"（党员联系到户、民情走访到户、政策落实到户、产业对接到户、精准服务到户）制度，巩固扩展脱贫攻坚成果，夯实乡村全面振兴基础。

（二）创新推行"五个一"治理模式和"五讲五比"活动，打造乡村治理新样板

以全国乡村治理体系建设试点示范为抓手，聚焦村级组织软弱化、民主协商形式化、矛盾纠纷多元化、乡村治理碎片化、乡风文明低俗化等问题，创新推行"五个一"治理模式（即强化"一个引领"、创新"一个例会"、抓实"一个调解"、健全"一个网格"、定好"一个民约"），走出了一条独具特色的乡村善治之路。针对乡村治理中闯、创、干精神不足的问题，组织实施了"讲政治、比忠诚，讲学习、比能力，讲团结、比合力，讲担当、比执行，讲纪律、比作风"的

"五讲五比"活动，以学促干、比学赶超，形成了千军万马治乡村、千家万户美乡村的乡村治理新格局。零陵区获评全国村庄清洁行动先进县区，获湖南省真抓实干表彰激励，乡村治理工作多次在中央、省、市发言中作为典型被提及。

（三）全面推行乡村振兴月例会机制，走出基层监督新路径

近年以来，零陵区聚焦乡村振兴总要求，聚焦三个维度，对乡村振兴月例会工作进行整体谋划、一体推进。在推动上制定"一张路线图"，出台《乡村振兴月例会工作实施方案》，实现月例会工作规范化、流程化、有序化。全面推行乡村振兴月例会，创新开展"348"工作模式（"3"，即走好会前、会中、会后三个步骤；"4"，即把好月例会监督委员会成员的人员结构、梯队结构、政审选举、任命程序四个关口；"8"，即议好防返贫监测、产业资产、村庄规划、人居环境、平安乡村、乡风文明、党务公开、惠民惠农八个清单），有效化解村域矛盾，全面激发乡村振兴新活力。通过乡村振兴月例会梳理制定返贫监测、产业资产、村庄规划、平安乡村等8项清单，制定"小微权力"清单30余项。建立健全"四议两公开"、村级工程项目管理、村民议事等10余项配套制度，建立月例会微信群319个、15万人入群，解决的事项达4200多项。同时，将整治农村陈规陋习作为乡村振兴月例会重要议题开展商议讨论，每个村确定1~2项影响较大、反响强烈、村民不堪重负的陈规陋习作为重点，推进乡村治理取得新成效，乡村振兴月例会工作典型经验在省、市进行推介。

（四）开好村务监督"月例会"，为乡村振兴增动能

近年以来，零陵区聚焦乡村振兴总要求，聚焦三个维度，对乡村振兴月例会工作进行整体谋划、一体推进。在机制上构建"一盘棋格局"，坚持区、乡、村三级书记一起抓，将月例会工作列入党政领导班子和领导干部推进乡村振兴战略实绩考核、"三农"工作考核、党风廉政建设考核内容，建立起"区委主导、政府主责、乡村主抓、部门主帮、群众主体"的五主机制。在推动上制定"一张路线图"，出台《乡村振兴月例会工作实施方案》，从议事内容、会议时间、参会对象、会议流程、"云直播"要求、监督委员会成员推选等6个方面规范月例会程序，实现月例会工作规范化、流程化、有序化。民主协商监督月例会制度议程规范、群众参与、公开阳光，做到履权程序化、理权清单化、监权透明化，发扬了民主，激发了人民群众主人翁意识，充分调动了人民群众参与村庄环境整治、乡风文明建设、社会治理、发展产业等各项事业的积极性，为乡村振兴稳步推进注入新动能。

（五）创新推进"137"治理模式和"4+1"调解模式，打造乡村治理新样板

以打造现代化平安零陵、法治零陵建设为目标，以市域社会治理现代化试点、全国乡村治理体系建设试点两个"国字号"创建工作为抓手，围绕中心、服务大局，创新举措、综合施策，创新推出"137"治理模式（即 1 名党员负责 3 户群众，指导做好"守法、尚德、提能、勤劳、清洁、和谐、教育"7 件事），扎实推进社会治理样板区建设，平安零陵建设成效显著。在全省首创并在 16 个司法所推进"4+1"调解模式（即人民调解、司法调解、行政调解、社会调解+公信监督）；在全市村（社区）率先深入推进"丁零零·响零陵"及"智慧社区"平台建设，提高社会治理智治工作水平，取得了乡村治理显著成效。

第三节　零陵区实施乡村振兴战略的主要问题

总体来看，零陵区推动实施乡村振兴战略开局良好，取得了一定成效，但乡村振兴仍处于起步阶段，距离实现乡村全面振兴的目标，距离广大群众的期望仍有一定差距，进一步推动实施乡村振兴战略，还面临着以下问题。

一、城乡区域发展不平衡仍是最大短板

（一）城乡居民收入差距依然较大

受疫情等因素影响，农民持续稳定增收难度增大，由表 3.2 可见，2017—2021 年全区城乡居民人均可支配收入连年增长。2021 年城镇居民人均可支配收入 36835 元，农村居民人均可支配收入 24738 元，农村居民人均可支配收入仅相当于城镇居民的 67%，差距仍然明显。零陵区城乡居民收入虽由 2017 年的 1.55∶1 缩小到 2021 年的 1.49∶1，但绝对差额却从 9536 元扩大到了 12097 元。

表 3.2　2017—2021 年零陵区城乡居民人均可支配收入一览表

年度	城镇		农村	
	居民人均可支配收入/元	同比增长	居民人均可支配收入/元	同比增长
2017	27033	10.0%	17497	8.9%
2018	29574	9.4%	19160	9.5%
2019	32386	9.5%	20961	9.4%
2020	34265	5.8%	22428	7.0%
2021	36835	7.5%	24738	10.3%

（二）城乡基础设施一体化水平不高

目前，零陵区乡村基础设施普遍落后于城市。尽管近几年乡村基础设施得到

了根本改善，但水、电、路、气、房等方面与城市相比质量仍然不高，服务不完善的问题仍然突出。如自来水水质保障不强，供给水平不高，维修服务质量不优；乡村用电只能满足于生活，容量不足、设备老化，用电安全等问题还远不如城市；乡村道路尽管通畅，但维修普遍不如城市，有些地方还很窄很陡，有些道路弯曲盘旋不安全；乡村的大部分地方还是用传统的煤和柴烧火做饭，没有管道煤气，罐装的煤气安全隐患很多；乡村住房的质量不高，住房的使用率低，住房质量安全问题管理不严，特别是乡村物流等基础设施短缺严重，等等。因此，乡村基础设施相比城市差距还较大，亟须加快推进基础设施城乡一体化，提升城乡互联互通、共建共享的水平。基础设施不仅城乡之间的差距大，而且村庄之间的差距也不小，基础设施不完善发展就会受影响，这会导致恶性循环，长此以往将影响乡村之间的平衡发展，导致整个乡村共同富裕的推进受到阻碍。

（三）公共基础设施城乡差距仍然较大

零陵区经过脱贫攻坚和近两年全面乡村振兴的推进，乡村老百姓上学难、看病难、就业难、住房难、出行难等公共服务问题已基本得到解决，但是乡村公共服务的水平和能力与城市的差距较大，城乡公共服务一体化水平还不高。当前，很多老百姓为了子女读书挤到城市，为了看病经常不得不上城市，提高了生存成本，闲置了乡村资源，影响了城乡融合发展。因此，要实现高质量发展，就必须让老百姓幼有善育、学有优教、劳有厚得、病有良医、老有颐养、住有宜居、弱有众扶。而要实现这一梦想，关键是加快城乡一体化融合发展的进程。

二、产业发展问题

近年来，零陵区农业产业发展虽然取得了一些成绩，但整体发展水平仍较低，主要存在以下几个方面的问题：一是产业结构不优。农业产业区域集中度较低，地方特色不明显，生产效益不高；部分产业基地老化，管理粗放，产品质量和产量不高。如全区50%以上的油茶林产量不高、品质不优。同时，"一乡一业、一村一品"产业发展模式还没有建立起来；休闲观光、农村物流、电子商务、乡村旅游、养老健身等新业态新模式起步早，但发展不快、比重不大，增收作用有限。二是龙头企业带动力不强。农产品产业链短。农产品精加工、深加工程度不足，技术含量较低，特色产业链短缺，品牌产业链不够长，农产品精深加工产业基础薄弱，缺乏龙头企业。全区市级以上农业产业化龙头企业只有32家，其中省级5家，还没有一家国家级农业产业化龙头企业；全区大部分农业企业规模小，存在产业链条短、竞争力不强、辐射力不够、带动力较弱等问题。三是农产品品牌影响力不强。尽管创建了一些农业品牌，如全国驰名商标柳宗元、时代阳光,省著名商标雅大、瑶妹子、柳子、金驴、永洲、亿明、敬和堂,市知名商标湘灵、亿明等,但总体上全区农业企业存在科技含量不高,农产品品质不优,"大路货"多,"名特优新"少等问题。同时,农业品牌培育力度不够,知名品牌总量少,销售渠道主要以线下为主;销售范围不广,主要范围在本地及周边县(市、区)。四是农业基础设施薄弱。一方面许多耕地水利设施年久失修,造成全区大约 2000 公顷耕地耕种困难;另一方面高标准农田建设投入低,造成建设标准不高。比如按标准,本来 66.7 公顷高标准农田改造需要修 3 千米左右的机耕道,而按现在的投入只能修 1.2 千米,严重影响使用效果。农业基础设施薄弱导致难以吸引产业资本投资,产业拓展空间有限。

三、乡村旅游集聚效应和引领作用较弱

近年来,零陵区的文化旅游持续升温,乡村旅游出现了许多可圈可点的旅游胜地和网红打卡之地,2020 年获得全省全域旅游城市的称号。但总体而言,零陵区的乡村旅游还没有形成强势发展的气候,实质上还是不温不火,旅游人气不旺、旅游总体收入占比很小。特别是乡村旅游,围绕地域文化和乡村功能做文章少,乡村旅游的集聚效应和引领作用较弱。之所以出现如上问题,一是旅游与文化结合还不紧密。文化是旅游的灵魂,旅游最根本的依托是文化。零陵区乡村旅游没有结合好自己千年古城独特的文化资源和优质的生态环境去做,有些模仿借鉴外地的模式,缺少本土独特的生态优势和自身深厚的文化基因,最终使人觉得似曾相识没有创新,文化、生态和旅游"两张皮"。二是乡村旅游产品区分度不高。乡村旅游是零陵区乡村振兴产业融合发展的动力,但与大多数地方一样,乡村旅游的特色还不足,与周边县(市、区)的区分度不高。特别是零陵区与同处一城的冷水滩区,由于历史原因,地域特征相似,生态条件相同,历史文化重叠交叉,乡村旅游没有形成各自有区分度的特色旅游产品优势,两者存在较严重的同质竞争,零陵区还没有形成自己的竞争优势。三是乡村旅游没有形成完整产业链条。旅游是一个产生综合效应的产业,只有把旅游与农业产业和第三产业结合起来,才能充分发挥旅游推动产业融合发展的功能。零陵区当前的乡村旅游资源多但整合不足,产业链接不强,乡村旅游的综合发展引领能力不充分,综合效应没有体现出来。零陵区 A 级旅游景点不少,但全区旅游景点却没有形成龙头引领和互联互通的核心景区,吃、住、行、游、购、娱等产业链接不紧,特别是与农业产业的链接不强,旅游产品与旅游服务还不完善,乡村旅游没有整合成强大的产业资源,旅游带动乡村融合发展的动力和效应有待进一步提升。

四、乡村振兴内生动力不足

（一）部分村"两委"创业干事主观能动性不高

与脱贫攻坚相比，乡村振兴对相关人员的观念和能力等提出了更高要求，基层党组织是全面推进乡村振兴的战斗堡垒。脱贫攻坚阶段，有扶贫任务的村都派驻了扶贫工作队，可以说"外驱力量"非常强大，脱贫攻坚结束后，部分乡村随着工作队撤队，明显出现"内生动力"不足的问题，部分乡村"两委"干部在主观意识上和能动性上明显不足，"等着干"思想严重，"主动干"意识不强，在推进乡村振兴工作上存在"空档""断档"现象。基层干部发展集体经济意识不强。大部分村干部对突破性发展村集体经济存在畏惧心理，自我发展意识不强，不是立足村情挖掘经济增长点，而是寄希望于争取项目获得资金来替代村集体"造血"功能。

（二）部分农民仍存"等靠要"思想

目前，中国的乡村教育主要是以农业技术的推广和普及为重点的农民技术教育，对农民的思想意识教育重视程度不够。部分农户仍存在着"等靠要"的惰性思维，安于现状、缺乏进取，空守着丰富的资源，依赖政府救助度日，这种过分依靠外力的惰性思维是实施乡村振兴战略的严重制约。

（三）基层致富带富能力不强，农村发展的"内生动力"有待激发

部分基层干部和群众勤劳致富的"内生动力"不足。脱贫攻坚时期政策帮扶力度很大，而扶智扶志是一个循序渐进的过程，全面脱贫后部分群众还存在过度依赖政府与帮扶干部、缺乏"内生动力"的现象。部分领导干部对乡村振兴战略内涵缺乏全面准确的认识，部分基层干部对如何结合本地实际落实乡村振兴战略思路不清、主动性不强，"上面拨款、下面办事"的"等靠要"依赖思想严重，落实乡村振兴战略局限于落实部分项目，群众主动参与、自觉参与乡村振兴意识还不够强。一些居民群众受传统生活习惯影响，对农村生活污水、生活垃圾造成的环境影响缺乏认识，对改厕工作积极性不高，主动性不强，环境整治工作存在"上边热、下边凉"的现象，工作推进难度大，甚至个别群众认为环境整治是政府的事，因此成了环境整治工作的旁观者、局外人。

五、乡村人才支撑不力

（一）农村仍存在空心化现象，大部分农民年龄偏大

农民自身是影响新型职业农民教育培训效果的关键因素。他们受传统农业观念

的影响，不能完全理解新的职业。首先，部分农民思想保守，竞争意识不强，很少有时间参与新型职业农民的培训。其次，农村空心化现象严重，大部分农民年龄偏大，文化水平较低，难以推动现代农业发展。最后，农民和培训师积极性低。

（二）新型职业农民队伍培育和培训力度不够

大多数农民发展的大局观念不强，发展的长远眼光不足，现代生产经营管理水平不高，不适应新时代生产力发展水平，参与市场竞争力不强。

（三）农业专业技术人员培养与招聘不足

乡村产业要走向集约化、规模化、现代化发展之路，就必须要有专业人才来管理和指导，但在发展乡村产业过程中，由于发展资金不足，请不起也请不动专业团队。职业农民培养缺力度和深度，农民职业化进展迟缓，农业农村人才队伍结构不够合理，严重阻碍乡村产业化发展。基层组织长期缺少年轻人才、农技服务队伍力量薄弱，农村劳动人口连年下降。在培育和发展新型经营主体、推动产业发展、壮大集体经济等方面，能人带动效应不足，思路不宽、办法不多。"三农"工作专业技术人员严重缺乏。有些地方多年来没有招聘农业农村专业技术人员，无论是农业、农技、畜牧水产、农经都已出现严重的"青黄不接、技术断层"现象。农村专业技术人才、管理人才严重短缺，没有出台吸引各类人才投身乡村振兴的本地化鼓励政策。

（四）乡村振兴机构也存在人才不足的情况

机构改革后农业农村局工作职能在原有的基础上大幅增加，乡村振兴、农村人居环境整治、耕地利用与保护、产业扶贫、农村集体产权制度改革、农村宅基地管理、"互联网+监督"、林业建设管理、农村能源、农业机械化等工作，任务十分繁重，从水利局划分来的农田水利建设、财政局划分来的农业综合开发工作，机构未相应增加，人员未相应划转。"三农"工作专业技术人员严重缺乏，空编多；专业人员出现断层，人员配置不足、不到位；各镇站所人手严重不足，人员严重老化，工作推动吃力，造成工作量和现有人员严重不匹配。

第四节　零陵区实施乡村振兴战略的对策建议

一、要做到精准施策，坚决完成乡村振兴任务

要把"稳字当头、稳中求进"工作要求落到实处，把"三农"这块压舱石牢牢稳住，必须认真贯彻中央、省市关于乡村振兴的系列部署要求，对"三农"

工作进行全面谋划，列出工作重点，挂图作战。

（一）坚决巩固脱贫攻坚成果，防止返贫致贫

从零陵区当前的情况来看，虽然绝大多数脱贫户基本生活有了保障，但收入水平仍然不高，脱贫基础还比较脆弱，特别是世界经济下行压力持续的大背景下，脱贫人口持续增收的压力不断加大，不确定因素持续增多，因疫因病因灾导致返贫致贫的风险不容忽视。此外，在应纳未纳、体外循环、帮扶不精准、风险消除不规范4个方面，各乡镇（街道）、村不同程度地存在短板漏洞。比如，防止返贫监测帮扶工作问题：一是全区监测不及时、不全面，应纳未纳、体外循环现象较为严重，全区自2021年以来无新增监测对象的乡镇（街道）有梳子铺乡、七里店街道，全区2022年1月以来除邮亭圩镇（新增2户8人）、富家桥镇（新增3户8人）、凼底乡（1户3人）3个乡镇存在新增监测对象外，其余乡镇（街道）无新增纳入。全区2021年至2022年10月新增监测对象总量偏小的乡镇（街道）石山脚街道1户5人、南津渡街道2户2人、朝阳街道2户2人、菱角塘镇4户7人、接履桥街道5户8人、黄田铺镇6户14人。二是对未消除风险的监测对象帮扶力度不够，风险消除不精准。全区风险未消除监测对象144户（246人），除不符合风险消除标准的监测对象127户200人，还有弱劳动力和半劳动力及以上监测对象17户46人未消除风险。对具有弱、半劳动力或普通劳动力疑似未务工（17人）未开展就业帮扶，同时，社会帮扶对风险未消除监测对象政策倾斜力度不够（如助学、助残、资产收益分红等）。2021年以来经帮扶消除风险的监测对象只有1户5人（石山脚街道），但经市纪委监委派驻纪检组现场调研认定将该户退出监测户行列不够慎重。三是平台（湖南省防返贫监测与帮扶管理平台）风险预警信息核实处理质量不高、成效不明显，部分乡镇（街道）仍存在由乡镇（街道）代村级操作平台（平台2021年4月上线运行），乡镇（街道）核实上报区级退回率高于10%的乡镇（街道）分别为：石山脚街道（42.86%）、邮亭圩镇（19.67%）、黄田铺镇（12.28%）、珠山镇（11.36%）、接履桥街道（11.11%）。平台政策未落实问题目前仍有5条（养老保险金未发放）未销号，其中黄田铺镇3条、邮亭圩镇1条（须至省厅走特殊通道）、水口山镇1条（对象特殊，属精神重残，目前处于待行业部门处理状况）。

对此，一要重点抓好"监测""帮扶"两个环节，精准识别认定监测对象，将有返贫致贫风险和突发严重困难的农户及时纳入监测范围，用心用情落实帮扶措施，确保应纳尽纳、应扶尽扶。扎实开展防返贫监测帮扶集中排查，把握工作重点，细化排查方式，紧盯时间节点，强化工作要求，做到农村人口全覆盖、排查内容不漏项、数据信息不出错。同时，还要进一步压实监测责任，对乡镇（街道)、村两级监测员加强业务培训，明确监测任务，确保监测员对基本概念、识别标准、帮扶措施、风险消除、工作程序的"五个清"。并将防止返贫监测和帮扶工作纳入乡村振兴月例会重要内容，村级监测员每月通报监测情况，按照监测对象识别和风险消除标准和程序，严格落实监测对象"应纳尽纳、应帮尽帮"，返贫致贫风险应消尽消。

二要完善联农带农利益联结机制，落实劳务协作、就业帮扶车间培育、公益性岗位优化、"两后生"职业教育培训等就业帮扶措施，巩固提升特色产业发展，想方设法帮助群众增收。

三要精准对接各类政策举措，对国家和省市已调整优化的政策，抓好落地、搞好衔接；对尚未调整优化的政策，保持延续性，保持帮扶政策总体稳定。特别要注重加强对重点帮扶村和易地搬迁集中安置区的支持力度，确保搬迁群众稳得住、能融入、可致富。

（二）坚决壮大村级集体经济，推动乡村发展

发展壮大村级集体经济是推进乡村振兴的重要支撑，是实现乡村振兴的必由之路。根据永州市委、市政府《关于发展壮大农村集体经济的实施意见》，各乡镇（街道）、相关部门要认真对照，找准定位，坚决落实。

一要系统掌握每个村的现有资产、可用资源以及实际收入，立足村情实际和资源特色，找准发展路子和产业项目，鼓励村集体盘活闲置资源，大力发展现代设施农业，建设特色农产品种养基地，发展乡村旅游休闲农业，引导推动村级集体经济从"输血"向"造血"转变，形成稳定的村级集体经济收入来源。

二要统筹整合资产、资源、资金，引导支农、乡村振兴、产业等各类项目向村级集体经济发展项目适度倾斜。通过落实完善财税减免优惠、土地优先安排等利于农村集体经济发展的各项优惠政策，形成资金、信息、技术等各类资源的叠加效应，增强"输血"功能，持续为壮大村级集体经济提供保障。积极推进金融扶持助力乡村振兴工作，优先在乡村级振兴示范创建村、重点帮扶村、美丽乡村实施"乡村振兴共享贷""惠农担"等系列担保贷款，夯实村级集体经济发展基础。

三要"一村一策"制定消薄方案，重点是要对年收入在5万元以下的村倒排工期、挂图作战、销号管理，确保2022年实现集体经济"空壳村"全部清零、薄弱村全面消除。

四要结合基层党组织建设，抓住村级班子建设这个根本，把有思路、懂经营、善管理的经济能人吸纳到村级班子中来，为发展壮大村级集体经济提供人才支撑。

五要强化示范引领带动，支持乡村振兴重点帮扶村和示范创建村因地制宜发展产业，大力开展集体经济三年攻坚行动，让基层组织"富"起来。充分发挥基层党组织战斗堡垒和党员干部先锋模范作用，选择不同基础、不同类型、不同模式的集体经济发展示范村，以点带面，形成强村带弱村、共同发展壮大的良好局面。到 2022 年底，30% 以上的村年经营性收入达到 10 万元以上。

（三）加大项目招商培育力度，推进产业链建设

突出品牌化、规模化、市场化的发展思路。一要不断提升农产品保供能力。建设高标准农田 3333.3 公顷以上，确保全年粮食生产面积 57333.3 公顷以上、粮食总产量 35 万吨以上。抓实生猪稳产保供，推进温氏、新五丰等项目扩能投产，确保年出栏生猪 72 万头以上，完成蔬菜播种面积 24000 公顷以上、水果种植面积 14666.7 公顷以上、油茶新造面积 266.7 公顷以上。强力推进粮食、畜禽、蔬菜、柑橘、油茶、茶叶等六大产业基地建设，新增规模农业企业 2 家以上、农业标准化示范基地 5 个以上，力争农业生产总值突破 100 亿元大关。

二要强化农业品牌建设。开展"国家级农产品质量安全县"创建，推进农产品质量安全监管，新创建农业标准化示范基地 5 个以上、示范乡镇 1 个以上。重点围绕粮食、生猪、蔬菜、柑橘、油茶、茶叶、中药材等优势产业，加大品牌建设力度，加快恒福生态农业、绿田野等项目建设，努力在制种业、观光农业、乡村旅游、精深加工等领域率先突破、形成品牌，新认定粤港澳大湾区"菜篮子"生产基地 4 个以上，新增"永州之野"农业公用品牌授权企业 3 家以上、"三品一标"农产品 5 个以上，培育各类农业经营主体 200 家以上。

三要加快培育引进农业产业龙头企业。引导农业产业园、科技园、农产品加工龙头企业在乡村建立产业基地，促进蔬菜、柑橘、油茶、中药材等产业规模化发展。以重点项目建设为抓手，引领农业产业高质量发展，2022 年努力建设现代种业产业园、大湾区蔬菜基地、大湾区特色优质水果基地、国家级制种基地、大生智慧农业综合体、恒福生态农业加工、圣誉农业综合开发、永州唐丰农业建设（第一期）、永州绿田野田园综合体（第一期）、雨田生态科技园、高标准农田、"湘米工程"、柑橘基地建设、华鑫农牧、红星盛业养猪场、尼泊尔香猪生态农业全产业链、畜禽粪污资源化利用整区推进、零陵祥润猪苗繁殖基地等 18 个重点项目。以农业产业链建设为突破口，大力开展招商引资工作，每个乡镇（街道）完成投资 500 万元以上的农业产业链项目 1 个；全区完成投资额 5000 万元以上的农业产业链项目 4 个，新增 2 家以上规模农业企业。

四要强化"链主"企业带动。加强对外招商引资力度，引进更多的项目，做大做强零陵区农业产业，以蔬菜、水果、生猪、一二三产业融合发展等产业为重点，培育一批具有核心竞争力的农业全产业链"链主"企业。以"湘九味"

中药材集群项目建设为契机，抓紧实施好中药材产业发展。创建省、市级现代农业示范园3个以上；督促珠山镇、黄田铺镇抓好省级农业产业强镇建设，高质量完成建设任务。深入实施"六大强农行动"，做好"山上油茶柑橘、山下粮食蔬菜、林间多种经济、水中优质水产、江岸观光采摘"5篇产业文章，前期设立1000万元左右的农业产业发展专项资金，在基地建设、企业培育、品牌打造等方面出台相关扶持政策，尽快将蔬菜、油茶、柑橘3个产业抓出成效。同时依托乡村特色优势资源，围绕品种培优、品质提升、品牌打造和标准化生产，着力引进一批农业龙头企业，打造农业全产业链。

（四）持续推进农村环境整治，建设美丽乡村

改善提升农村人居环境是当前农村群众反映最强烈、最迫切的问题，也是全面推进乡村振兴战略的重点任务之一。零陵区自2018年实施农村人居环境整治三年行动以来，虽然取得了阶段性成效，但农村"脏乱差"的现象仍然没有得到根治，部分村垃圾乱堆乱倒、问题户厕整改不到位，污水乱排直排的现象有所反弹，垃圾上山等现象开始抬头，尤其是生活污水治理率偏低，离完成年度任务还有很大差距，因此必须要加快推进力度，严格按省市时间要求落实目标任务。

一要建立全区农村厕所革命工作专班，由区农业农村局、区乡村振兴局牵头，区财政局、区卫健局、区市场监督管理局、市生态环境局零陵分局、区水利局、区住建局为成员单位，统筹推进全区农村厕所革命工作。

二要扎实完成农村改厕任务。首先，要做好农村户厕问题摸排整改工作，主要聚焦改厕数据是否属实、厕所是否连通使用、群众是否满意和资金奖补是否到位等四个方面，对2013年特别是2019年以来改（新）建农村户厕进行全方位的检视排查，逐村逐厕全部排查到位，列出问题清单，切实抓好问题整改。对于排查出的问题，要逐户建档立卡，采取挂号销号制，一抓到底，确保群众真正满意。同时，通过发放农村改厕到户"明白卡"，公示市、区、乡三级农村改厕投诉电话，健全投诉处置机制等方式，进一步畅通农户改厕问题投诉渠道，力争把问题解决在基层。其次，要确定好改厕目标。根据湖南省农村厕所革命信息管理系统的数据，按照"十四五"末实现农村卫生厕所普及率达到95%的要求，耐心细致做好政策宣讲，逐乡逐村逐户落实改厕的村庄、农户名单和改造模式，将有关信息和补助政策在村务公开栏公示。最后，要严格落实省市工作要求，坚持整村推进。中央和省里农村改厕奖补资金只对整村推进的村进行奖补，要按照改厕村户用卫生厕所普及率达到85%以上的要求实施整村推进。按照"好字当头、质量优先、首厕过关、稳步推进"的原则，推广"首厕过关制"，建立全过程的质量控制体系，形成一整套规范的农村改厕模式并实践于第一个厕所，经过验证可行后再整村推进，以"首厕过关"带动每厕过关，确保改一个、成一个、用一个。同时，要进一步强化资金保障，确保3500户年度改厕任务优质高效完成，确保质量合格率、群众满意度两个"100%"。

三要因地制宜建设集中式与分散式的农村生活污水治理设施，加快推进乡镇污水处理设施全覆盖。

四要完善农村生活垃圾分类回收制度，建设城镇社区和乡村回收站点、分拣中心、集散市场"三位一体"的回收网络，持续优化定时定点分类投放清运，保证垃圾日产日清。

五要持续改善村庄公共环境，解决村庄私搭乱建、乱堆乱放、线路"蜘蛛网"等问题，做好"多规合一"村庄规划编制，组织开展美丽宜居村庄（屋场）建设试点。

六要推广以"一约四制"为主要内容的长效管护机制，让群众理解、支持、参与管护工作。

（五）要开展陈规陋习整治，推进乡村治理

一要健全乡村振兴月例会工作机制。全面推行乡村振兴月例会，是乡村治理工作的重要抓手，也是乡村振兴工作的重头戏，必须作为全区乡村振兴工作的特色亮点来打造。下一步，全区乡村振兴月例会要聚焦农民主体，强化月例会议事、决策和宣传引导作用；要通过加强顶层设计，建立工作推进机制，选配素质较高的人员参会，适时增加参会人员广度；要加强会前民意收集，突出会议主题，侧重围绕乡村振兴八个清单议事；要加强议事跟踪督办，行政村分类汇总议事清单，及时处置或向乡镇报送，乡镇对各村所列问题清单进行统筹，及时处置或向区直部门反馈，做到事事有回音、件件有着落。

二要大力整治农村陈规陋习。扎实开展大操大办、"黄赌毒"、封建迷信、不孝不尊、酗酒斗酒、"脏乱差"等陈规陋习专项整治，落实区级领导包乡镇、乡镇干部包村、村组干部和党员包户的网格化包保机制，将目标任务、整治责任压实到村、组、户，落实到人。

三要有效提高乡村治理水平。深入实施抓党建促乡村振兴"六项行动"（铸魂赋能、队伍提质、兴业共富、强基善治、引智聚才、连心到户），全面推行党群连心"五个到户"（党员联系到户、民情走访到户、政策落实到户、产业对接到户、精准服务到户），深化乡镇干部"组团联村、五抓五促"工作机制和农村党员"137"（1个党员负责指导3户群众做好"守法、尚德、提能、勤劳、清洁、和谐、教育"7件事）包户模式，推进平安法治乡村建设，将村级议事民主协商事项纳入乡村振兴月例会，提升乡村善治水平。

（六）要强化衔接资金项目管理，提高使用效益

从前段督查调度情况看，零陵区衔接资金项目总体存在开工率低的问题。2022 年 4 月 23 日，省乡村振兴局通报零陵区衔接资金支出进度只有 16%，低于全省平均水平。对照省市对衔接项目资金时间进度要求，4 月、6 月、9 月衔接资金支出进度要分别达到 30%、60%、80% 以上。因此，全区要对标对表省、市工作要求，认真落实全省衔接资金使用管理暨健全返贫监测帮扶机制视频会议精神，严格执行中央衔接补助资金安排用于农业产业发展的比例不低于 55%、不低于上年度的"两个不低于"要求，优先保障到户、到人、到项目，重点支持产业提档升级，加快资金项目实施进度，切实提高资金使用效益。

一要用好衔接资金。优先支持产业发展，重点支持种养业，延伸支持一二三产业融合发展，统筹支持手工业，补齐技术、设施、营销、人才等短板，优先保障到人到户项目的资金需求，重点支持监测对象、脱贫户发展生产增收，健全联农带农利益联结机制，逐步提高用于产业发展的比重。持续促进脱贫劳动力就业增收，扩大就业规模，支持脱贫人口自主创业，提高其就业、创业能力，确保脱贫人口、监测对象就业规模总体稳定。补齐必要的基础设施短板，在方式上坚持规划先行，避免与其他渠道安排的资金重复。多渠道保障项目管理费。注重防范化解项目风险，合理确定项目建设标准，防范债务风险。

二要加快实施进度。提前谋划储备项目，严把程序关、强化论证关，高质量建好项目库。及早谋划启动，分清轻重缓急制订实施计划，资金到位即开工建设。优化工作流程，完善和创新项目实施方式，加强业务培训，确保如期完工。强化日常监管，严肃处理违规使用资金问题。要进一步加强项目资金报账、拨付等环节的管理，不得"以拨代支"提升支出进度，不得大额提现支付工程款，要严格按照直达资金管理要求抓好落实，避免出现超时和进度滞后的问题。

三要拓宽资金渠道。积极争取地方政府专项债和金融资金投入，积极打造合作平台，激发各方投资热情，引导更多社会资本参与。

四要强化监督监管。严格开展资金绩效评价，结果纳入对乡镇（街道）、行业部门实施乡村振兴战略年度考核；进一步开展扶贫项目资产查漏补缺，重点加强经营性资产运营管理、风险防范，强化公益性资产有效管护。

（七）抓好示范创建

全区各乡镇（街道）要充分挖掘资源优势，结合工作实际，选取 1 个以上基础较好，在防止返贫监测和帮扶、农村改厕、农村人居环境整治、乡村治理等乡村振兴重点工作上统筹推进有力的村（优先选择乡村振兴重点帮扶村和示范创建村），由主要领导亲自安排部署，开展办点示范，形成以点带面的示范带动作用。

二、要凝聚强大合力，加快形成齐抓共管的工作局面

2022 年是实现巩固拓展脱贫攻坚成果同乡村振兴有效衔接的关键一年，全区各级各部门要进一步压实责任、强化措施、狠抓落实，扎实有序推进乡村振兴各项重点工作。

（一）要压实责任链条

乡镇（街道）党委政府要坚决扛牢主体责任，强力推动责任落实落细。乡镇（街道）党（工）委书记、村党组织书记要严格按照"三级书记"抓乡村振兴要求，把主要精力放在农村工作上，当好乡村振兴"一线总指挥"和"主攻队长"。分管领导要主动沉入基层一线，指挥督战，协调解决工作推进过程中的具体问题和困难，确保抓深入、抓到位。区委实施乡村振兴战略领导小组要充分发挥牵头抓总、统筹协调作用，区农业农村局和区乡村振兴局要加强沟通对接、联动协作，其他相关职责部门要各负其责、主动配合，强化资源支持，形成齐抓共管的强大合力。

（二）要强化要素支撑

一是加强组织保障。在乡村振兴部门"三定"方案确定前，严格按照省市要求，划定工作界面、确定工作职责，通过挂职、跟班、整合相关部门力量等方式组建工作专班，确保职责明、力量强。继续实施"党建+新型职业农民培育"计划，夯实乡村振兴的人才和技术支撑。

二是拓宽融资渠道。引导农信金融资源回归"三农"本源，加大涉农金融信贷支持力度，推广"乡村振兴担""乡村振兴共享贷"等特色金融产品，满足乡村振兴多样化金融服务需求。要以《2022 年社会资本投资农业农村指引》的出台为契机，结合开展"万企兴万村"活动，积极引导社会资本注入乡村振兴。

三是加大财政投入。落实好土地出让收入和土地出让收益用于农业农村比例逐年提高的要求，加强土地收支管理审计监督，确保"取之于农，主要用之于农"。加强中央、省市财政衔接推进乡村振兴补助资金使用管理，以"渠道不乱、用途不变、各记其功"为原则，深化涉农资金统筹整合使用。

（三）要严格督导考核

区委实施乡村振兴战略领导小组办公室要会同区委、区政府督查室，定期对工作推进情况进行督查、暗访，及时交办、通报，对工作成效明显的乡镇（街道）、区直部门和行政村（社区）进行通报表扬，对工作推进不力、敷衍塞责的责任单位和责任人要从严批评约谈、责令限期整改，对因玩忽职守、推诿扯皮影响全区工作大局的，要坚决从严处理、绝不姑息，切实推动以考促改、以考促干。

第四章
乡村振兴战略在祁阳市的探索与实践

祁阳是老一辈无产阶级革命家陶铸同志的故乡，历史悠久，人文厚重。2021年1月，有着1700多年建县史的祁阳实现撤县设市，开启发展新纪元。全市总面积2538平方千米，辖22个乡镇（街道），总人口108万。近年来，祁阳深入学习贯彻习近平总书记关于推动巩固拓展脱贫攻坚成果同乡村振兴有效衔接的重要指示精神，认真落实党的十九大及十九大以来历次全会精神和省市深入实施"三高四新"战略的重大决策部署，以创建全省乡村振兴示范市为抓手，着力推进乡村产业、人才、文化、生态、组织振兴，促进农业高质高效、乡村宜居宜业、农民生活富足，形成了乡村产业聚集发展、管理规范有序、村容焕然一新、设施明显改善、乡风逐渐文明的发展新格局。"一区先行、百村示范、整市推进"经验做法走出"祁阳路径"，乡村治理"村为主"工作模式得到湖南省乡村振兴局重点推介。祁阳荣获"全省美丽乡村建设示范县"称号，获评"国家生态文明建设示范区""国家农村产业融合发展示范园"。

第一节　祁阳市实施乡村振兴战略的基本情况

一、聚焦"有效衔接"，强化问题排查整改

祁阳市委、市政府切实担负起巩固拓展脱贫攻坚成果同乡村振兴有效衔接的政治责任，深入学习贯彻习近平总书记关于巩固拓展脱贫攻坚成果同乡村振兴有效衔接工作的重要讲话、重要指示批示精神，全面强化问题排查、做实问题整改、巩固整改长效，提升"脱贫成色"。

（一）强化问题排查

对照中央和省级考核评估、督查和审计发现的问题，各联镇市级领导下沉乡镇（街道）、村一线负责督导所联系乡镇、村，农业农村局、人社局、卫健局、民政局、水利局等行业部门根据各自职责分线组织，全面梳理查摆，举一反三开展问题排查。坚持一村一名"监测员"、一组一名"信息员"，做到问题排查常态化。全市 560 个村（社区）每村设置一名防返贫"监测员"，在每个组安排一名防返贫"信息员"，信息员由本组为人公正、德高望重的农村五老人员、离退休干部、组长或党员担任，对组内农户进行防返贫信息收集，并及时上报村"监测员"，做到防返贫问题排查动态化、常态化。全市共排查农户 238856 户 855263 人，实现了农户排查全覆盖，其中脱贫人口、监测对象 25847 户 81207 人。

（二）做实问题整改

全面开展问题整改倒查，对前期"三大集中排查"和问题整改开展"回头看"，对标"9 类群体"和"五种情形必须纳入"的政策要求，逐村逐户开展识别比对，确保识别纳入不漏一户一人，问题整改不漏一事一项。全市共排查出监测帮扶、就业等 16 个方面 1222 个问题，已立行立改全面整改到位。组建驻乡镇（街道）联村"督导组"，做到整改责任再压实。由市执行力办公室牵头、市农业农村局、市乡村振兴局、市委组织部、市纪委监委和相关行业部门参与，抽调 44 人组建 11 个督导组，对集中排查和问题整改情况开展专项督导，对全市各乡镇、村开展蹲点督导，每个乡镇（街道）重点解剖调查 2 个村，对解剖调查村的"9 类人员"进行全覆盖调查，对问题排查整改工作进度成效在全市排名后三位的乡镇（街道）进行通报约谈。坚持立行立改，举一反三提升整改成效。对省委专项工作督查组提示反馈的问题，祁阳市高度重视，研究制定了问题整改方案，按照"一个问题、一套方案、一名责任领导"的要求，高标准高质量逐一抓好整改落实，并举一反三，深入排查。市委、市政府主要领导带头，全体市级领导联镇包村督导，行业部门根据职责进村入户开展排查；乡镇（街道）履行主体主责，组织村两委干部、乡镇（街道）驻村干部、市派驻村工作队、全体防返贫"监测员"和"信息员"，分组细化进行网格化排查，坚决做到不留死角死面，做到"排查不漏户、问题不漏项"，坚决做到整改不彻底的不销号，针对消极整改或者整改不力而造成不良影响的，对相关责任单位主要领导调整工作岗位，对分管领导免除职务，对经办人员降低岗位等级。

（三）巩固整改长效

制作惠民政策"口袋书"，做到帮扶政策宣传全覆盖。祁阳市加强相关政策宣传落实，汇总行业部门政策，编制监测帮扶政策口袋书 5 万份，对所有脱贫户、监测户及其他 9 类群体人员户、结对帮扶干部、驻村干部及镇村干部进行发放，实现政策宣传全覆盖。领导小组专题召开会议研究从市本级财政列支近 2000 万元专项支持有效稳岗就业、防返贫保险、农村改厕等工作。强化"3 个一"帮扶措施，做到帮扶力度再加大。强化监测对象帮扶，建立了"3 个一"结对模式（即"1 名市级领导+1 名乡镇干部"或"1 名市直部门班子成员+1 名乡镇干部"结对帮扶 1 户监测对象），对全市监测对象全覆盖结成帮扶对子，结对帮扶责任人主动帮助监测对象制定针对性帮扶措施，坚持每月走访不少于一次，风险不消除则结对关系不解除。全市前 7 个月脱贫人口监测对象的人均纯收入为 9579 元，同比增长 27%。预计全年稳定务工在 6 个月以上的人数不低于 3.1 万人。

二、坚持"一区先行"，打造振兴标杆

祁阳坚持高端谋划，积极探索乡村振兴的新思路、新举措、新机制，紧紧围绕"建设全省高质量产业聚集地、高水平开放先行地、高颜值生态宜居地"的要求，坚持生态优先、绿色发展，推进产城融合，引领振兴潮流。

（一）高起点规划

按照"一体设计、多规合一、功能互补"的要求，明确目标定位，加强院地合作，与中国农科院合作编制乡村振兴示范市建设规划，与湖南省社科院合作编制"十四五"发展总体规划，统筹融合现代农业产业园、广垦油茶产业园、大浯溪河生态廊道建设、三家村田园综合体等建设规划和 13 个行业部门项目实施方案，明确路线图、时间表、任务书，倒排工期，挂图作战，一张蓝图抓到底，高标准、高质量推进乡村振兴"1+20"示范区建设，打造乡村振兴样板区。

（二）高标准建设

率先启动乡村建设行动，全面完善园区水、电、路、气、通信、广电、物流"七张网"基础设施建设。高质量建设油茶大道（老祁白路）等园区路网、接通自来水网、完成电网升级、安装天然气管网、建成 5G 基站；完成高标准农田配套和产业基地节水灌溉 1020 公顷；推进拆危和改厕动态清零，积极开展农村生活垃圾分类试点，因地制宜建设无动力集中式生活污水生态处理系统等各种处理系统 22 个，小微湿地 23 个；打造生态廊道，完成生态廊道建设唐家岭、三家等村级道路绿化 46.7 千米；建设彰显农耕文化的千年古樟、德孝等小游园 47 个，节点景观 17 处，创建"美丽院落"20 个，形成"一路一带一廊，一核两区八景十园"的现代农业发展格局。

（三）高质量示范

按照建设"大产区、大园区、大景区"的思路，推动一二三产业融合发展。

以油茶、优质稻为主导产业，推动粮油产业向"新品种引进—高标准种植—初次加工—精深加工—产品利用"全产业链条延伸。累计建成高产油茶基地 10 万亩，打造设施农业基地 50 个、标准化示范基地 6 个、粤港澳大湾区"菜篮子"基地 14 个，建成茅竹全国农业产业强镇、观音滩贡油小镇、白水纺织小镇等特色小镇。通过产业基地孕育产业文化、打造产业景区，推动农文旅一体化发展。建成广垦油茶生态观光园、双龙植物公园、碧湘苑、香湖湾旅游度假区等精品景点 26 个，节点景观 17 处，"美丽院落"20 个，德辉景区成功获批 3A 级景区，石洞源景区、唐家山油茶文化公园分别通过 4A 级和 3A 级景区评估验收。已脱贫的三家村入选全国乡村旅游扶贫示范案例，龙溪村获评全省文化和旅游扶贫示范村。

三、突出"百村示范"，创新工作举措

祁阳牢固树立"不重视乡村振兴工作就是失职，不用好乡村振兴机遇就是失策，不成为乡村振兴标杆就是失败"的工作理念，凝聚最大共识，形成强大合力。

（一）建立全覆盖责任体系

按照"五级书记"抓巩固拓展脱贫攻坚成果和乡村振兴的工作要求，成立由市委书记任组长的实施乡村振兴战略领导小组，建立实施乡村振兴战略联席会议制度，定期对实施乡村振兴战略的重大事项进行协商，及时解决乡村振兴推进过程中的矛盾和问题，协调各方的行动，强力推动乡村振兴工作走深走实。对131 个示范村落实"1 名联村市级领导、1 个市直联村后盾单位、1 名驻村镇班子成员"的责任体系，集中开展重点帮扶。健全常态化驻村工作机制，共派出 131 支驻村工作队、队员 357 人，充分发挥驻村工作队乡村振兴一线主力军作用，凝聚强大的工作合力。

（二）健全全方位工作机制

创新推行以"党建引领、服务为先、三治融合"为主要内容的乡村治理工作机制，以基层党建为抓手，建强乡村治理"主心骨"，旗帜鲜明树立大抓基层的工作导向，把建强基层组织作为推动乡村振兴的"奠基石"，实行"党务部门包弱村、经济部门包穷村、政法部门包难村"，实现结对共建全覆盖，为乡村治理提供坚强组织保障；以赋权强能为抓手，做实为民服务"主阵地"，构建"市统筹、镇负责、村为主"三级联动治理体系，推动管理重心下移，实现乡村治理与公共服务深度融合，群众获得感、幸福感、安全感不断提升。制定《祁阳乡村振兴建设与评价指南》，建立工作规范、明确工作标准，形成指标体系。同时，

推进"百企兴百村"行动，引导和鼓励社会组织、社会各界爱心人士参与帮扶，确保巩固拓展脱贫攻坚成果同全面推进乡村振兴工作力量、组织保障、制度建设、规划实施、项目建设、要素保障方面的有机结合、一体化推进，全面激发党员干部和广大群众内生动力，形成共商、共建、共享、共管的良好建设局面，为乡村振兴注入强大动力。

（三）构建多元化投入格局

创新乡村振兴投入机制，变靠财政"苦撑"为"多条腿"走路。大力整合涉农资金，从"投、整、融、管"四个方面做足文章。2021年，农林水投入3.02亿元，争取到全省首批全域美丽乡村建设整县创建、全域土地综合整治、产油大县、油茶大县、双季稻轮作、稻油水旱轮作、农村厕所革命等专项债券及奖补资金近3亿元；撬动社会资本参与城乡环境基础设施建设，实现融资12.5亿元，形成了多元化的乡村振兴投入格局，全面提升示范村创建水平。

四、深化"整市推进"，推进乡村全域振兴

祁阳坚持生态优先、绿色发展，推进乡村全域振兴，形成了组织坚强有力、产业蓬勃发展、管理规范有序、乡风逐渐文明的发展新格局。

（一）"全域提升"乡村产业

坚定不移走精细特色农业发展之路，大力建设现代农业产业基地，带动群众增收，新增粤港澳大湾区"菜篮子"基地8个，建成高标准农田3980公顷。深化营商环境、着力招大引强，2021年集中签约5个，引进农业龙头企业6个，总投资8.1亿元。积极申报祁阳市国家现代农业产业园和国家农业现代化示范区；聚焦发展优质稻、油茶两大主导产业，实施路网畅通、农田建设、科技创新三大工程。推动一二三产业深度融合发展，有序有力推进农副产品加工基地建设，打造石洞源景区、湘江百里画廊等乡村旅游精品线路4条。

（二）"全域整治"人居环境

深化实施美丽乡村农村人居环境整治五年提升行动，全面提升乡村颜值和内涵。依法拆除危房、"空心房"、旱厕等近730万平方米，"空心房"整治率达95%以上；完成垃圾转运站主体工程建设16座；梯次推进农村生活污水治理，对406个行政村进行生活污水处理，农村生活污水处理率达到85%；落实"庭院三包"。21.9万户按照"建设一户、达标一户、使用一户、满意一户"的原则，建成17.58万户农村卫生厕所，农村户厕建设质量总体合格率达到了95%；建成170个人居环境整治示范村，实现人居环境整治常态化、长效化。

（三）"全域建设"美丽乡村

积极开展全域推进美丽乡村整市创建和省、市、县（市、区）三级美丽乡村示范村创建，紧扣"布局美、产业美、环境美、风尚美、生活美"的"五美"乡村建设要求，以"美丽屋场"建设为抓手，立足"有亮点，有现场，有特色，有底蕴，易复制，可推广"的要求，成功创建"美丽屋场"示范点 10 个，成功创建 8 个省级（含精品村）、12 个市级、85 个县级美丽乡村示范村和全域美丽乡村建设示范市，打造了一批干净整洁、绿树成荫、瓜果飘香、乡风文明的美丽乡村示范村。

第二节　祁阳市实施乡村振兴战略的主要成效

一、基层基础不断夯实

祁阳从百万人口大县的社会治理和长治久安大局出发，针对农村基层基础工作薄弱、公共服务供给短缺、村民自治能力不强、民主法制意识淡薄、公序良俗淡化等问题，在乡村振兴示范创建中，创新推行"党建为纲、三治为要、以村为主"的乡村治理新模式，实现了村党组织由弱到强、集体经济由小到大、村民自治由管到议、法治意识由淡到强、乡风民风由差到好、社会治安由乱到治的蝶变，为全面推进乡村振兴注入了强劲动力，压实网格管理工作责任机制，积极发展乡村专职人民调解员队伍，用活"五老"人员，打造"祁阳大伯"调解品牌，努力提高乡村治理法治化水平。

（一）形成了一套新时代乡村治理有效机制

坚持党建引领，通过赋权增能、奖优罚劣等机制创新，把责任压实到村级，充分调动了村干部干事创业、创先争优的积极性、主动性。

（二）破解了一批乡村振兴"人、地、钱"瓶颈制约

跳出乡村治理抓治理，推动改革创新，较好地解决了乡村振兴"人、地、钱"难题，激活了"一池春水"。

（三）走出了一条权责一致共建共治新路

建立"市统筹、镇负责、村为主"三级联动体系，钱往基层投、事在基层办、劲往基层使，构建了分级负责、层层落实、协同联动的良好格局。

二、乡村资源要素配置进一步优化

祁阳按照"财政引导奖补、项目整合倾斜、引入社会资本、鼓励群众自筹、发动乡贤捐资"的原则，筹集乡村振兴建设资金，统筹整合安排现有项目资金和县级相关资金集中用于示范村建设，形成全市上下"一盘棋"；实施精准的人才培养和引进政策，为有意愿在乡村发展的各类人才创造良好发展环境。鼓励支持科技人员、工商业主、高校毕业生、退役军人、经济能人等下乡返乡创业，解决农村人力资源虚化问题；优化国土空间规划、新增建设用地计划指标和城乡建设用地增减挂钩指标分配，切实保障重大产业项目、农村基础设施建设、村民建房和县域集镇强弱项、补短板项目等合理用地需求，为农村发展注入活力。

三、村民主体作用得到有效发挥

祁阳围绕产业发展、脱贫致富、环境整治、乡村治理、民风淳化等方面，激活乡贤文化，积极发挥乡贤文化的信服力、乡贤的感召力，在乡贤的示范带动下，大力推进乡村振兴。求贤若渴，把乡贤"聚起来"，采取登门拜访、召开座谈会等形式，广泛宣传建立乡贤理事会的重要意义和现实作用，发动乡贤加入乡贤理事会大家庭，进一步关注、支持家乡发展。凝心聚力，让乡贤"动起来"。村乡贤理事会在基层党组织的指导下，坚持民事民议、补位辅助、规范管理，积极履行职责，形成了凝聚乡贤智慧，推进乡村振兴及治理的强大力量。明确乡村建设为民而建、为民所用，发挥乡贤眼界宽、思维活、资源广的优势，鼓励乡贤对家乡发展及存在的问题建言献策。鼓励乡贤回家创业，激发乡贤回馈家乡、建设家乡热情，有效激发内生动力，发挥村民主体作用。德行乡里，使乡贤"亮起来"，"投之以桃，报之以李"，在依靠乡贤的同时，也给予激励，切实催生形成村（社区）与乡贤发展共生体，为乡贤发展提供力所能及的帮助，为乡贤发展打造适宜的"成长"环境，政策上给予优惠支持，行动上给予足够重视，让乡贤在各自领域尽己所能、引领示范的同时，也能感受到家乡的温暖，让真诚为家乡服务的乡贤拥有更多荣誉感、获得感和幸福感。发现和培育新乡贤，吸引新乡贤加入家乡建设行列，形成推动乡贤文化发展的良性循环。

四、产业链条进一步延伸

产业是乡村振兴的核心载体，祁阳按照建设"大产区、大园区、大景区"的思路，推动一二三产业融合发展，以油茶、优质稻为主导产业，新造油茶基地1000 公顷、低改 2000 公顷，建设油茶新品种繁育基地 66.67 公顷，建成 3333.33

公顷高档优质稻、2000 公顷"稻—油（菜）"轮作示范基地、133.33 公顷优质稻集约化育秧基地，推动粮油产业向"新品种引进—高标准种植—初次加工—精深加工—产品利用"全产业链条延伸。累计建成高产油茶基地 6666.66 公顷，常年发展高档优质稻 533.33 公顷、果蔬 1400 公顷、油菜 1200 公顷、湘莲 733.33 公顷、珍贵苗木 333.33 公顷、迷迭香 200 公顷，打造设施农业基地 50 个、标准化示范基地 6 个、建成茅竹全国农业产业强镇、观音滩贡油小镇、白水纺织小镇等特色小镇。通过产业基地孕育产业文化、打造产业景区，推动农文旅一体化发展，建成广垦油茶生态观光园、双龙植物公园、碧湘苑、香湖湾旅游度假区等精品景点 26 个，节点景观 17 处，"美丽院落" 20 个，德辉景区成功获批 3A 级景区、石洞源景区、唐家山油茶文化公园分别通过 4A 级和 3A 级景区评估验收。

第三节　祁阳市实施乡村振兴战略的主要问题

一、产业发展特色不够明显

产业兴旺关乎乡村振兴战略的成效。从总体上看，目前我市乡村产业呈现出"生态、休闲观光农业和乡村旅游业快速发展"的良好趋势，伴随着农业产业化的不断推进，乡村产业不断加快发展，同时也逐渐暴露出诸如"产品同质化竞争严重、乡村产业发展特色不明显"等问题与困境。对于一些具有优势资源的地区，其产业发展也比较单一。以祁阳市三家村为例，近年来，三家村因地制宜，通过大力培育和发展优势特色产业，注重产业融合，积极推进一二三产业的融合发展，村民的人均年收入也逐渐提高，村级集体经济也强大了起来，但是目前并未真正形成具有品牌竞争力的优势产业和知名品牌的农产品，农副产品的精深加工能力不强，只是停留在简单的分级和初级加工上，品牌打造力度不强。传统就近销售模式多，订单规模化销售、网络销售模式少，从而导致销售渠道单一，增值空间有限，利润空间小。在建设三家村田园综合体上，注重对休闲观光景点的打造和培育，缺乏对创意体验、情感体验、休闲旅游文化的经营建设，"有景区、没文化，有观光、没体验"的现象还很突出，对景区文化内涵没有进行深入挖掘，缺乏文化底蕴，难以引起游客的情感共鸣。

二、农村基础设施薄弱，经济发展后劲不足

在积极推进新农村建设的过程中，通过加快完善水、电、路、气、通信、广电、物流"七张网"建设，以高标准推进新农村基础设施建设，农村整体的生

产生活条件持续好转，村民的生活水平持续提高。但是，从现有的基础设施建设运行规划来看，还存在薄弱环节，具体表现为：产业发展空间布局结构不合理，并未形成聚齐、规模化的产业布局，村庄道路曲折不平，公共设施布局不合理。

三、创新型人才匮乏，回引力度不够

人才是实现乡村振兴的重要因素，农村缺乏优秀的人才在一定程度上制约着乡村振兴的全面推进。一是乡村人才资源存在严重不足的问题。各类人才占农村常住人口的比例很小，他们大多只进行过短时间的培训，受过大学以上系统教育的人员极少，以目前的人才队伍很难带动和促进乡村振兴的全面发展。二是乡村人才流失严重。农村外出务工人口持续增加，大量农村精壮劳动力流入城镇，流入工商业领域。主要原因是农村创业创新环境相对较差，吸引力不强，资金、教育、医疗等相关配套支撑不足。三是高素质人才短缺。基层人才学习、深造、进修的机会太少，培训形式和内容相对单一，发展空间小，提升途径不通畅，人才价值体现不够充分。

第四节　祁阳市实施乡村振兴战略的对策建议

一、在政治上保持定力

深入学习贯彻习近平新时代中国特色社会主义思想和习近平总书记关于乡村振兴系列讲话精神和党的十九大及十九大以来历次全会精神，贯彻落实中央经济工作会议和中央农村工作会议精神，按照湖南省委省政府、永州市委市政府决策部署，按照"五位一体"总体布局，坚持"三高四新"战略定位，对标"建设新祁阳、挺进省十强"确定的目标任务，以创建全省乡村振兴示范市为抓手，坚持稳中求进的工作总基调，聚焦"守底线、谋发展、开新局"，牢牢守住不发生规模性返贫底线，在促进城乡融合发展上作出示范，在推进美丽乡村建设上走在前列，在提升乡村治理水平上创造经验，在解决群众"急难愁盼"问题上拿出实招，务实推进乡村建设、乡村治理和农村社会事业发展，真抓实干、开拓创新，巩固推动脱贫成果上台阶、乡村振兴取得新进展，不断提升人民群众的获得感、幸福感。

二、在守底线上拿出实招

以防返贫、严监测、可持续、强帮扶为重点，进一步做实防止返贫监测帮扶

工作，加强农户自主申报的宣传工作，加大预警数据的核查和调度，确保风险对象及时"应纳尽纳"；加大对未消除风险对象的帮扶力度，压实监测对象帮扶责任，开展脱贫人口、监测对象巩固脱贫成效大排查，做好"两不愁、三保障"和饮水安全问题动态清零。开展脱贫劳动力稳岗就业工作专项调研，摸清脱贫人口就业现状，建立精准的就业台账和问题台账，进一步提升系统就业数据录入质量，确保有就业意愿和能力的脱贫人口实现稳定就业。

三、在示范创建上提升成效

按照"一区先行、百村示范、整市推进"的思路，聚力"一区先行"，培育一批重要产业、实施一批重点项目、组织一批重大活动，高质量打造乡村振兴"1+20"示范区，推动乡村振兴示范创建取得重要进展。按照"优一强二促三"产业发展思路，做优第一产业，推进农产品加工集聚区建设；建强第二产业，推进旅游休闲观光农业发展；促进第三产业，建设稻田公园、油茶文化园、果蔬采摘园、农产品加工园、花卉苗木园、康养植物园。强化功能分区，推动现代农业产业园形成"一园带多园、大园带小园"的空间布局。加快实施一批重点项目，推进产城融合，促进农业高质高效、生态宜居宜业、农民富裕富足，高标准、高质量推进乡村振兴"1+20"示范区建设，打造乡村振兴样板区。精心组织一批重大活动，组织举办"陶铸故里·红军行"全民健身活动，组织举办祁阳第四届中国农民丰收节，组织举办首届中国茶油节暨全国油茶产业建设现场会。高标准推进示范村建设，强力推进"一镇一产业基地、一镇一乡村车间、一镇一绿色廊道、一镇一美丽屋场"等"四个一"行动，全面提升示范点创建水平，提升示范引领能力，推进工作提质增效。

四、在引进乡村人才上出实招

（一）加快研究制定引进乡村人才的意见和办法，确保乡村人才培养发展政策的稳定可持续

农村专业技术人才队伍建设的不断推进，其中政策引领是基本保障。围绕农村五个重要的人才培养主体，即农村生产经营人员、乡村二三产业发展人员、农村社会服务人员、农村管理干部和农业及农村专业科技人才，针对各地区的实际情况，在坚持基本原则的基础上制定相对稳定的中长期人才培养发展计划，确保政策在实施过程中的稳定性和可操作性，并做到乡村人才培养发展各项政策之间的合理衔接。

（二）加大落实国家对乡村人才培育的政策扶持力度

将人才培育纳入财政预算，设立专项资金，建立长效投入机制，根据乡村的发展和需要建设生产型、经营型和服务型乡村人才培育平台。

（三）挖掘农村现有人力资源，夯实人才队伍根基

一是强化农民主体意识，通过采取各种措施改变农民的职业观念，增强农民的业务技术能力，提高农民对现代化农业农村建设的认识，从而激发农民提高自我素养的潜力；二是形成一整套完善、有效的人员回归体系和制度，因地制宜地做好人力资源规划研究工作，制定当地人力资源获取、利用、保持、开发的策略，对所需人才的数量和质量作出精准预测，确保乡村发展过程中充足的人力资源供给。

（四）吸引外来人力资源合理向农村流动，壮大人才队伍规模

扩大农村的人才队伍，还必须借助外部力量，多渠道、多途径吸引外来人力资源合理向农村流动，致力农村建设。与此同时，在人才引进之后，还要着力集中在留人、育人上下功夫，让人才真正愿意留下来，致力乡村振兴，这样才能充分发挥他们的主动性和积极性。一是在待遇方面，应给其不低于劳务市场平均水平的工资待遇，建立一套科学合理的技能型人员考核方案和办法；并制定和建立相应的乡村人才晋升机制，给有本领、有作为、想作为的人才一定的晋升空间，以增强乡村人才工作的积极性、主动性和创造性。二是在教育培训工作方面，要逐步建立乡村人才信息数据库，及时收集各类人才信息数据，逐一登记管理，明确乡村发展规划中人才的补充方向，用好人才，避免乡村人力资源的浪费。三是进一步完善农村创业创新环境，激发乡村人才创业创新活力。发展乡村经济、完善乡村发展环境，可以不断地给乡村人才提供源源不断的发展动力。要着力推进营建良性的社会发展气息，并加大对乡村先进人员的推荐奖励。四是要拓展乡村经济社会发展途径，因地制宜地采取规模化运作、发展现代农业项目、乡村观光旅游、出租物业、有偿生产服务等方式发展壮大支柱产业，并积极创新农业发展模式，促进农村集体经济发展壮大和农民收入来源的多样化，使广大农户共享产业增长收益，进一步增强农村农业人员创新创业实力，进而达到自身发展壮大的目标。

五、在全域振兴上实现突破

突出产业优先，"全域发展"乡村产业，突出做好"一市一业""一市一特"和国家地理标志产品基地建设。聚焦优质稻、油茶两个农业产业集群建设，打造农业优势特色百亿产业。突出发展油茶产业，打造全国单片面积最大的（6666.7公顷）油茶特色产业园。重振国家地理标志保护产品"祁阳槟榔芋"雄风。推

进"美丽屋场"建设，"全域整治"人居环境。按照"摆整齐、扫干净"的思路，重点以"清垃圾死角死面、清杂物乱堆乱放、清塘坝污水淤泥、清农业生产禽畜粪污废弃物"，"建垃圾中转站、建无害化卫生厕所、建农村生活污水处理系统和建'四好农村路'"，"开展'美丽保洁员''美丽庭园''美丽院落''美丽乡村'创建评比活动"等"四清四建四创"为抓手，提升农村人居环境。重点抓好 15 个"美丽屋场"示范点建设，推动村庄保洁常态长效。统筹乡村建设行动，"全域建设"美丽乡村，坚持个性与共性相互融合，高质量展现具有鲜明地方特色的美丽乡村风貌，按照"示范村先行、面上村推进、帮扶村倾斜"的思路分类施策、梯次推进，着力做强中心村，建设乡村新社区，开展传统村落集中连片保护利用示范，保护特色底蕴，构建"一村一韵""一村一魂"的美丽乡村；坚持功能与品质同步提升，提升农村基本公共服务水平；坚持环境与产业协调发展，打造宜居宜业美丽乡村。探索善治之路，"全域强化"乡村治理。以乡村振兴月例会为抓手，进一步加强基层组织建设，发挥好各类村民自治组织和村规民约的作用，建立工作规范、工作标准，形成指标体系，实行综合考评，提升乡村治理水平。

第五章
乡村振兴战略在东安县的探索与实践

东安县位于湖南南部，辖 1 个省级经济开发区、15 个乡镇、2 个国有林场，面积 2219 平方千米，人口 65 万，是湘江入湘第一县、德武文化之乡、物产丰饶之地、生态宜居之城。脱贫攻坚期内，全县 38 个贫困村全部出列，16785 户 47797 名建档立卡贫困人口全部脱贫。2018 年以来，在湖南省委、省政府，永州市委、市政府坚强领导下，东安县认真学习贯彻习近平总书记对湖南的重要讲话、重要指示批示精神，发扬脱贫攻坚精神，全面落实"三高四新"战略定位和使命任务，全面实施"五五一"发展思路，锚定打造乡村振兴新样板，通过采取坚持高规格推动，高标准落实；多领域覆盖，多方位提升；新机制助力，新模式赋能；创亮点特色，创发展新篇等举措，推动乡村振兴"二十字方针"总要求落实落地，守牢了不发生规模性返贫底线，实现了巩固拓展脱贫攻坚成果同乡村振兴有效衔接。

第一节　东安县实施乡村振兴战略的基本情况

东安县对照中央、省、市要求，结合本县实情，坚持对实施乡村振兴战略的全面领导、整体推进与积极探索，积累了实施乡村振兴战略的有益经验，为进一步深入推进乡村振兴战略落地落细落实打下了坚实基础。

一、高规格推动，高标准落实

（一）组织领导有力

东安县严格落实"五级书记抓乡村振兴"的指示要求，成立了由县委书记任组长，县委副书记、县长任第一副组长，分管副书记、副县长，联系乡村振兴工作的人大常委会副主任、政协副主席任副组长，成员单位主要负责同志为成员的县委实施乡村振兴战略领导小组，形成了资源共享、思路共谋、责任共担、工作共抓的工作格局。县委常委会、县政府常务会、县委实施乡村振兴战略领导小组定期专题研究部署、调度推进，多次召开工作推进和调度会，跟进学习贯彻习近平总书记重要讲话、重要指示批示精神，工作上实现了协调配合、无缝衔接、高效运转。

（二）方案举措有效

东安县制定出台了《关于实现巩固拓展脱贫攻坚成果同乡村振兴有效衔接的实施方案》，实现了工作运行机制平稳有序过渡。并派出 69 支驻村帮扶工作队，实现帮扶力量有效衔接。同时，东安县制定了《东安县领导干部联系乡镇场工作制度》，充分发挥带头示范作用。县委、县政府主要领导遍访已出列村、乡村振兴重点帮扶村和示范创建村，县级领导定期到联点乡镇、村，从严督促检查指导乡村振兴工作，协调解决困难问题，有效推进工作落实。

（三）督查考核有方

东安县制定了全县乡村振兴工作考核方案，并开展了年度考核。"两办"督查室和县委实施乡村振兴战略领导小组办公室不定期开展督查和专项检查，及时通报情况，以严格的督查考核倒逼各项工作有效落实。同时，东安县聚焦监测、帮扶，制定了《东安县关于防止返贫致贫动态监测和帮扶的实施方案》，完成 16 个乡镇和 12 个行业部门 23 项基础数据采集录入，安排 390 名监测员常态化预警监测；并明确全县 570 户监测户由副科级以上干部结对帮扶，设计监测户结对帮扶手册。目前没有发生 1 户 1 人返贫，没有新增 1 户 1 人贫困。

二、多领域覆盖，多方位提升

（一）五大保障全覆盖

义务教育保障方面，"三帮一"控辍保学实现全覆盖，全县 6~15 周岁适龄儿童就学率达 100%。对困难学生应助尽助，发放教育补助金 1452.4 万元、"雨露计划"补助 1122 人 168.3 万元。基本医疗保障方面，落实分类参保资助政策，全县脱贫人口、低保户、特困户、重度残疾户参保率 100%；"四种慢性病"家庭医生签约服务率 100%；33 种大病定点医院专项救治率 100%。住房安全保障方面，2021 年实施危房改造 266 户，拨付补助资金 698 万元；开展农村房屋安全隐患排查整治，发现并整改完成有安全风险的住房 71 座。饮水安全保障方面，"全方位、无死角"动态监测全县农村饮水安全，投入 200 万元，对 10 处存在季节性缺水和区域性饮水困难的村组，建设供水工程。社会救助保障方面，农村低保 A 类标准提高至 375 元每人每月，残疾人"两项补贴"提高至 70 元每人每月。调整优化"单人保"政策，将"单人保"政策拓展到低保边缘家庭。

（二）五位服务全提升

围绕推进基层服务型党组织建设，加强村级综合服务平台的使用和管理，因地制宜，将村服务中心打造成集党务、政务、商务、公共文化和社会服务于一体的"村民中心"，使其成为服务群众的窗口、党员干部教育培训的课堂、村民参政议政的场所、群众开展文化活动的舞台、农副产品网络销售的平台。

三、新机制助力，新模式赋能

（一）"远教+"模式赋能

东安县充分发挥党员远程教育资源优势，推行"远教+"新模式，坚持"以学促用、以用为本"，推动远程教育与人才技能培训、产业发展提效、乡村文化建设有效结合，打造学用新格局，为乡村振兴赋能提效。完成贫困劳动力技能培训 592 人，贫困家庭"两后生"技能培训 100 人，职业技能培训 7362 人次。实现贫困劳动力就业 16946 人，新增就业 2908 人。

（二）"四个从"原则兜底

东安县坚持"从快落实措施、从实开展帮扶、从简纳入监测、从严消除风险"原则，针对突出严重返贫致贫风险户，探索建立"先帮扶后纳入"的"绿色通道"，把自然灾害、事故灾害、重大疾病等不可抗的突发性事件对农户的影响降到最低，有力有效防范化解返贫致贫风险，守住不发生规模性返贫底线。2022 年上半年通过"绿色通道"新识别纳入监测对象 116 户 291 人。

（三）"五个一"机制提效

东安县围绕"一个方案、三大重点、四项清单"，建立"五个一"工作机制，坚持"一天一调度、一周一分析、一周一推进、一轮一通报、一旬一简报"，着力全面排查整改巩固拓展脱贫攻坚成果同乡村振兴有效衔接突出问题。共排查农户 167964 户 527115 人，排查出 12 个方面 955 个问题。"五个一"工作机制和问题排查整改成效，得到市乡村振兴局充分肯定，拟在市乡村振兴局工作交流上进行推介。

四、创亮点特色，创发展新篇

（一）美丽乡村创建成效明显

东安县坚持以"一拆二改三清四化"为总抓手，推进东大公路、冷东公路、新东芦公路沿线乡村振兴示范区建设和美丽乡村"369"工程，取得了明显的创建成效。端桥铺镇获评"永州市卫生乡镇"，其有偿服务推动人居环境整治工作经验在全市乡村振兴重点工作现场推进会上得到推介。

（二）消费帮扶助推产业升级

东安县立足县情实际，瞄准消费帮扶持续发力，克服疫情灾情影响，助推产业帮扶提档升级，以消费帮扶帮销的思路解决了全县农特产品"价贱""难卖"问题，打通了产销过程中的堵点、痛点。采取"公司+党支部+合作社+基地+农民"模式建立利益联结机制，保障了帮扶农产品的稳定供应，让农民土货走出"山沟沟"成了市民手中的"香饽饽"。2022年以来，县乡村产业振兴馆新扩张产业基地3个，增加舜皇山野生茶基地面积1693.33公顷，梯田香米基地面积66.67公顷，黄金贡柚基地面积65.33公顷，新开发帮扶产品8个，新聘请员工13人，促进政府采购脱贫地区农副产品预留采购份额超260多万元，位居单馆销售全市第一。

（三）村企共建谱写发展新篇

东安县坚持把党建引领"村企共建"作为助力乡村振兴的有力抓手，通过结对共建、资源共享等方式，谱写了党建搭台、村企抱团、群众共赢的乡村振兴发展新篇。东安县聚焦产业就业狠抓产业发展。投入重点产业帮扶资金290万元，对青塘村和坪山塘村两个乡村振兴重点帮扶村实施帮扶。发放脱贫人口创业贷款762笔2316万元。建设帮扶车间23个，带动1000余人就业。选聘续聘187名生态护林员，公益性岗位安置脱贫人口548人。

第二节　东安县实施乡村振兴战略的主要成效

对照实施乡村振兴战略"二十字方针"总要求，东安县在产业兴旺、生态宜居、乡风文明、治理有效、生活富裕上取得了明显的成效。

一、产业兴旺实现新突破

（一）产业基础进一步夯实

东安县坚持以土地开发整理和高标准基本农田建设为抓手，促进耕地保护，提高耕地质量。2018年完成省级土地整治项目504公顷，整治项目区域水利灌溉、田间道路生产条件得到极大改善。2018年启动实施耕地提质改造（旱改水）项目，其中，石期市镇（双车、九井、大启、隆兴村）改造60公顷，横塘镇

（枫木山村）改造 20 公顷，南桥镇长山村改造 20 公顷。目前，全县共完成粮食种植面积 6279.33 公顷，总产 40.68 吨。

（二）产业规模进一步扩大

到 2021 年，东安县农业产业化经营组织发展到 2683 家，农产品加工流通企业发展到 275 家，新增农业标准化示范基地 12 个，粤港澳备案基地 3 个。落实烤烟面积 1146.67 公顷，新增 413.33 公顷。乡村振兴分布式光伏电站签约落地。与湖南现代农业集团就乡村振兴产业项目合作签订协议，正在全力推进项目落地。

（三）产业品牌进一步打响

东安县狠抓特色品牌创建，"二品一标"农产品认定面积 39466.7 公顷，拥有国家地理标志农产品 2 个、省著名商标 5 个、省品牌企业 2 个、无公害农产品 70 个，新增绿色认证产品 10 个。

二、生态宜居展现新面貌

（一）垃圾处理高效便捷

户"庭院三包"、村庄长效保洁和"户分类、村收集、镇转运、县处理"的农村垃圾处理机制全面落实，下拨乡镇、村保洁经费 1081 万元，16 个乡镇场实现垃圾"日产日清"。建立秸秆禁烧网格化管理和收运体系，实现秸秆就地就近减量化、资源化利用。

（二）治污设施健全完善

为做好人居环境整治，垃圾、污水处理项目用地保障，东安县优先安排新增建设用地指标、城乡建设用地结余指标用于垃圾和污水处理项目。建成小型污水处理厂 30 座，户厕改新建 3095 座、公厕 30 座。畜禽粪污资源化项目整县推进，有机肥厂项目进展顺利，全县畜禽养殖粪污资源化利用率达到 90% 以上，畜禽规模养殖粪污处理设施装备配套率达到 95% 以上。农业面源污染治理进一步加强，完成化肥减量 117.6 万吨，农药使用量同比减少 1%，农药包装废弃物回收率达到 60% 以上，地膜回收率达到 81% 以上。

（三）生态修复稳步推进

2017 年，东安县争取省级财政补助资金 200 万元对源头铅锌矿进行了退出；安排资金 504 万元对紫水河上游的黄家岭地灾隐患点进行综合整治。2019 年，完成了黄泥洞锑矿区大碉子区段矿山生态环境综合治理项目；投资 1700 万元推进金江流域袁家岭、新记片区、新龙片区 3 个锑污染综合整治工程总承包项目，完成工程量的 30%；编制完成 12 个废弃露天矿山生态修复项目实施细则，其中晓江口无主采石场生态修复项目已基本完工。2020 年，统筹山水、林田、湖草等生态要素，实施生态修复工程，继续稳步推进长江经济带东安县废弃露天矿山生态修复项目，全面完成金江流域袁家岭、新记片区、新龙片区 3 个锑污染综合整治项目年度任务。

（四）造林增绿有序发展

为加大生态修复力度、防止水土流失、着力构建绿色屏障，东安县结合国家森林城市创建工作，加强全县林业生态建设，见缝插绿增绿补绿，积极宣传引导农户进行房前屋后、巷道两侧绿化，先绿起来再美起来。持续做好全县林木资源管理和养护工作，确保林业有害生物防治零死角，建立健全绿化管护考核指标体系和考核办法，推进全县森林资源健康有序发展。

三、乡风文明焕发新气象

（一）营造了向上向善的浓厚氛围

东安县通过积极宣传报道，把镜头聚焦基层，采取群众喜闻乐见的形式，全面总结脱贫攻坚"东安成效"，宣传"东安经验"，传播"东安故事"，为全面脱贫与乡村振兴有效衔接营造强劲声势和浓厚氛围。通过深入开展"知党恩、感党恩、听党话、跟党走"脱贫攻坚主题活动，举办"知党恩、感党恩、听党话、跟党走"脱贫攻坚主题演讲比赛，并结合党史学习教育，开展朗诵、红歌比赛，引导广大群众感恩奋进，以良好的精神面貌展现高质量脱贫成效，培育了文明乡风。

（二）形成了民建民享的良好局面

东安县积极发挥村规民约作用，引导群众养成健康文明的生活方式，树立自力更生、劳动致富的理念志向，摒弃"等靠要"的思想，鼓励支持脱贫群众通过辛勤劳动、发展产业创造美好生活。深入贯彻《新时代公民道德建设实施纲要》，突出抓好家庭、家教、家风建设，倡导现代家庭文明观念，坚决遏制大操大办、天价彩礼、人情攀比等陈规陋习。全县各行政村均成立了"红白理事会""妇女禁赌禁毒会""村民道德评议会""村民议事会"。

四、治理有效开启新征程

（一）规划管理扎实推进

东安县扎实推进"多规合一"村庄规划，完成了全县乡村振兴重点帮扶村村庄规划编制工作。2020 年、2021 年、2022 年分别完成村庄规划试点和编制 5 个、60 个、68 个。通过优化乡村布局，合理利用村镇空间、合理确定村镇发展定位、建设规模、空间布局及开发保护管控边界，用规划指导村镇建设，加快构建村庄规划编制管理制度框架，为全面推进村庄规划编制管理工作打好基础。

（二）法治水平显著提升

东安县通过大力实施《中华人民共和国乡村振兴促进法》，引导广大群众自觉守法用法，提高了农民群众法治素养。制定出台《关于进一步规范村级党务村务公开的实施方案》，增强村级各项事务的透明度，拓宽了民主监督渠道，提高了村民自治善治水平。强化部门沟通联动，建立日常巡查工作机制，加密日常巡查频次，实现了对违法违规占用永久基本农田等违法行为做到早发现、早制止、早查处。全面整治乡村乱摆、乱放、乱搭的乱象，深入开展农村"空心房"整治行动，拆除"空心房"21.7 万平方米。农村宅基地管理与改革稳慎进行，落实巡查责任捆绑机制，违法占用耕地建房实现"零增长"。完成农民宅基地申请受理审批 209 宗。严格按照农村宅基地及农房一体确权登记发证规程，对符合宅基地发证政策的从速办理相关登记手续。以实实在在的工作成效换来农村人居环境大改观。

五、生活富裕拓展新路径

（一）培养了一批致富带头人

东安县坚持典型引路，加大对种植养殖大户以及农民企业家的分类别分层次培训，培育了"云妹子""红薯哥"等一批返乡创业致富带头人。大盛镇三潭村脱贫户胡纯车，学习掌握白鼠养殖技术，创办养殖车间，带动周边群众就业。井头圩镇八字门村残疾人唐国强，通过传授雕刻技术，带领周边群众走出了一条特色增收致富之路。水岭乡唐云云夫妇，发展红薯加工产业，发挥了良好示范带动作用。

（二）开拓了一批致富新渠道

东安县坚持平台搭桥，筹建了两个消费扶贫专馆，并大力发展农村电子商务，建成县级运营中心和 251 个村级"益农信息社"，促进全县上万户小农生产与大市场对接，为农民增收致富拓展了新渠道。

（三）建设了一批致富示范点

东安县坚持办点示范，整体推进大庙口镇乡村振兴示范区建设，巩固芦洪市和鹿马桥 2 个市级乡村振兴示范区建设成果，抓好井头圩镇古楼兰家村乡村振兴示范区建设，发展"党员示范田""党员示范棚"，带动农户年增收 1000 多万元。鼓励村集体培育和发展优势产业，壮大集体经济。大庙口镇韭菜村等 15 个"三变改革"试点村产业发展取得重大突破，村集体经济收入实现翻番，为发展壮大村集体经济收入提供了可复制、可推广的成功经验。

第三节　东安县实施乡村振兴战略的主要问题

虽然东安县全面实施乡村振兴战略取得了一定成效，但对标有效衔接的目标任务和全面实施乡村振兴战略的总体要求尚有一定的差距，主要体现在思想认识还需提高、长效机制还需健全、前期矛盾还需化解、全面振兴还需强化等方面。

一、思想认识还需提高

巩固拓展脱贫攻坚成果与乡村振兴有效衔接需要新思想、新方法，对政策制定者、实施者、脱贫户都有新的要求。相当一部分脱贫户对后续政策不了解，对脱贫后推进的乡村振兴只是一知半解，甚至少数群众面对"扶贫红利"抱有"不想脱贫"的想法，形成了"只管门口晒太阳，自有政府送小康"的怪象。小部分村组干部也对后期巩固提升工作不理解、不主动，有的认为都脱贫了可以松一口气了，有的认为扶贫政策把贫困户"惯坏了"，感到工作压力巨大，把扶贫工作当作"操心不讨好"的苦差。从县一级到农户，扶贫工作重视程度、参与程度、接受程度呈递减趋势，上热下冷。以上种种现象，导致脱贫攻坚成果的巩固提升工作难于推动，脱贫户很难从根源上"自我造血"。导致巩固拓展脱贫攻坚成果与乡村振兴有效衔接的内生动力不足。东安县地理位置相对较为偏僻、社会发展程度低、很多乡村自然条件恶劣，虽然近年来脱贫攻坚获得了大量的外部支持，但长期以来形成的以慢节奏生活方式、落后的生计方式、浓厚的乡土观念和淡薄的生态意识为主要特点的"生存型文化"，难以与新时代的现代化和市场化相契合，导致其缺乏改变生活现状的强劲动力。改革开放以来，现代化、市场化已经成为一种趋势，使得小农生产可以在市场的各个环节分享利润，一些小农的生产方式已经实现了从"为生存而生产向为市场而生产"的转变。但是，东安县社会经济建设起步晚，商品经济不发达，导致脱贫人口的个体行为方式、消费方式和生计方式都在一定程度上受到限制。最终，这种限制深度地阻碍着地域经济发展和群体性的脱贫致富行动。

二、长效机制还需健全

由于人力财力限制，许多乡镇只把乡村振兴当作阶段性的工作，没有形成长效机制，无法保证持续长久推进乡村振兴。此外，推动乡村振兴，实现共同富裕，收入提高只是表面问题，解决收入分配、社会参与、受教育与就业机会等问题才是长久之策。目前的乡村振兴项目偏向于短、平、快，不注重长期发展，缺乏可持续性的有效衔接机制。

三、前期矛盾还需化解

在前期的脱贫攻坚过程中，各级扶贫工作组将各种惠民政策措施都集中向建档立卡贫困户倾斜，使建档立卡贫困户在住房、医疗、教育等方面获益很大。这种倾斜性的扶贫政策在惠及建档立卡贫困户的同时，直接导致了很多未受益的非建档立卡户的不满，这种不满直接指向建档立卡贫困户和各级扶贫干部，激化了基层矛盾。这种现象若任其发展，极有可能导致非建档立卡户与党政机关离心离德，加剧基层社会的离心与分化，为后续工作的开展埋下隐患，严重影响乡村振兴各方面工作的推进。

四、全面振兴还需强化

乡村振兴包括政治、经济、文化、社会与生态等领域的全面振兴。东安县地处湖南西南部，发展要素不是很健全，本地区原始产业基础薄弱、技术落后，大部分是原始耕作，再加上人才缺乏，在现代工业的大潮中，传统产业发展举步维艰。传统产业内销市场狭小，外销更无优势。此外，东安县在脱贫攻坚的过程中虽已基本形成了专项扶贫、行业扶贫、社会扶贫的大扶贫格局，但社会全域扶贫的潜力还没有充分发挥出来。这也直接影响到了全社会助力推动乡村振兴的体制机制的建立。特别是全社会参与乡村振兴的利益联动机制没有完全构建起来，发展起来的地区和尚未发展起来的地区的发展好坏，没有直接影响到全社会的利益，导致社会其余部门对脱贫地区发展的关注度不够。再者，脱贫地区没有主动内寻核心吸引要素，造成社会外域助力乡村振兴的动力不足，甚至流失了以前的助力要素。

第四节　东安县实施乡村振兴战略的对策建议

立足当前，着眼长远。我们要坚持问题导向，强化战略思维，保持战略定力，从坚持规划布局的引领性、政策扶持的稳定性、监测识别的动态性、产业发展的持续性四个方面久久发力，推动乡村振兴战略在东安县落地、落实。

一、坚持规划布局的引领性

（一）科学编制规划

要科学编制全县"十四五"时期巩固拓展脱贫攻坚成果同乡村振兴有效衔接规划，做好与本县"十四五"项目规划及相关专项规划的衔接。按照上级要求，结合东安县功能定位和产业布局，2023 年底前完成所有乡镇国土空间总体规划编制。按照"多规合一"总要求，突出村庄特色，坚持以农民为主体，坚持保护建设并重，分类编制村庄规划。重点编制乡村振兴重点帮扶村、省级乡村振兴示范村、传统村落、省级美丽乡村示范村和特色精品乡村规划。

（二）严格规划落实

坚持问题导向、一线督导，组建县级专项督导组，围绕防止返贫动态监测和常态化帮扶、政策优化调整和落实、产业就业扶持、易地扶贫搬迁后续帮扶、扶贫项目资产监管、基础设施和公共服务建设、美丽乡村建设、农村基层治理等重点工作，采取"四不两直"方式定期开展全覆盖督导，持续传导压力，督导结果纳入年度专项考核过程管理台账。将巩固拓展脱贫攻坚成果同乡村振兴有效衔接工作纳入全县绩效考核范围，科学设置考核指标和权重，分类进行考核。建立常态化提醒约谈和激励机制，充分发挥考核"指挥棒"作用，强化考核结果运用，与干部选拔任用、评先奖优、问责追责相挂钩。

二、坚持政策扶持的稳定性

（一）精准落实上级政策

对于国家、省、市制定的产业就业、教育资助、医疗保障、危房改造、社会保障、基础设施建设、公共服务、财政投入、金融服务、土地支持、人才智力支持等普惠性政策，精准精细落实到位，严防致贫返贫风险。

（二）稳定保持现有政策

严格落实"四个不摘"要求和市委、市政府具体安排，2021 年本县制定的医疗、教育、住房、社会保障等帮扶政策稳定不变，保持政策连续性，增强脱贫稳定性，确保脱贫对象不返贫。产业奖补政策由到户、到人向到乡镇、到村（社区）、到新型农业经营主体（项目）转变。

（三）分类优化自定政策

坚持"因户因人施策、分层分类帮扶"原则，对易返贫致贫对象根据家庭困难程度采取产业就业帮扶、政策性帮扶和特殊困难专项救助相结合的方式实行精准帮扶，由驻村工作队统筹安排结对帮扶工作，明确帮扶责任人。从 2022 年开始，对本县制定的医疗保障、教育资助、住房保障、易地扶贫搬迁、公益性岗位、外出务工交通费补贴、生态护林员补助等帮扶政策，分类别分阶段延续、优化或调整，确保政策衔接不留空白，逐步将脱贫攻坚特惠性政策转向常规性、普惠性、长期性政策。

三、坚持监测识别的动态性

（一）完善动态监测制度

健全易返贫致贫对象快速发现机制，推行全覆盖、全方位、全过程动态监测管理制度，建立县、乡两级防止返贫动态监测工作专班。以全县所有农村人口为对象，以全国扶贫开发信息系统数据为基础，每月通过农户主动申请、部门信息比对、驻村工作队走访、基层干部和结对帮扶干部跟踪回访等方式，重点对全县脱贫不稳定户、边缘易致贫户、农村低保户、分散供养特困户、残疾人户及因病因意外事故导致基本生活出现严重困难的农村低收入人口开展动态监测，重点监测其收入支出状况、"两不愁三保障"及饮水安全状况。

（二）加强动态监测管理

经入户核实符合易返贫致贫对象帮扶条件的按照相关程序，及时规范录入全国扶贫开发信息系统防贫监测模块；经入户核实家庭人均可支配收入、"两不愁三保障"、饮水安全已达标的监测对象按照相关程序退出监测，实行动态清零。

四、坚持产业发展的持续性

（一）完善产业发展基础

主动适应高铁航空时代的到来，积极发挥东安县交通与区位优势，大力推进城乡水、电、路、气、通信等基础设施一体化建设，往村覆盖、往户延伸。抓实"四好农村路"建设，以资源路、产业路、旅游路为重点，有序推进县乡村公路提档升级，推进城乡供水一体化。加强农村水系综合治理、灌溉等中小型水利工程建设。统筹推进县、乡、村三级物流体系建设，大力实施城乡配送、快递进村等工程。支持乡村电网建设，实施乡村清洁能源建设（电气化提升）、数字乡村建设发展工程。

（二）做好产业项目管理

建立健全乡村振兴项目资产管理长效机制，做好乡村振兴项目资产管理与农村集体产权制度改革的有效衔接。分类摸清县内各类乡村振兴项目资产底数，公益性资产落实管护主体，明确管护责任，确保继续发挥作用；经营性资产明确产权关系，强化风险管控，规范处置程序，资产收益重点用于项目运行维护、巩固拓展脱贫成果、乡村振兴、村级公益事业等；确权到户或其他经营主体的资产，依法维护其财产权利，由其自主管理和运营。纪委监委、审计、乡村振兴、财政等部门要加强对乡村振兴项目资产确权、管护、收益分配、处置、公示公告的全过程监管，乡镇要加强对村级乡村振兴项目资产运营管护的日常监督，严防资产流失。

（三）打造产业发展优势

逐步提升财政衔接推进乡村振兴补助资金用于产业发展的比例，着力建设特色产业。大力实施品牌战略，加强"三品一标"认证，打造一批知名区域公共品牌和龙头企业品牌。大力发展休闲农业、农产品精深加工仓储物流两大高值产业，推进一二三产业融合，延伸农业产业链、价值链。进一步深化利益联结，大力实施"一乡一业""一村一品"产业推进行动，持续开展"百企帮村"行动，打造一批万亩、千亩特色产业强村。总结发扬好消费扶贫促销农副产品经验，建立长期稳定的产销关系。多措并举稳定劳务输出，托底安置残疾人、零就业家庭等就业困难人员就业，确保脱贫人口有稳定的生产性和工资性收入。大力推进乡村创业、就业车间建设，通过新型合作经济组织领办、村级集体承办、务工返乡人员创办、能人大户带动、招引企业兴办、产业园区帮办等模式，带动更多脱贫人口和低收入人口就地、就近就业增收。

第六章
乡村振兴战略在双牌县的探索与实践

全面推进乡村振兴是新时代"三农"工作的总抓手，这是一个事关全面建设社会主义现代化国家全局性、历史性任务的重大战略。2020 年 12 月，习近平总书记在中央农村工作会议上郑重指出，脱贫攻坚取得胜利后，要全面推进乡村振兴，实现"三农"工作重心的历史性转移。2017 年，双牌县实现全面脱贫摘帽，取得了脱贫攻坚战的完全胜利，在全省贫困县中第一批次历史性地解决了绝对贫困问题。在县委坚强领导下，双牌县及时把脱贫攻坚工作重心转向巩固拓展脱贫攻坚成果同乡村振兴有效衔接，及时开启举全县之力全面推进乡村振兴的新征程，全面贯彻落实《中国共产党农村工作条例》《中华人民共和国乡村振兴促进法》等法律政策，持续抓实乡村发展、乡村建设、乡村治理，从"打赢脱贫攻坚战"到"巩固拓展脱贫攻坚成果同乡村振兴有效衔接"，从推进"农村人居环境整治"到"美丽乡村建设"，从开展"乡村建设行动"到推动"城乡融合发展"，全县上下打出了精彩"组合拳"，在经济、政治、文化、社会、生态等方面全面重塑城乡关系，比较好地解决了现阶段的"三农"问题，2021 年被评为"全省实施乡村振兴战略先进县市区"。目前，双牌县正向着农业强、农村美、农民富的新双牌迈进，努力探索一条山区县的乡村振兴之路。

第一节　双牌县实施乡村振兴战略的基本情况

双牌县位于湖南南部、永州市中腹，古名泷泊，为"有庳古国"之地。现辖 6 个镇、5 个乡、2 个林场、1 个国家森林公园，总人口 15.714 万，总面积1751 平方千米，大体呈"九山半水半分田"之格局。全县共有 114 个行政村、3

个社区，其中脱贫村 67 个、重点帮扶村 16 个、省级乡村振兴示范创建村 10 个。全面脱贫后，双牌县委、县政府把脱贫攻坚工作重心转向巩固拓展脱贫攻坚成果同乡村振兴有效衔接。坚持尽锐出战，一方面紧盯防返贫底线，防止规模返贫致贫情况发生，巩固拓展脱贫攻坚成果；另一方面紧盯产业兴旺、生态宜居、乡风文明、治理有效、生活富裕的"二十字"总方针、总要求，明确各级各部门的责任目标，严格落实"书记抓乡村振兴"，建立健全体制机制。县委、县政府主要领导率先垂范，带头联乡包村示范；县级领导联乡包村驻点，乡镇、村认真落实属地责任，行业部门和后盾单位扎实履行行业和帮扶责任，建立了覆盖全县、责任分明、严密高效的工作体系。

一、紧盯防返贫底线，巩固拓展脱贫攻坚成果

（一）建立防返贫动态监测和帮扶机制

双牌县委实施乡村振兴战略领导小组 2022 年出台《双牌县防止返贫致贫动态监测和帮扶工作实施方案》，明确各级各部门的工作职责，指导工作开展。将县乡村振兴局确定为全县防返贫监测中心，在全县 12 个乡镇（管理局）、114 个村和易地扶贫搬迁集中安置区各安排 1 名监测员，把乡镇驻村干部、驻村工作队、村干部设为包户联系监测人，对全县所有农户进行全覆盖监测。开展全覆盖的常态化监测和帮扶。2022 年，新增纳入监测户 159 户 551 人，全部由县级领导和科局、乡镇班子成员与之结对帮扶，开展针对性帮扶，消除风险 13 户 34 人。

（二）巩固"两不愁三保障"成果

资助家庭经济困难学生，全县义务教育阶段"五类"（贫困生、孤儿寡母子女、残疾人、特殊困难家庭子女、农村留守儿童）学生无一人失学辍学。给予监测户、脱贫户等低收入人口基本医疗保险资助。实行农户住房安全全覆盖监测，截至 2022 年 7 月下旬，纳入危改实施计划 135 户，其中监测户纳入危改 21 户。开展农村安全饮水工程专人管护。提升供水质量，完成了江村集镇水产、打鼓坪双丰村水厂、五里牌水厂标准化创建工作。农村低保标准实现逐年提高，从 2020 年的 4080 元/年，增长到 2022 年的 4620 元/年。

（三）健全低收入人口常态化帮扶机制

出台《关于改革完善社会救助制度的实施意见》，启动城乡低保精准认定和精准补差改革、城乡低保和特困供养审核确认权限下放乡镇、政府救助与社会力量参与精准对接试点等 3 项改革。制定《双牌县农村低收入人口认定和帮扶办法》，建立低收入人口定期核查和动态调整机制。实行低收入救助"凡进必核"。实施农村留守儿童委托照顾，摸底掌握全县农村留守儿童信息，全部录入系统，

委托照护协议签订率 100%。

（四）狠抓后续扶持易地扶贫搬迁

完善安置区基础设施及基本公共服务。全县 16 个集中安置区（点）配套教育、医疗等公共服务，以及水、电、路、通信、消防等设施。新建何家洞集镇、江村花坪、塘底黄泥山三处集中安置点供水工程。完善安置点管理机构机制，在 50 户（200 人）以上的 4 个集中安置点，设有社区服务站，设立"党群之家"，配套建设党群活动室、便民服务室等，开展"一站式"服务。提高易地扶贫搬迁户收入。保持脱贫户劳动力转移就业规模总体稳定，2022 年 9 月，实现脱贫劳动力转移就业 13131 人，同比增长 9.43%。积极开发公益性岗位，对监测户不能外出就业的，针对性开发公益性岗位，目前，公益性岗位安排脱贫户、监测户就业 881 人。

（五）加强扶贫项目资产后续管理

梳理 2014 年至 2020 年各类扶贫资金投入 11.19 亿元，实施验收扶贫项目 6660 余个，全部进行了登记和确权。村、乡镇、行业部门分别建立资产管理台账。

（六）强化统筹科学编制村庄规划

实施"多规合一"① 村庄规划项目 37 个。出台《双牌县"多规合一"实用性村庄规划编制工作实施方案》，先行启动江西村、阳明山村、盘家村 3 个村庄规划的编制，剩余 34 个村的规划编制也将逐步完成。

二、紧盯产业兴旺目标，做实做大乡村产业

（一）强特色，突出规模化发展

以文化康养旅游和竹木深加工作为主导产业，布局全县各乡镇村产业，做强做精特色产业。楠竹产业链全面升级，生态茶叶产业健康发展，中药材产业发展迅猛，特色果蔬产业稳健增长。2021 年，累计发展特色产业企业 22 家、省级专精特新"小巨人"企业 6 家，在湖南"股交所"挂牌 3 家企业。

（二）优产品，推进标准化发展

立足加快转变农业发展方式，将农业标准化作为农业农村工作的重点，大力推进农业标准化示范乡镇和示范基地建设。截止到 2021 年，投资 3.5 亿元建设

---

① "多规合一"指将国民经济和社会发展规划、城乡规划、土地利用规划、环境保护、文物保护等多方面的规划进行融合，以实现不同规划之间的协调和一致性。

竹产业科技园，已建成标准产房 6 栋 11.2 万平方米，入驻 4 家竹木产业龙头企业，为双牌县产业发展插上了腾飞的翅膀。

（三）育企业，加速品牌化发展

加大龙头企业和合作社的引育力度，着力在品种改良、品质提升、精深加工、多元促销上下功夫，延长现代农业发展链条。全县现有农产品加工企业 213 家，其中省级农业产业化重点龙头企业 1 家、市级重点龙头企业 20 家。全县"三品一标"产品 33 种，含无公害产品 25 种、绿色食品 2 种、有机食品 6 种。

（四）助合作，力争科技化发展

加强与省市高校及科研院校的合作，培育了金蕊实业等 6 个"产研学"一体化示范合作项目。开展技术培训和新技术推广。农业科技人员深入田间地头开展针对性培训，培养种养大户和劳动者的专业技能。举办各类科技扶贫培训 50 期，培训 3200 余人次。

（五）融产业，借助信息化发展

培育新型经营主体，促进一二三产业融合发展。稳步推进整省试点推进信息进村入户工程，建成 1 个益农信息社县级运营中心、114 个村级益农信息社，实现了行政村全覆盖。依托电商平台，大力推行"互联网+供销"工作，解决农产品销售问题。

（六）活改革，力促资本化发展

做好土地制度、集体产权制度、宅基地改革。完成农村土地确权登记颁证，启动土地承包经营权变更登记，推进承包经营权流转及担保融资。

三、紧盯生态宜居目标，守护绿水青山环境

（一）多管齐下，实现全方位督查

成立农村人居环境整治三年行动工作领导小组、农村人居环境整治村庄清洁行动领导小组及农村人居环境整治领导小组，将农村人居环境整治工作摆在突出位置。完善相关实施方案并配套出台《双牌县农村人居环境整治村庄清洁行动"百村大比武"活动方案》等文件，开展乡镇层面、村庄层面及村内部的评比活动。定时召开县委常委会和政府常委会会议，跟踪把脉全县相关工作。农村人居环境整治领导小组办公室每月进行督导和考核，双牌县委、县政府督查室实地督查和交办，有效保障了整治工作的进度和成效。

（二）多点突破，开展针对性整治

以"清洁整洁"为切入点，"拆违拆旧"为突破点，"美化绿化"为着力点，

以"百村大比武"为抓手,将每月 20—25 日设为集中行动日,进行"六清"(清垃圾、清粪堆、清杂物、清院落、清沟渠、清卫生死角)行动,对违章房、危旧房、"空心房"实行"清零行动",鼓励农户对围墙庭院进行绿化美化。

(三)多措并举,强化基础性建设

实施水、电、路、通信、房"五到农家"工程。所有乡镇、集镇和行政村通自来水,90%以上农村人口用上自来水,13.7 万人受益。建设通乡通村水泥路598.2 千米,实现乡镇、村 100%通水泥路。建成通信基站 679 个,实现宽带网络、移动无线网络信号全覆盖。

(四)多方联动,构建常态化机制

注重规划引领、资金整合和机制建设。完成了各乡镇村建设规划编制评审,将乡村建设规划与县乡土地利用总体规划等充分衔接,确保村容村貌整治工作有序开展。建立了项目资金整合投入机制,整合农村环境连片整治、道路改造等涉农资金,全力支持人居环境整治工作。充分发挥"县主导、乡主责、村主抓、户主体"体制机制作用,探索建立完善日常保洁、门前三包(包卫生、包秩序、包设施)、垃圾收集等方面的体制机制,着力推动人居环境改善常态长效。建成国家森林乡村 7 个、省级美丽乡村 6 个、省级精品乡村 1 个,荣获"全国森林康养示范县""全省美丽乡村建设示范县""全省农村人居环境整治三年行动先进县"等称号。

四、紧盯乡风文明目标,强化农村精神文明建设

(一)树典型,发挥移风易俗示范作用

出台《双牌县农村思想文化建设促进乡风文明工作实施方案》《双牌县"治陋习 树新风"乡风文明建设工作方案》,将茶林镇桐子坳村、麻江镇廖家村确定为全县乡村振兴培育乡风文明示范村,所有行政村完成"一约四会一队"(村规民约和红白理事会、道德评议会、村民议事会、禁毒禁赌会、移风易俗劝导队)建设,县级以上文明村镇占 62.7%,"十星级文明户"评选表彰村级全覆盖。

(二)强阵地,发展巩固乡风文明新形态

规范管理乡镇综合文化站和村级综合性文化服务中心。全县所有村、社区建有综合文化服务中心,并配备文化管理员。广播村村响安装率和利用率均达到100%。双牌县新时代文明实践所(站)乡镇实现全覆盖,12 个乡镇(管理局)、114 个行政村、8 个县直单位、3 个社区均建立了新时代文明实践所(站),高标准新建了五里牌镇新时代文明实践所、泷泊镇新时代文明实践所等 4 个示范点,

拓展了新华书店双牌分公司、花千谷等 2 个新时代文明实践阵地，并添置相关设施，将滨江广场打造成新时代文明实践广场。

（三）促传承，推动乡村精神文明建设

发掘"和"文化、"象"文化和民俗文化，挖掘非遗项目。加强古村落、古树保护，对坦田村岁圆楼、访尧村等进行保护性修缮开发，建立古树名木数据库和管理网络系统。

五、紧盯治理有效目标，探索农村治理新模式

（一）强化基层党组织作用

整顿软弱涣散基层党组织，制定整改方案。建立党建网格 2278 个，配备 567 名一级网格长、3610 名二级网格长，联系帮扶群众 31537 名。2022 年，派驻县工作队 83 支，实现了驻村帮扶全覆盖。选齐配强农村干部队伍，对新一届"两委"班子进行全覆盖培训。

（二）完善村民自治机制

健全村民自治三个清单，基层群众性自治组织减负工作事项清单规定的 8 项负面清单均落实到位。推进乡村振兴月例会制度，打造村民说事、民主议事、民主监督、化解矛盾和促进乡风文明的平台。

（三）加强法治乡村建设

实施农村辅警全覆盖，强化社会治理。加强法治建设，61 个村（社区）建成法治文化阵地，扎实开展"美好生活——民法典相伴"宣传活动。全县共有 1 个公共法律服务中心、12 个公共法律服务工作站、117 个公共法律服务工作点。建成 1 个全国民主法治示范村、9 个省级民主法治示范村、2 个市级民主法治示范村。实现"好邻居"+政法"五老"（退休老法官、老检察官、老警官、老司法行政人员、老律师）调解队伍县、乡镇、村（社区）全覆盖。选聘离任村组干部、新乡贤等组建村（社区）"好邻居"调解队伍，同时召集"五老"人员，组建 580 人的调解队伍，做到小事不出村（社区）、大事不出乡镇。

六、紧盯生活富裕目标，提高群众生活幸福指数

（一）力推改革促发展

完成土地制度改革工作，所有行政村 0.85 万公顷面积确权工作全部完成。加快集体经营性资产股份合作制改革工作。泷泊镇泷泊村、夏家洞村率先开展清产核资、成员身份确认、挂牌成立村集体经济组织等工作，目前，改革范围扩大

至 15 个股份合作制改革村。

（二）建强班子促发展

选优配强村领导班子，行政村实行一肩挑比例达 98.2%。采取招引能人返乡创业、乡村振兴工作队驻村帮扶等措施，聚集人才。同时，加大对村干部、农村党员、村集体经济组织及负责人的培训力度，激发村集体经济发展的内生动力。

（三）巩固成果促发展

全县 67 个脱贫村全部建立光伏发电站，每年为每村带来 4 万元左右的村集体经济收入。通过发展产业建立帮扶车间，服务产业发展和农民增收。

（四）精准施策促发展

开展调查摸底，全面进行清产核资，因村施策，落实各项惠农政策，助推村集体经济发展。桐子坳村依托当地的银杏资源，通过古银杏树入股分红、门票收入、土地流转、开办农家乐等方式，实现村民收入稳步增长。

（五）示范引领促发展

选择一定数量的村作为发展集体经济示范村，各级财政给予不低于 50 万元的补助资金。由县委组织部牵头，将泷泊镇良村等 22 个村作为代表，助推村级集体经济稳步增长，并带动其他村的经济发展。2021 年，114 个行政村集体经济全部达到 5 万元以上，其中超过 30 万元的村 1 个，10 万~30 万元的村 13 个。

第二节　双牌县实施乡村振兴战略的主要成效

双牌县紧紧围绕"守底线、抓发展、促振兴"的指导思想，持续巩固拓展脱贫攻坚成果，坚决守住不发生规模性返贫底线，扎实推进乡村发展、乡村建设、乡村治理和农村社会事业发展，全面完成省、市部署的各项任务，成绩是显著的。

一、整合资源资金资产，乡村产业长足发展

近年来双牌县立足山区县特色资源优势，整合多方资源，因地制宜地发展乡村产业，突出特色、做优品质、做大龙头、做实"产学研"、做好产业融合和整合农村资源，引领农业经济主体走规模化、标准化、品牌化、科技化、信息化和资本化发展之路，促使乡村产业长足发展。

（一）农业经济保持较快发展

2021 年，全年完成农林牧渔业总产值 41.4438 亿元，同比增长 10.7%，其

中：农业产值 5.9989 亿元，同比增长 2%；林业产值 18.2764 亿元，同比增长 8%；牧业产值 13.7000 亿元，同比增长 18.5%；渔业产值 1.0355 亿元，同比增长 2.2%；农林牧渔服务业产值 2.4330 亿元，同比增长 7.2%。农村居民人均可支配收入达 11735 元，较上年同比增长 9.8%。

（二）农产品供给能力稳步提升

2021 年，全县农作物播种 2.85 万公顷。其中，粮食作物面积 1.45 万公顷。粮食作物播种面积中，早稻面积 4297 公顷、中稻面积 2346 公顷、晚稻面积 4034 公顷、小麦面积 40 公顷、玉米面积 1589 公顷，其他谷物面积 248 公顷、豆类面积 627 公顷、薯类面积 1321 公顷；经济作物播种面积中，油料作物面积 1372.6 公顷、蔬菜面积 6105 公顷、果瓜面积 272.9 公顷，其他农作物 3975 公顷。全县粮食作物种植面积保持在 1.3 万公顷，2021 年实现粮食总产量 7.275 万吨，连续十年实现稳定生产。全县蔬菜基地保有量 6105.3 公顷，2021 年实现蔬菜总产量 20.0787 万吨，生猪出栏 30.91 万头，牛出栏 3.38 万头，羊出栏 29.74 万只，家禽出笼 253.57 万只。年末生猪存栏 21.75 万头，牛存栏 7.05 万头，羊存栏 22.74 万只，家禽存笼 189.56 万只，全年肉类总产量 35900 吨、水产品产量 7949 吨。

（三）农业经营主体不断壮大

2021 年末，全县已建设完成粤港澳大湾区备案基地 3 个，全县粤港澳大湾区备案基地达到 9 个；全县共创建市级以上龙头企业 22 家（省级龙头企业 3 家），市级农业产业园 1 个，培育种养专业合作社 485 个、家庭农场 339 个，创办种养专业合作联社 114 个、供销综合服务社 114 个，实现行政村全覆盖；申报"二品一标"（绿色食品、有机农产品和农产品地理标志）认证 20 个，双牌虎爪姜获评国家地理标志证明商标，黄柏、厚朴中药材国家地理标志申报工作正在进行。"永州之野""潇湘源"区域品牌使用队伍不断壮大，县域公用品牌"双牌味道"准备上市；2021 年实现农产品加工企业销售收入 67.4 亿元，同比增长 8%。

（四）传统农业加速转型

无农不稳。双牌县大力发展高效农业，坚持以市场需求为导向，持续推进农业产业结构调整，从传统的生产型向多功能服务型转变，加快推进休闲农业发展。全县乡村旅游经营单位发展到 30 余家、家庭农场达到 339 个，其他休闲农业经营主体也在快速发展。

（五）农业可持续发展态势逐步增强

一是设施化水平显著提高。全县设施果蔬基地 140 公顷，每公顷收益超过

5000 元，是传统农业收益的 2 倍以上。2021 年，高标准农田建设面积达 666.7 公顷。二是农业减量化技术广泛应用。测土配方施肥年应用面积 2.2 万公顷次，农作物病虫害年实现统防统治 1.2 万公顷次以上。三是良种应用面积不断扩大。年推广蔬菜、水稻等农作物新品种 10 余个，全县农作物良种覆盖率达 80% 以上。四是农机化水平稳步提升。截至 2021 年底，全县拥有各类农业机械 19.06 万余台（套），总动力达 24.0472 万千瓦。全县农药、化肥施用量逐年下降。

（六）农产品质量不断提高

双牌县全力开展农产品"两证加追溯"（食用农产品合格证、农产品身份证、农产品追溯）推动落实，根据国家、省、市相关要求，通过摸排，已推广 97 个食用农产品合格证制度试行主体（公司、合作社、家庭农场）。全县共 5 家企业纳入了省级身份证二维码管理平台，9 家企业纳入了国家农产品质量安全追溯平台，对所有企业均实行了二维码追溯管理。2022 年，该县根据国家、省、市相关要求，将全县所有生产"蔬菜、水果、畜禽、禽蛋和水产品"的公司、合作社及家庭农场纳入了食用农产品合格证管理，编制了全国统一的编号，同时，该县正积极与中信协商，计划建立一套食用农产品合格证系统，实现食用农产品合格证全程可追溯。

（七）社会化服务功能逐步增强

双牌县不断改善基层农业服务环境条件，不断推进服务方式创新。让技术干部专家联系点、技术干部包村，开通农业专家热线、农业科技手机短信平台。积极开展农村一二三产业融合发展，不断提升农业农村信息服务能力，通过益农信息社动态发布惠农政策、农业生产技术、村务信息等，提高农民信息获取能力、自我发展能力和社会参与能力，目前，双牌县已建设完成益农信息社县级运营中心 1 个、村级益农信息社 114 个，实现了全县所有行政村覆盖的目标。积极引入支付宝、拼多多等互联网公司，网络通信公司、商业银行、人保财险等实体企业，开展便民助农活动。依托农村电商平台，大力推行"互联网+供销"工作，利用供销 e 家、扶贫小店、淘宝等平台，助力农产品上行，解决农产品销售的问题，已吸引 10 余家企业入驻，发展农村电商会员 3000 多个，实现年销售农产品 100 多万公斤，年均创造经济收入 1 亿余元，带动 6000 余人增收。全县现有专业从事农业机械作业、病虫防治、农产品销售、农村劳务中介等职业经理人 100 多个，各类服务组织 50 多家，年经营额超过 1 亿元。

二、着力帮富带富致富，农民增收稳步提升

（一）大力完善农村基础设施，农民生活条件显著改善

双牌县以乡村振兴完善农村水、电、网、路等基础设施要求为契机，大力投入建设。截至 2021 年末，全县所有乡镇、集镇和 114 个村通自来水，90% 以上农村人口用上自来水，受益人口达 13.7 万人；建成通信基站 679 个，实现了宽带网络、移动无线信号全覆盖。投资建设通乡通村水泥路，完成建设农村公路窄改宽 181 千米、贫困村道路 563 千米、自然村通水泥（沥青）路 319 千米，新建农村客运招呼站 145 个，全县建制村通车率 100%，打通了交通惠民的"最后一千米"，让富民之路越走越宽，农民生活条件得到显著改善。

（二）强力突破农村发展瓶颈，农民土地效益增强

双牌县是一个山区县，山多地少，土地十分有限。为了发挥有限土地效益，推进乡村振兴，双牌县采取积极措施，深入推进土地制度改革。一是深化农村土地制度改革。2019 年基本完成农村土地确权登记颁证，2020 年完成证书发放、资料归档工作，农村土地承包经营权变更登记工作，按照《湖南省农村土地承包经营权变更登记规程（试运行）》（湘确权办〔2018〕6 号），对农村土地经营权证书变更登记进行常态化管理。完善农村土地"三权分置"（所有权、承包权和经营权）改革，积极开展农村承包地确权登记颁证成果运用，推进承包经营权流转及担保融资，为农民开辟了另一条增收的路径。

二是加快推进农村集体产权制度改革。全面完成农村集体资产清产核资工作，完成农村集体成员身份确认主体任务，对成员身份确认的时间点、具体标准、程序办法等有关事项作出原则性规定，并出台确认成员身份的具体办法，合理确认集体经济组织成员身份，进一步激活了农村集体经济"一池春水"，为提高农民收入打下坚实基础。截至 2021 年末，全县共核实农村集体资产 51698.74 万元，集体土地总面积 15.3 万公顷，其中农用地总面积 11.6 万公顷。通过土地流转和资源整合，将茶林镇桐子坳、泷泊镇霞灯村花千谷、上梧江瑶族乡盘家村云台山相继打造成为国家 A 级核心景区，泷泊镇枫木山村打造了 166.7 公顷油菜花海，泷泊镇义村、九甲村、胡家洞村和理家坪乡坦田村、塘于洞村万亩良田成功入选粤港澳大湾区"菜篮子"供应基地。

三是稳步推进农村宅基地改革。2021 年完成房地一体宅基地使用权确权登记；2022 年完成颁证工作，丰富了农民自主创业融资的资源。

（三）引进资本开发本地特色，农民农村就业增收

双牌县近年来积极引进农产品种植、加工等企业，引导"新乡贤"返乡创

业，因地制宜发展特色产业，为农民创造大量就业岗位，助推农民农村就业增收。2017 年成功实现省级贫困县高质量摘帽后，坚持以"楠竹、中药材、特色果蔬、茶叶、森林土鸡"五大特色产业为主导，全面推动农业产业转型升级。形成以何家洞镇、阳明山国家森林公园管理局为主的楠竹产业带，以上梧江瑶族乡、塘底乡为主的虎爪姜集中区，以理家坪乡、泷泊镇、五里牌镇为主的优质水果带，以泷泊镇、打鼓坪乡为主的茶叶产业区，以上梧江瑶族乡、茶林镇、泷泊镇为主的藤茶等中药材生产区，打鼓坪乡、五星岭乡形成食用菌集点区域。

如上梧江瑶族乡潘家漯村在村干部和当时驻村扶贫工作队的科学谋划和积极行动下，流转村里 22 公顷土地，引能人薛洪灯回村，设计打造藤茶产业发展项目，以土地打包方式入股、帮扶车间租赁等方式参与藤茶种植项目，走出了产业发展型的成功模式。2021 年，该村项目带动的 58 户贫困户户均增收 2000 元以上。何家洞镇付家湾村在基层党组织的积极作为下，引回本村优秀青年企业家、湘汉电气创始人蒋汉荣先生，以及杨志贤、杨吉祥等创业成功人士回乡投资，并采取村社联营的做法，创办了双牌县柴郡本草药材种植合作社，首期投入 50 万元，种植"黄精""四叶参"等药材 5.33 公顷。取得成功后，继续发展了 2.67 公顷罗汉果和 4 公顷藤茶、1.33 公顷温郁金，成功打造了道地药材产业园，并建设了帮扶车间开展加工，为当地农民提供了大量就业岗位。2021 年，付家湾村集体经济收入达到了 10.3 万元。例如，塘底乡的珍珠村，通过发动村民种植红薯，对农户进行保价收购和红薯粉加工，2021 年村集体经济收入达 10 万元。双牌县通过多方渠道引进资本开发本地农业特色产品，增加当地农民就业机会，确实提高了当地农民收入。

（四）发展乡村生态旅游，与农民共享经济成果

双牌县全面落实"1147"旅游发展思路，即突出县城板块这一个核心、阳明山景区这一个龙头，抓好桐子坳、花千谷、国际慢城、云台山 4 个支点，辅以 7 个乡镇打造省星级乡村旅游区（点），带动全域旅游发展。以文塑旅、以旅彰文，深入挖掘"和"文化、"象"文化、瑶文化、永文化、红色文化等文化底蕴，促进文旅融合发展。围绕"吃、住、行、游、购、娱"六要素，拓展旅游内涵，延长产业链条，积极开发茶制品、竹木工艺、保健养生等旅游商品，助推农民农产品销售。

2021 年以来，双牌境内有国家 4A 级景区 2 个、国家 3A 级景区 2 个、四星级以上乡村旅游点 8 个，全县旅游格局由"一枝独秀"转向"多点开花"。以阳明山为龙头，桐子坳、花千谷、国际慢城、云台山为支点的五大景区齐头并进，花千谷创建国家 4A 级景区进展顺利，云台山成功创建国家 3A 级景区，潇水永水观光带网红刷屏，成功举办全省（春季）乡村文化旅游节暨第十三届阳明山"和"文化节。2021 年，全县共接待游客 295.92 万人次，实现旅游综合收入 26.86 亿元，同比分别增长 28.28%、34.10%。近十年来接待游客年均递增 20% 以上，有效促进了旅游区农民收入快速增长。

如茶林镇桐子坳村充分利用该村古银杏这一不可复制的特殊资源，通过整合涉农项目资金、打造项目融资等渠道，走出了资源开发型的发展模式，成功实现"资源变资产""村民变股民""民房变民宿""田园变景区""一季变四季"，该村通过创新利益联结体制机制，形成了"旅游+公司+农户"的发展模式，2021 年村集体经济收入达 34.2 万元，村民人均年收入超过 2 万元。

（五）政策结对帮扶，筑牢农民返贫线

一是出台工作方案。出台《双牌县防止返贫致贫动态监测和帮扶工作实施方案》，明确县直行业部门、乡镇和行政村工作职责，指导工作开展。二是健全完善防止返贫监测机制。县乡村振兴局为全县防返贫监测中心，对 12 个乡镇（管理局）、114 个村和易地扶贫搬迁集中安置区包户联系监测，对全县所有农户全覆盖监测。三是加强业务培训。对全县各单位分管领导、专干、驻村帮扶工作队、村干部进行了全覆盖培训。四是及时纳入防返贫监测和帮扶。将脱贫不稳定户、边缘易致贫户、突发严重困难户及时纳入监测。多次对全县 114 个村开展排查，全覆盖排查所有农户"两不愁三保障"、安全饮水及家庭收支情况，2021 年 10 月末排查全县农户 44968 户 158000 余人，将家庭人均纯收入低且有返贫致贫风险的人口和突发严重困难户，全部纳入监测对象。对所有监测对象，由县级领导、县直单位和乡镇班子成员等与之结对，采取精准帮扶措施开展结对帮扶。同时加强防返贫监测与帮扶平台使用管理，行业部门定期上传数据，风险预警信息签收率达 100%，预警处置率达 100%，有效筑牢了农民返贫线。

三、坚持共建共治共享，人居环境大为改观

截至 2021 年末，乡村振兴投入衔接资金 7240 余万元，持续改善农村生产生活设施。全面开展畜禽养殖污染防治和生活污水处理，完成 9 个乡镇污水处理设施建设，农村生活污水处理率达到了 25.2%，畜禽粪污资源化利用率达 87.5%，农作物秸秆综合利用率达到 91.54%，实现了农药化肥零增长；城乡垃圾转运体系不断完善，100% 的行政村实现了生活垃圾集中清运；改建新建农村户厕 1350 户，累计 2.4 万户，农村卫生厕所普及率达到 90%；拆除农村"空心房"11.7 万平方米；村庄绿化覆盖率达到 38% 以上，77.19% 的村庄达到绿色村庄标准，美丽乡村展现新风貌，乡村更秀美。

（一）政府引领治理，人居环境大为改观

为切实改善农村人居环境，努力打造天蓝、地绿、水清的生态环境，逐步形成生态宜居、环境优美的农村新面貌。县委、县政府将农村人居环境整治工作摆在突出位置，作为重中之重。一是成立了三个组织。成立了农村人居环境整治三年行动工作领导小组和农村人居环境整治村庄清洁行动领导小组，组建了农村人居环境整治领导小组及其办公室，专门队伍专门督促，全面推进。二是明确了三个重点。修改和完善了《双牌县农村人居环境整治三年行动实施方案》《双牌县村容村貌整治三年行动实施方案》《双牌县 2020 年农村人居环境整治村庄清洁行动实施方案》，还配套出台了《双牌县农村人居环境整治村庄清洁行动"百村大比武"活动方案》《2020 年度双牌县农村卫生厕所改建工作方案》等文件，形成了目标明确、责任具体、措施有力的工作机制，做到了工作有人管、有人抓、有人落实。在财力经费有限的情况下量体裁衣，明确以"拆改建"（拆除危房、旱厕、残垣断壁，改厕、改圈，建立长效机制）为工作重心，"示范引领"为工作思路，"三清一改"① 为整治方向，着重完成乡村振兴示范村、国省道沿线村庄及乡镇政府驻地周边村庄整治，尽最大努力在短期内实现农村环境卫生明显好转。三是加强了三层督导。县委、县政府多次召开县委常委会和县政府常务会议和推进会，对全县农村人居环境整治工作进行跟踪"把脉"和专题研究；农村人居环境整治领导小组办公室，坚持每月对整治行动实施情况进行督导和考核；县委、县政府督查室按照季度督查任务安排，对全县各乡镇、村庄整治工作开展了实地督查和交办，有效保障了整治工作进度和成效。四是开展了三层评比。根据《双牌县 2020 年农村人居环境整治村庄清洁行动实施方案》和《双牌县农村人居环境整治村庄清洁行动"百村大比武"活动方案》，开展了三个层面的卫生"大比武"评比。第一个层面是乡镇人居环境"大比武"，评选出"十佳乡镇"和"十差乡镇"；第二个层面是"百村大比武"，评选出"十佳村庄"和"十差村庄"；第三个层面是各村开展的卫生"大比武"评比，评选"最美庭院""最美保洁员""文明户"以及"清洁户"。

双牌县全县 114 个行政村，开展农村人居环境整治村庄清洁行动和"百村大比武"活动，持续推进农村生活垃圾、农村污水治理、厕所革命、村容村貌提升以及农业生产废弃物资源化利用等工作，全县农村环境大为改观。全县 88 个村跻身省级绿色村庄，建成国家森林乡村 7 个、省级美丽乡村 6 个、省级精品乡村 1 个，跻身省人居环境整治三年行动先进县、省美丽乡村建设先进县、实施乡村

---

① "三清一改"指清理农村生活垃圾、清理村内沟塘、清理畜禽养殖粪污等农业生产废弃物，改变影响农村人居环境的不良习惯。

振兴战略先进县区，乡村更加宜居宜业。2021 年，成为在永州市唯一成功申报到农村人居环境整治中央预算内投资项目的县区，获得补助资金 2000 万元。

（二）开展环境整治，乡村环境明显改善

以"清洁整洁"为切入点破题开局，一是开展生活垃圾治理。针对公路沿线、乡镇集镇、村主干道、山塘沟渠、农户院落等环境卫生方面存在的"脏乱差"问题，在全县 114 个行政村开展"百村大比武"活动，对 114 个行政村进行分类考核评比（其中一类村 34 个，二类村 80 个），并实行动态管理，将一类村考核排名在最后五名的调整到二类村；二类村考核排名在前五名的进入到一类村，评比结果与评先评优以及保洁工作经费相挂钩。二是实施村庄清洁行动。除春节期间开展的集中攻势外，县委、县政府还集中开展了农村人居环境整治村庄清洁行动"春季、夏季、秋季攻势"，将每月 20—25 日定为集中行动日，在"三清一改"基础上，对农村环境卫生整治进行"六清"（即清垃圾、清粪堆、清杂物、清院落、清沟渠、清卫生死角）。通过持续性的、密集式的集中整治，截至 2020 年 11 月底，累计投入劳动力约 6.71 万人次，出动车辆 4500 余台次，共清理"三堆"（粪堆、柴堆、垃圾堆）5280 多处、大型非正规垃圾堆放点 3 处（年存垃圾 4 万余立方米），各种生活垃圾超过 2.35 万吨、河道垃圾超过 1.39 万吨，村容村貌、农户房前屋后的环境卫生明显好转。

以"拆违拆旧"为突破点纵深推进。根据《双牌县关于进一步规范农村村民建房管理的意见》，按照"四拆"要求，即机关干部回家拆、党员干部带头拆、村民群众自觉拆、依法依规强制拆，根据各乡镇（管理局）实际，坚持一村一策，在每个乡镇（管理局）选择 1~2 个重点村，从拆违拆旧拆废（拆除违规建筑、残垣断壁、废弃圈棚舍和闲置废弃或具有安全隐患的"空心房"、破旧房）工作入手，以村为单位，组织全面调查摸底，详细摸清各村"空心房"的户主、地块、权属、面积、房屋机构、复垦意向等信息，做到乡不漏村、村不漏组、组不漏户，逐栋建档归档，分类建立乡、村两级空心房台账，做到"拆"有力度，"建"有效果，"复"有特色，积极开展村容村貌整治突破行动。目前，全县累计拆除"三房"（违章房、危旧房、"空心房"）5230 多座、残垣断壁 3150 余处、乱搭乱建 4560 多处以及旱厕 940 多座，共拆除面积超过 22.8 万平方米。

（三）着力绿色改造，生态环境明显改善

以"美化绿化"为着力点提档升级。目前，完成乡村造林 1600 公顷，修复退化林 3000 公顷，抚育森林 1.69 万公顷。全面推进乡镇政府驻地、村委会周边、集中居住点及道路沿线绿化美化，并发动 10.36 万人次参与义务植树，"五边"［村边、路边、水边、塘（沟）边、田边］绿化植树面积 144 公顷，种植树

木 36.8 万株。此外，还利用拆违拆旧后腾退出的空地，由村集体统一规划实施植绿补绿，引导和鼓励农户对围墙、庭院进行绿化、美化改造，着力改善农村人居生态环境。

四、突出向善向上向好，乡风文明明显好转

（一）加强文化阵地建设

所有乡镇建立了综合文化站，设有图书阅览室等 5 大功能室，配置有文化一体机、电脑等设施设备。全县 114 个行政村和 3 个社区，全部建有综合文化服务中心，达标率 100%。乡镇文化站、村级文化服务中心实行免费开放。乡镇文化站工作人员达 3 名以上，114 个行政村和 3 个社区全部配备 1 名文化管理员，各有 1 支以上业余文艺团队，广播村村响安装率 100%，利用率 100%，每天广播 1 小时以上。

（二）提升了文明素养

为强化农村精神文明建设，双牌县出台了《双牌县农村思想文化建设促进乡风文明工作实施方案》《双牌县"治陋习 树新风"乡风文明建设工作方案》等系列方案，将茶林镇桐子坳村、麻江镇廖家村打造为全县乡村振兴培育乡风文明示范村，全县 114 个村完成了"一约四会一队"建设，覆盖率、执行率达到了100%，县级以上文明村镇占比 62.7%，"十星级文明户"评选表彰村级评选覆盖率 100%。上梧江村成立了道德银行，得到省市主流媒体宣传。广泛开展"我推荐我评议身边好人""雷锋故乡学雷锋"等评选表彰活动，大力宣传社会主义核心价值观，积极打造"道德模范""身边好人"文化墙，营造"评模范、学模范、敬模范"，"推好人、学好人、当好人"的良好氛围，全县文明氛围日益深厚，村民、市民文明素质得到显著提升。

（三）改善了教育设施

2013 年以来，双牌县实施农村合格学校项目建设，乡村校舍整齐、环境优美，彻底告别了"老、旧、破、暗、危"的状况，成为当地最漂亮的房子。截至 2017 年底，全县所有农村学校全部达到合格学校标准。2013 年，全县第一所乡镇公办中心幼儿园在茶林镇创办。到目前，已经建成了 17 所乡镇公办中心幼儿园，实现了 12 个乡镇、5 个片区（尚仁里、平福头、永江、蔡里口、林江）全覆盖。全县农村中小学互联网接入率达 100%，多媒体教室普及率达 96.4%，借助设施设备，实现了优质教育教学资源直达全县各农村学校。

（四）丰富了文化内涵

着力发掘"和"文化、"象"文化、地名文化和民俗文化，进一步挖掘非遗

项目，双牌县非物质文化遗产保护名录达 33 个，其中县级项目 24 个、市级项目 9 个。加强古村落、古树保护。坦天村岁圆楼、访尧村等古民居实施保护性修缮开发。对 1215 株古树名木单株和 43 个古树名木群落进行了挂牌保护，挂牌保护率 100%，建立了古树名木数据库和管理网络系统，建档入库率 100%。

五、加强德治自治法治，乡村治理有序有效

（一）"帮代办"，以德治

持续整顿"门难进、脸难看、事难办"的现象，在机关单位开展以开门服务、热情服务、高效服务、廉洁服务为主要内容的"群众满意机关"创建活动。各级各部门领导和工作人员坚持"开门办公"，以各种有效形式公开公务人员电话、岗位职责等事项，落实首问责任制、限时办结制和办事公开承诺制。在"把门打开"的同时，更"把心打开"，切实搞好便民服务，提高服务效能，以良好的干部形象和亲民作风，架起一座党委、政府和群众的"连心桥"。

双牌县委、县政府以"知民情、解民忧、暖民心"为主线，积极探索乡镇、村（社区）政务"首办负责、一门受理、全程代办、无偿服务"的帮代办便民措施，从根本上解决了村民有事不会办、办不了、来回跑的问题。在全县 117 个社区（村）便民服务中心设立"帮代办"窗口，由网格管理员、政务服务专员负责帮代办工作。制作专门的代办服务卡，将负责帮代办工作人员的相关信息及工作职责向村民公开，方便群众找人、办事，实现帮代办工作"全覆盖"。

通过努力，全县政令畅通，群众办事更便捷，为全县经济社会快速发展奠定了良好的基础。

（二）"健制度"，以自治

建立健全村民自治三个清单。出台《关于进一步明确基层群众性自治组织依法自治清单、协助政府工作事项清单和减负工作事项清单的通知》（双民发〔2021〕24 号），明确了三个清单的具体内容。基层群众性自治组织减负工作事项清单规定的 8 项负面清单均落实到位。全县 114 个行政村和 3 个社区全部建立了村（居）民议事协商会议制度，并正常运转，完成村规民约（居民公约）的修订工作。

强化农村应急能力建设，结合村级服务平台，全县每个村设有场地设施和物资仓库、备用应急器材，明确了专人管理，制定了应急工作站和应急值班值守制度，明确了工作职责。

（三）"强管理"，以法治

农村负担监督管理机制不断完善。持续将惠农减负工作纳入目标管理考核、

绩效考核和党风廉政建设考核内容，实行目标管理考核，执行"一票否决"制。严格资金管理，开展专项整治，监督各类涉农补贴资金发放，严厉查处涉农乱摊派、乱收费违规行为。强化农村治理。全面落实"一约四会"，"四议两公开"（党支部提议、村两委商议和决议公开、实施结果公开）等制度；强化乡村社会治理，实施农村辅警全覆盖；开展"一门式"服务，实现全程代办。加强农村法治建设，61 个村（社区）建成法治文化阵地，建成率为 52%，扎实开展"百场法治培训进乡村"活动，全县 12 个乡镇（管理局）开展了"美好生活-民法典相伴"宣传活动。全县建成公共法律服务中心 1 个，乡镇各建有公共法律服务工作站，有村（社区）公共法律服务工作点 117 个，配有"一村一法律顾问"。全县建成 1 个全国民主法治示范村、9 个省级民主法治示范村、2 个市级民主法治示范村。2021 年，泷泊镇义村、麻江镇廖家村被评为市级民主法治示范村，双牌县麻江镇廖家村被评为全国第二批乡村治理示范村。

第三节　双牌县实施乡村振兴战略的主要问题

2017 年，双牌县成功实现脱贫"摘帽"。随后，连续四年荣获全省脱贫攻坚成果巩固先进县，成为全省仅有的 4 个脱贫先进县区之一。经济社会呈现稳中向好发展态势，为巩固拓展脱贫攻坚成果，实现"三农"工作重心转向乡村振兴打下了较好基础。但是，双牌作为刚脱贫的山区县，又是水淹区大县，受制于产业整体层次不高、经济总量不大、财政收支矛盾比较突出等影响，全县农村产业发展仍旧滞后，农民收入来源仍然狭窄，劳动力流向外地经商务工占多，农村人口流失严重，人口"空心化"、村庄建设"无序化"等问题仍然突出。这些制约全县乡村振兴的关键问题还没有得到根本解决，必将成为全面推进乡村振兴战略的严重障碍与挑战。

一、振兴行动喜中有忧，思想认识亟待提高

随着脱贫攻坚战的胜利结束，从县直到乡镇，一些部门、一些干部出现了不同程度的思想滑坡、松劲懈怠。有的认为，在脱贫攻坚时期工作强度那么大，付出了那么多，现在终于可以歇歇脚、透透气了。有的认为，乡村振兴是一个长期的过程，现在可以慢点来，可以放一放。有的还认为，巩固拓展脱贫攻坚成果同乡村振兴有效衔接工作没有脱贫攻坚那么紧迫，任务没有那么重要，可以"松一松""看一看""等一等"。在这些思维驱使下，一些后盾单位、工作队干部、结

对帮扶人、联系人，工作劲头铆不起来，工作作风好不起来。譬如，部分乡镇、村问题厕所摸排整改不实不细、整改进度慢。部分乡镇和村项目实施还不理想，衔接资金总支出进度较慢，人居环境整治没达预期，乡村面貌没有显著变化，与省、市要求的差距明显。加之财政年年紧缩，有的部门在人力投入、经费保障方面不上心，难比脱贫攻坚期。有的驻村工作队驻村工作做得不实不细，在村里装样子、挨日子，"走读"现象也不时出现。

当前，乡镇各类工作繁多，加之干部职数又有限，力量配置也不足。众多乡镇（管理局）分管领导一人身兼数职，兼管其他众多业务，往往力不从心。再则，乡村振兴专干没有专门编制，存在专干不专、业务不精等问题，导致出现自查排查发现不了问题，整改落实问题心中没底。乡村振兴存在工作进度不平衡、落实不实、效果欠佳等问题。譬如，乡村建设行动推进比较迟缓，乡村规划存在规划监管不够、规划宣传不足等，一些乡镇、村管理人员对规划的思想意识不强、认识不足，参与热情不高，积极性不强等。

"多规合一"是乡村振兴的基础和重要前提。"多规合一"编制全面铺开，横亘着两大难题。第一个是资金问题，一个"多规合一"的村庄规划编制费用大约为15万元，全县114个村，共需1700多万元，花费巨大，县级财政难以支撑；第二个是人力调配问题，编制规划是一个系统工程，需要县、乡、村、技术单位等各方面的人员配合方能完成。

规划落地任重道远。规划落地需多方配合，资金和土地是最关键的问题。农村土地涉及千家万户，做任何一个项目都需要涉地农户的配合、支持，比如农村厕所改造、修路、建垃圾中转站、建设污水排污管等，否则很难实施。

乡村振兴战略与上级党委的要求和人民群众的期望还有一定的差距。譬如，民生事业仍需改善，营商环境有待优化，干部干事创业氛围尚需造浓，等等。实现共同富裕，建设现代化新双牌，当前还有诸多问题需要举全县之力，花很多时间解决。

二、产业水平整体不高，增收渠道还较狭窄

经过近几年的努力，双牌的乡村产业发展有了可喜变化，但当前产业支撑仍然脆弱、整体水平不高、增收渠道还较狭窄。

（一）特色产业不突出

全县特色产业虽有一定的基础，但基地规模不大，品牌效应不强，特色产业在助推乡村振兴和带动广大农户增收致富方面作用不够明显。

（二）村级集体经济薄弱单一

从全县范围来看，全县集体经济相较以前虽得到了快速发展，但由于受自然

条件、交通条件、生态条件、市场行情波动等限制，部分村集体经济基础仍比较薄弱，发展滞缓。67个贫困村通过光伏发电解决了集体经济"空壳"难题，其中桐子坳、廖家村等通过乡村旅游带动，集体经济年收入表现亮眼，超过了30万元；贫困村集体经济年收入超过5万元的还属少数，绝大部分贫困村每年还没有达到4万元的收入标准。47个非贫困村每年仅有1个村达到30万元，5个村达到10万~30万元，其余41个村基本没有集体经济或集体经济十分薄弱，其中还有部分非贫困村集体经济年收入徘徊在2万元上下。

在村集体经济的来源上，多数村集体原始积累底子薄，经济来源渠道也十分单一，除了光伏发电，基本上是资产出租，主要依靠出租集体土地、林场等增加村级集体经济收入。光伏发电、传统种养业发展后劲不足，对政策资金过分依赖，并且存在经营不善、管理混乱的现象。总之，村级集体经济项目存在层次较低、市场竞争力弱的问题，还没有形成产业化发展、规范化经营。

（三）农村基础建设仍然薄弱

通过近些年的投入和建设，农村地区基础条件虽有所改善，但由于历史欠账，以及发展不平衡不充分，乡村道路、供排水、医疗、教育等基础条件与乡村振兴的要求还存在一定的差距，与城镇、发达地区比都落后很远。

农民收入渠道狭窄情况还未根本改变，原因是多方面的。既有地域地理环境较差，基础设施建设跟不上的客观制约，也有农民发展思维模式固化的主观限制，还有生产劳作方式落后的局限，导致适合本地发展的产业难跟进，农村家庭经济收入来源狭窄单一。面临各方面刚性开支，众多农民家庭仅靠种地、打零工、卖家禽等获得的收入已入不敷出，促使绝大多数农村家庭主要劳动力外出务工，只有老人、妇女、儿童留守。双牌许多乡村土地"撂荒化"、乡村劳动力老龄化、村庄"空壳化"现象还是比较突出的。因为"三留守"人员劳动能力不足、思想观念较落后、急功近利思想严重、家务琐事缠身等，农村基础设施建设、产业经济发展等政策落实受到限制，长远的发家致富动力欠缺，产业振兴任重道远。

三、乡村人才短缺突出，队伍建设亟须加强

在我国，最大的不平衡是城乡关系的不平衡，最大的不充分是乡村发展的不充分。在长期城乡二元体制下城乡发展要素出多进少，乡村发展得不充分，广大山区更为突出。双牌县作为典型山区县，各类经济产业发展缓慢，各项民生事业大为滞后于城市，偏远熟悉的农村老家容不下农村青壮年的"肉身"，他们不断涌向"珠三角""长三角"，40多年的持续外流，农业人口不断减少，农村面临

着严峻的人才危机，导致了少数村级基层组织后备干部青黄不接，农村党员队伍后继乏人，村级党组织较为软弱，基层干部呈现难选、难干、难管的"三难"问题，懂经济、有头脑的能够带领一方群众致富的领头人极为缺乏，农业技术人员、新型农业经营主体、致富带头人等农村实用人才不足，乡贤人士、职业经理人等乡土人才在带动引领乡村倡树文明新风和农民群众增收致富方面的作用不明显，人才队伍成为制约乡村振兴的突出因素。

四、环境整治任重道远，保障机制亟须健全

全县农村的人居环境建设还有几块"硬骨头"要啃。其一，空危旧房改造任务艰巨。广大山区农村许多家庭住房主要是瓦房、木房，基础设施建设仍较滞后，再加上绝大部分劳动力外出务工，家中基本是"三留守"人员，出现了大量的"空心房"、危旧房，成为一个"回不去的"地方，"空心房"、危旧房及厕所拆除和改造工作难度大、进度慢，任务不轻松。

其二，"垃圾往哪去"的问题仍然突出。由于绝大多数乡村垃圾处理设施简陋，村级保洁待遇较低、履职尽责不主动，最主要的还在于许多农民群众环境卫生意识淡薄，存在垃圾随意乱丢乱扔、农村生活用水随意乱泼、柴草乱堆，甚至图"方便"，随意向河流内倾倒，垃圾分类、无害化处理还只是个美好的"概念"，农村存量垃圾和白色垃圾比较碍眼，成为村容村貌建设的突出问题。

其三，畜禽养殖粪便直排污染严重。农村部分畜禽养殖户未建规范化粪便堆积场，粪污收集池没有覆盖处理到位，在生产过程中存在牲畜粪便直排，对周边河流水体、耕地土壤等环境造成了污染，又因臭气熏天，蚊虫乱飞，存在威胁群众身体健康的隐患，周边群众苦不堪言、怨声载道。此外，农村还存在房屋乱建、山林树木滥砍滥伐、沙石肆意开采等问题，这些都是农村人居环境整治不容忽视的重要内容。总的看来，农村基础建设仍然薄弱，农户落实"门前三包"责任制还不够到位，村级保洁需要强化管理，农村环境卫生"脏、乱、差"现象仍然存在，污水治理、"空心房"和旱厕拆除、厕所改造等整治还不够到位、不够彻底。人居环境整治没有取得实效，乡村面貌没有显著变化，与省、市、县的要求有一定差距。

五、治理格局短板明显，"三治"协同亟宜创新

党的十八大以来，全县乡村治理新格局加快完善，农村社会大局稳定，社会形势总体良好。但与中央实施乡村振兴战略的要求和当前的形势任务相比，特别是通过新冠疫情防控凸显了全县乡村自治、法治、德治水平与协同治理水平不

高，治理混乱还不同程度存在，乡村治理还有不少短板和不足。

（一）少数乡村基层组织弱化问题依然存在

部分农村党组织在群众中的威望不高，缺乏凝聚力和战斗力，不能有效组织和带动农民，发挥不了核心作用，使农民群众缺乏归属感和向心力；有的基层党组织党建工作与中心工作"两张皮"，形式主义、官僚主义问题突出；有的党组织工作还有不少空白点和盲区；有的村甚至连村干部都难选难找，党支部没有形成核心，没有聚成合力，个别还处于瘫痪或者半瘫痪状态。村调解委员会、治保会等作为民间纠纷第一道防线，有的面对矛盾纠纷不愿管也不敢管。

（二）农民群众参与度不高

农民群众既受制于自身因素"不会"参与，也因没有机会"不能"参与，更因缺乏利益联结而"不愿"参与到乡村社会治理之中来。比如，部分农民群众由于受制于长期的生活习惯，对人居环境综合整治工作的思想认识还没有跟上来，参与的积极性和主动性还不够。加之农村人居环境治理缺乏约束机制，仅依靠没有强制力的村规民约，教育方式欠缺，管理手段疲软，造成个别村庄环境整治还停留在"干部干、群众看"阶段，群众主体作用发挥不够，等等。发展集体经济，有的经济项目对集体和成员的利益没有"捆绑"，没有形成风险共担、利益共享的利益共同体，使村集体经济缺乏村民的配合与支持。

（三）农村生活陈规陋习依旧不同程度存在

农村德治约束乏力，有些地方黄赌毒、封建迷信、大操大办、奢侈攀比等不正之风有所抬头。比如，每逢过年过节、婚丧嫁娶等重要时间节点，惯用燃放烟花爆竹来增添喜庆气氛，展现"脸面"，以及燃放烟花爆竹形成的盲目攀比思想在农村根深蒂固。发展产业和农村经济，因小农思想作祟，相互扯皮心生嫉妒，不愿配合甚至阻挠，影响了本地经济和农村社会快速发展。又如，在精准扶贫、低保评定、厕所革命等过程中，村民存在"等靠要"思想，还有部分民众心理不平衡，争做"贫困户"，争着"吃低保"，更有甚者无理取闹，扯皮谩骂，等等。农村社会风气需要进一步净化。

第四节　双牌县实施乡村振兴战略的对策建议

全面推进乡村振兴既是党中央着眼全面建成社会主义现代化强国作出的战略部署，又是新时代建设农业强国的重要任务，也是一项长期性、系统性、复杂性的伟大工程。因此，要保有耐心，铆足干劲，抓好以乡村振兴为重心的各项"三农"工作，全面推进产业、人才、文化、生态、组织"五个振兴"，统筹部署、协同推进，抓住重点、补齐短板。习近平总书记关于"三农"工作的重要论述，为双牌县全面推进乡村振兴指明了努力方向，提供了根本遵循。

一、加强党的乡村基层建设，把广大基层群众带领好

加快建设农业强国，坚持党的全面领导是做好"三农"工作不可动摇的重大原则，健全领导体制和工作机制是关键。首先要抓住和解决好乡村振兴的领导力量和主体力量及其联系问题，乡村振兴才可能化为全党全社会的共同行动。毋庸置疑，全面推进乡村振兴，党是全面领导者，广大农民群众是最大主体力量。以高质量党建引领乡村振兴，加强全县党的乡村基层基础建设，充分发挥基层党组织领导作用，全面提升基层支部组织引领力、党员干部执行力、基层群众主体合力。

以适应农业农村现代化建设为目标，大力提升乡镇领导班子的全面领导力、执行力。基层乡镇是中央各项政策落实的目的地，乡镇领导班子的执行力是乡镇各项工作任务高质量完成的重要保证。乡镇干部则是贯彻落实党和政府各项决策部署绕不过、离不开的主要力量。乡镇领导班子执行力的强弱对于乡镇社会稳定和经济发展大局、基层群众的切身利益以及党的执政地位都有着巨大影响。因此应该有序开展乡镇换届，选优配强乡镇领导班子，通过岗位培训培养与锻炼，大力提升乡镇领导班子的全面领导力、执行力。

以壮大村集体经济为核心，全面增强村级组织引领力。一方面，打造"最强雁阵"。打铁必须自身硬，按照"想干事、能干事、干成事"的用人理念，大力选拔懂农业、爱农村、爱农民的创业成功人士、经济能人、新乡贤担任村干部或村支部书记，选优配强村支"两委"班子，着力打造一支能力强、作风优、活力足的"最强雁阵"。为让"最强雁阵"在乡村振兴中飞出美的姿态，加大分类考核激励力度，对壮大集体经济实绩突出亮眼、带富能力强的村"两委"班子和成员给予阶段性待遇提高；对软弱涣散、服务意识不强的班子及时进行调整。创新村级后备干部培养方式，大力实施"优秀农民工回引培养工程"，注重在青年农民、高等院校学生中特色培养对象，建立完善村级后备干部人才库。另一方面，在发展壮大集体经济的"创富"中提升基层党组织引领力。发展壮大村级集体经济既是农村人口脱贫致富的现实需要，也是中国农村走出二元经济并实现农业产业化、农民市民化、农村城市化"三农三化"的现实途径。村集体有钱了，村庄建设和村民福利才有更多保障，才会给村民带来更多获得感、幸福感、安全感，村集体公信力、组织力、凝聚力就会增强。实践证明，农村集体经济的

强与弱，与基层党组织的领导力强弱休戚相关。为此，必须想方设法做大做强农村集体经济，引导带动乡亲们依靠勤劳双手增收致富。

以落实党的富民政策为抓手，全面凝聚基层群众主体合力。坚持和完善驻村第一书记和工作队制度。全面贯彻县委、县政府关于乡村振兴工作部署，各部门、各结对帮扶人要落实"五个一"的工作职责，结对联系人落实"四个一"的工作职责，持续做好巩固拓展脱贫攻坚成果和乡村振兴有效衔接。切实做好结对帮扶工作，确保不发生规模性返贫，"扶上马，送一程"，让脱贫群众生活更上一层楼。按照产业兴旺、生态宜居、乡风文明、治理有效、生活富裕的总要求，对实施乡村振兴战略，推动农村高质量发展作出阶段性谋划，把党的富民政策落实好，推进"五大振兴"逐步见效，让乡亲们的日子越过越红火，带领广大群众永远跟党走。

二、促进乡村产业普惠发展，让农民更多分享产业增值红利

产业是发展的根基。产业兴旺是破解农村一切问题的总钥匙，是带动村民发家致富的根本途径。产业兴则百业兴，产业强则百姓富。乡村"五大振兴"，产业振兴是第一位的。促进乡村产业发展，2022 年的中央一号文件提出明确要求，"持续推进农村一二三产业融合发展"，"大力发展县域富民产业"，充分体现了党的初心和使命。因此，乡村产业发展要始终把群众利益放在第一位，完善利益联结机制，让更多更广泛的农民群众分享增值红利，共享振兴成果，实现共同富裕。

持续推进乡村产业融合，切实壮大村集体经济。双牌县围绕"打造一双王牌、做足两篇文章，努力建设最精最美双牌"发展目标，始终坚持旅游统筹经济社会发展，促进一二三产业融合，全力打造文化旅游康养和竹木产业"两张王牌"，全县乡村产业重在做优做强粮食、蔬菜、生猪等种养业，建好粤港澳"菜篮子"基地，重点发展文化旅游康养、竹木加工、农村电商等三大乡村产业，促进农业与休闲、旅游、康养、生态等产业的深度融合，乡村产业类型的丰富，乡村经济、休闲、生态等价值的提升，实现村集体经济的发展壮大，最终让广大农民群众共享产业增值收益。

加快发展县域富民产业，切实做好"土特产"文章。双牌县委、县政府高度重视本县"土特产"培育，采取了强有力的举措。一是打造"两品一标"和公用商标农产品。选取虎爪姜、红米早稻、阳明山豆腐乳、江村红薯粉、江村泡豆腐、双牌土鸡土鸭、何家洞迟熟西瓜等特色农产品，申报国家地理标志产品认证、有机食品认证、绿色食品认证，使双牌县主要特色农产品得到"两品一

标"认证，对楠竹等竹木材料申请 FSC、CFCC 认证。注册公用商标，打造特色农产品公用品牌，提升农产品知名度和附加值。二是统一特色农产品生产。采用统一收购、统一标准、统一包装、统一价格、统一销售等模式，包装投放市场。三是依靠行业协会规范管理。对虎爪姜等重要特色产品，县级成立总协会，代表全县农户与企业合作，与市场打交道，保证行业、农户利益，乡镇结合实际成立分协会，与总协会对接，指导农户规范产品生产，保证产品质量。

促进就地就近就业创业，切实锻造实体经济新引擎。坚持把发展经济的着力点放在实体经济上，要以项目建设为抓手、以企业为主体，迅速把精力集中到"量质齐升"上来。一是推进"风光水储"新能源项目建设。着力推进天子山抽水蓄能、舒家塘化学储能、何家洞和柴君山风电等项目建设，抢占新能源新材料产业赛道。二是优化发展环境。一个地方的发展，短期靠项目，中期靠政策，长期靠环境。牢固树立"环境是金"理念，打造宜居宜业宜商的发展环境；深入推进"五好"园区攻坚专项行动，加快调区扩园步伐；深化园区管理体制机制改革，健全"以亩产论英雄"评价激励机制；全力做好零道高速、潇水二桥建设工作，畅通"发展通道"。三是做好全方位招商争资。坚持向南向海向外开放，树立"争资就是增收"的意识，按照"六招四争"要求，抢占招商争资先机，进一步加大项目储备与建设，促进就地就近就业创业，拓宽农民增收致富渠道。

三、强化乡村发展人才支撑，把各类乡村人才建设好

乡村振兴，人才振兴是关键。人才是乡村振兴的动力和支撑，是乡村振兴的第一资源。因此，双牌县委坚持把建设乡村人才这一主力军放在至关重要的位置，多措并举"引育用留"，加快打造一支懂农业、爱农村、爱农民的"三农"工作人才队伍，为双牌县全面推进乡村振兴赋能添彩，为实现农业农村现代化提供有力支撑。

健全乡村人才工作体制机制，强化人才振兴组织保障。坚持党管人才原则，按照"加快农业农村优先发展"的核心要求，形成党政"一把手"负总责、分管领导直接抓、负责科室具体落实的人才工作格局，层层压实责任，将乡村人才振兴纳入党委人才工作总体部署，与当前农业现代化工作同谋划、同部署、同落实，切实把人才工作落实、落细、落到位，引导各类人才向农村基层一线流动；通过健全本土人才培养机制、丰富外部人才引进机制、优化完善人才保障机制等，打造一支能够担当乡村振兴使命的人才队伍。

健全乡村人才培养机制，提升"三农"人员素养。一是加大涉农干部培训

力度，打造一支政治过硬、适应新时代要求、具有领导农业强国建设能力的"三农"干部队伍。二是加强对村党组织书记和新型农业经营主体带头人的重点培训培养与锻炼，围绕双牌县主导产业和特色优势产业，多层次、多渠道开展农业职业技能培训和基层农技人员能力提升培训，全面提升新型职业农民素质素养，育好用好"土专家""田秀才"等各类乡土人才、实用专业人才；搭建发展平台，有序引导大学毕业生到乡、能人回乡、农民工返乡、企业家入乡，让其留得下、能创业。三是强化教育管理与约束监督，确保农村干部走得稳、行得远、存戒惧、守底线。

四、健全乡村人才激励机制，激发农村人才队伍活力

实行积极有效的人才政策，健全乡村人才激励机制，推动乡村各类人才振兴大施所能、大展才华、大显身手。

一是全面建立职业农民制度，健全贡献与效益同向激励机制。新型职业农民是实施乡村振兴战略的主力军，培育更多新型职业农民是推进人才振兴的主要途径。实施新型职业农民培育工程，推行职业农民职称评定，实现农民由"身份化"向"职业化"转型，提高他们的认同感和归属感，提升职业吸引力，激发他们干事创业的热情。建立健全贡献与效益同向激励机制，对作出突出贡献的新型职业农民，给予技术服务、项目合作、产品推介、财政扶持等方面的优先权，"贡献越多，奖励越多"，让农民真真正正增收益、得实惠。构建乡土人才数据库，享受城镇职工养老保险、医疗服务等待遇，不断提高新型职业农民参与乡村发展的积极性、能动性，让他们在乡村振兴的广阔天地里大展身手。

二是完善农村人才发展服务，畅通农村专业人才晋升绿色通道。落实农业系列职称制度改革，不断完善农业技术人才职称评定、竞聘上岗等方案，为活跃在农村第一线的农村专业人才畅通晋升通道，激励他们更好地根植基层、服务群众、把技术写在大地上，为加快农业农村现代化作出更多贡献。

三是建立有效激励机制，鼓励社会人才投身乡村建设。政府建立新乡贤工作体系、新乡贤联席会议机制、新乡贤工作推进机制、考核机制等，提供组织保障引导新乡贤回归；培育新乡贤文化，激发村民认同感，营造回归文化氛围；建立健全新乡贤生活、返乡创业等方面的保障机制，享受基本公共服务的优惠政策，建立领导干部直接联系机制，定期开展联系走访活动，激励新乡贤回归；健全新乡贤参与机制，畅通参与途径，吸引企业家、党政干部、专家学者、医生、教师、律师、技能人才等社会人才，助力基层党建、发展乡村产业、建设美丽乡村、倡导文明乡风、推进社会治理等工作，为乡村振兴战略助力。

第七章
乡村振兴战略在道县的探索与实践

　　党的十八大以来，道县深入学习贯彻习近平总书记关于"三农"工作的重要论述和考察湖南重要讲话、指示、批示精神，按照中央、省委、市委决策部署，扎实做好实施乡村振兴战略各项基础性、先导性工作，加快推进农业农村现代化，取得积极成效。全县上下认真落实《中华人民共和国乡村振兴促进法》《中共中央 国务院关于全面推进乡村振兴加快农业农村现代化的意见》和中共湖南省委、省政府《关于全面推进乡村振兴 加快农业农村现代化的实施意见》精神，各级各部门以产业兴旺、生态宜居、乡风文明、治理有效、生活富裕二十字方针为总要求，以"三片引领、百村示范、整县推进"五年行动和"五兴"创"五星"乡村活动为总抓手，以巩固脱贫成果实现有效衔接、年度考核进入省市先进、五年建成一百个示范村、整县推进成效明显、创造一批可复制可推广经验、创建三个乡村振兴品牌为总目标，以依法依规、规划先行、党建引领、产业为重、群众主体为总原则，以建强村级班子、夯实基层基础为总保障，以"1+16"系列文件方案（一个总方案、十六个具体分方案）为乡村振兴推进总体系，坚持"对标对表、创新创优"，认真履职，担当作为，推动全县乡村振兴干在实处、走在前列，369 个行政村欣欣向荣、日新月异，向着振兴目标迈出了坚实步伐。

第一节　道县实施乡村振兴战略的基本情况

　　道县县委、县政府认真落实党中央、国务院和省委省政府、市委市政府决策部署，积极谋划乡村振兴工作，推进乡村振兴走深走实。

一、县级层面精准设计

道县县委、县政府就贯彻落实中央、省委、市委乡村振兴工作会议精神，做了大量前期调研、深入研究，提出道县乡村振兴"1+16"系列文件方案，其中《关于全面推进乡村振兴加快农业农村现代化的实施意见》《关于健全防止返贫动态监测和帮扶机制的实施方案》《道县"三片引领""百村示范""整县推进"乡村振兴五年行动方案》《道县乡村振兴品牌创建实施方案》等，对道县乡村振兴工作进行了顶层精准设计。

（一）明确农业农村现代化的目标任务

出台《关于全面推进乡村振兴加快农业农村现代化的实施意见》，明确了主要目标任务：力争到2025年，农业农村现代化取得重要进展；脱贫攻坚成果巩固拓展，城乡居民收入差距持续缩小；农业基础设施现代化迈上新台阶，粮食和重要农副产品供应保障更加有力，农副产品质量效益和竞争力明显提升，成为更高质高效的粤港澳大湾区农副产品供应重要基地；全县脐橙、蔬菜、油茶、生猪、粮食等农业特色优势产业全产业链畅通完善，农村一二三产业融合发展示范园和科技示范园建设体系基本形成，农业特色产业品牌走向全国，成功创建国家农业现代化示范区、农业绿色发展先行区、一二三产业融合发展先导区；乡村建设行动取得明显成效，乡村面貌发生显著变化，农村生活设施便利化初步实现，城乡基本公共服务均等化水平明显提高，乡村文明程度得到新提升，农民获得感、幸福感、安全感明显提高。

（二）健全防止返贫动态监测和帮扶机制

出台《关于健全防止返贫动态监测和帮扶机制的实施方案》，要求各级各部门充分认识健全防止返贫动态监测和帮扶机制的重大意义，树牢底线思维，持续压实责任，继续精准施策，补齐短板、消除风险，做到早发现、早干预、早帮扶，切实防止返贫致贫，坚决守住不发生规模性返贫的底线。对常态化开展监测预警和动态管理作出安排，明确了监测范围和对象，规范了监测方式和程序，标注了风险消除的标准和程序。对实施精准帮扶，坚决防止规模性返贫进行了具体要求。

（三）规划乡村振兴模式路径

出台《道县"三片引领""百村示范""整县推进"乡村振兴五年行动方案》，该行动方案对道县未来五年的乡村振兴工作作了安排部署，提出了具有道县特色的振兴模式。用五年时间将三大区域初步振兴起来，下派101个工作队，促进101个村庄旧貌换新颜，在此基础上，切实推动369个行政村全部走上振兴发展之路。方案提出，到 2025 年实现以下目标。

（1）"三片引领"基本成型。"千年理学古色新村、绝对忠诚红色新村、都庞生态绿色新村"三个乡村振兴示范片基本成型，创造一批可复制可推广的经验典型，全面打响擦亮千年理学古色新村、绝对忠诚红色新村、都庞生态绿色新村三大品牌。其中，千年理学古色新村乡村振兴示范片在"五个振兴"中走在全国前列，区域内所有行政村都达到"五星"村庄标准，清塘镇建成全国具有影响力的理学文旅小镇，千年理学古色新村乡村振兴示范片建成对接粤港澳大湾区"菜篮子"示范基地、文生旅融合发展样板区。绝对忠诚红色新村乡村振兴示范片在"五个振兴"中走在全省前列，区域内所有行政村都达到"五星"村庄标准，绝对忠诚红色新村全面打响，成为全国著名党建研学旅游目的地核心展示区、红色乡村示范区。都庞生态绿色新村乡村振兴示范片在"五个振兴"中走在全县前列，区域内所有行政村都达到"五星"村庄标准，建成全县绿色发展试验区、绿色农业示范区、乡风文明先行区。

（2）"百村示范"有序实现。坚持以"五兴"创"五星"乡村为总抓手，通过五年时间，努力将"三个示范片"区域内的行政村和省市县乡村振兴示范创建村、省级乡村振兴重点帮扶村、其他有工作队驻村帮扶的重点村建成"五星"村。其中，2021 年，成功创建"五星"村庄达到总数的 10% 以上；2022 年，成功创建"五星"村庄达到总数的 20% 以上；2023 年，成功创建"五星"村庄达到总数的 40% 以上；2024 年，成功创建"五星"村庄达到总数的 70% 以上；2025 年，纳入创建示范的行政村全部成功创建"五星"村庄。

（3）"整县推进"开局良好。到 2025 年，农业农村现代化取得明显进展；脱贫攻坚成果持续巩固拓展，实现与乡村振兴有效衔接；粮食和重要农副产品供应保障更加有力，建成粤港澳大湾区农副产品供应重要基地；全县脐橙、蔬菜、油茶等农业特色优势产业全产业链畅通完善，农业特色产业品牌走向全省全国，争创国家农业现代化示范区、农业绿色发展先行区；乡村建设行动取得明显成效，乡村环境更加生态宜居，基本公共服务均等化水平明显提高，乡村文明程度显著提升，农民获得感、幸福感、满意度大幅提高。

（四）创建乡村振兴特色品牌

出台《道县乡村振兴品牌创建实施方案》，该方案提出 2021—2025 年，用五年时间全面塑造"千年理学古色新村、绝对忠诚红色新村、都庞生态绿色新村"乡村振兴示范片三个品牌，创造出一批可复制可推广的经验典型，确保创建工作走在全国、全省、全市前列。创建重点有三个方面：

（1）巩固提升"千年理学古色新村"乡村振兴示范片。重点突出"古色"

主题，彰显"绿色"底蕴，做足理学文化等优秀传统文化这篇大文章。围绕"古色"主题，编制村庄规划特别是古村落保护规划，推动现代乡村建设与传统古村落保护相得益彰；依托濂溪故里创建 5A 级景区，建好"一个文旅融合小镇（清塘理学小镇）"，带动乡村游、体验游、文化游，促进农村一二三产业融合发展。紧扣打造世界理学圣地目标，注重多维度多层次塑造展示理学文化。大力弘扬周敦颐廉政文化思想，将"莲"文化融入村庄建设管理，培育文明乡风。强化廉洁村居建设，建强基层党组织，充分发挥基层党组织在乡村振兴中的战斗堡垒作用，完善基层治理体系。围绕凸显"绿色"，从严落实河长制、林长制，深入开展农村人居环境整治，提升生态文明建设水平；依托资源禀赋优势，一以贯之发展精细农业，持续做强"一批绿色产业"（正禾蔬菜特色产业园、清塘楼田濂溪柑橘特色产业园）。

（2）高效推进"绝对忠诚红色新村"乡村振兴示范片创建。重点突出"红色"主题，融合"绿色"元素。围绕擦亮"红色"品牌，突出建好"一个小镇（绝对忠诚红色小镇）"、办好"一个学院（树湘学院）"、用好"一个场馆（陈树湘烈士纪念馆）"、打造"一条公园［长征国家文化公园（道县段）］"，大力发展红色文旅产业；坚持用红色滋养乡村，将红色文化融入村庄规划、建设、管理各个过程、环节，着力打造一批有型、有貌、有魂的红色示范村庄。坚持用红色文化引领乡风文明，开发一套适合农村群众学习的红色文化教育本土教材，建设乡村、滋养乡村，扎实推进移风易俗，营造出见贤思齐、文明有礼的新风尚。围绕提升"绿色"优势，积极发展特色种植，利用陈树湘红色文化园、㳅水河秀美风光，培育发展"特色种植—观光旅游—体验消费"绿色产业经济。

（3）全面实施"都庞生态绿色新村"乡村振兴示范片创建。重点突出"绿色"，建好"一条生态走廊"（㳅水河两岸）、建立"一批绿色经济示范基地"、创建"一批绿色村庄"，确保示范片始终"看得见山""望得见水""记得住乡愁"，打造道县最美"富春山居图"。突出产业振兴，大力发展蚕、肉牛和乌龟养殖等特色养殖、绿色农业，培育光伏发电等绿色经济，做优"油稻稻"示范基地。突出组织振兴，健全"一约四会"，全面推行"五星"村支部书记积分晋级管理，开展乡贤和打工能人、"五星"农户评选，做实廉洁村（居）建设，持续提升基层自治能力和水平。

二、七个方案科学指引

为促进道县乡村振兴工作见行见效，起好步开好头，县委分别制定了产业振兴、人才振兴、文化振兴、生态振兴、组织振兴五个五年行动计划，独具道县特色的"五兴"创"五星"试点方案，以及"多规合一"村庄规划编制三年实施方案等，具体指导乡村振兴的阶段性工作。

（一）实施乡村产业振兴五年行动

出台《道县乡村产业振兴五年行动方案》，围绕道县"一果（脐橙）一蔬（蔬菜）一茶（油茶）两药（厚朴和青蒿）两畜禽（生猪和灰鹅）"的特色产业布局，重点发展"一主（粮食）两特（脐橙、蔬菜）"等精细种养业和农产品精深加工业，着力培优品种、提升品质、打造品牌，加快构建现代乡村产业体系、生产体系、经营体系，促进农业高质高效、农民富裕富足，努力走出一条具有道县特色的乡村产业振兴之路。

目标任务是：2021—2025 年，全县农林牧渔总产值每年平均增长 4.5% 以上，农村居民人均可支配收入年均增长 9.5% 左右。努力打造湖南精细农业生产示范基地、国家农业绿色发展先行区及湘粤桂接合部区域农副产品集散中心，初步实现农业现代化。优质稻、优质脐橙、优质蔬菜、畜禽、油茶、烤烟、中药材等优势主导产业产值占农业总产值 80% 以上，农业标准化实施规模达到 60% 以上，畜禽标准化规模养殖率达到 90% 以上，农业质量效益和竞争力进一步提升。

全县高标准农田面积达到 13333.3 公顷以上，新建县级现代农业产业园 20 个以上，市级农业产业园 8 个以上，省级农业产业园 2 个以上，特色农业小镇 1 个以上，争创国家级农业产业园 1 个以上，农业基础更加稳固。培育挂牌上市涉农企业 1 个以上，新增省、市级农业龙头企业 30 家以上；新增省、市级示范性合作社 10 家以上、家庭农场 100 家以上；培育新型职业农民 500 名以上。农产品加工产值与农业总产值之比超过 2.8∶1，主要农产品加工转化率达 70% 以上；农产品电子商务产值增长 30% 以上；新增智慧农业园区 10 个以上，一二三产业融合现代乡村产业体系基本形成。农业支持保护制度逐步完善，主要农作物良种覆盖率稳定在 86% 以上，水稻耕种收综合机械化水平达到 85% 以上，农业科技进步贡献率达到 65%，农作物秸秆、畜禽粪污资源化利用率达到 90%、98%，农业科技创新能力进一步提升。

（二）实施乡村人才振兴五年行动

出台《道县乡村人才振兴五年行动方案》，总体目标是精心组织实施高端人才引进、本土人才培育、城乡人才服务"三大行动"，到 2025 年，全县乡村振兴各领域实用型人才总量达到 1 万人以上，引进乡村振兴实用人才 50 名以上，引进和培养农业高端专家人才 30 人以上、创新创业人才 200 人以上，培育新型职业农民 1800 人以上，培训乡村实用人才 4500 人以上，组织人才团队服务乡村振兴 20 批次以上。

（三）实施乡村文化振兴五年行动

出台《道县乡村文化振兴五年行动方案》，目标任务是进一步健全乡村现代公共文化服务体系，公共文化设施网络全面覆盖，群众性文化活动开展有声有色，乡村文化人才支撑力明显增强，乡村文化产业发展迅速，历史传统文化和生态文明得到保护，健全"一约四会"，"十大陈规陋习"得到有效遏制，不良风气明显好转，农村（社区）移风易俗基本实现制度化、常态化，"十大文明新风"逐步形成。通过五年行动，每个乡镇打造5个或5个以上文化振兴工作特色亮点品牌村，以点带面，强力推进乡村振兴战略建设。

（四）实施乡村生态振兴五年行动

出台《道县乡村生态振兴五年行动方案》，按照"政府主导、部门主责、乡镇主推、村居主体"的责任分担体系，切实推进生态振兴行动。目标任务是到2025年，全县生态安全屏障基本形成，森林覆盖率稳定在63%以上，村庄绿化覆盖率稳定在40%以上，湿地保护率稳定在70%以上。全面落实河长制，通过实施水资源保护、水污染防治、水环境治理、水生态修复等工程建设，打造河畅、水清、岸绿、景美的水生态环境。到2025年，重要河流水功能区水质达标率提高到100%，治理水土流失面积10平方千米，水生态文明建设示范工程，实现城乡垃圾处理一体化，农村生活垃圾处理率达到98%。推进农村生活污水治理工程，到2025年，所有行政村生活污水治理实现全覆盖，全面完成建制镇污水处理设施建设，建制镇生活污水处理率达到100%。强力推进厕所革命，到2025年，全县农村全部完成农户旱厕改造任务，农村卫生厕所普及率达到97%，厕所粪污资源化利用率达到60%以上。建成一批国家、省、市、县级水利风景区。加快推进"四好农村路"建设，到2025年，农村地区交通客运服务品质、交通基础设施能力进一步提升。农村客运车辆新能源车覆盖率100%、乡镇站场建设覆盖率70%；现有四、五级危桥处置率100%，管养系统内农村公路安保设施覆盖率100%，农村公路优良路达到65%。全力推进"资源产业路、旅游路"建设，"十四五"计划完成实施270千米资源产业路、60千米旅游路和960千米安保工程项目建设，助力乡村振兴。加快所有乡镇通三级公路建设，完成横岭、洪塘营、审章塘、桥头、乐福堂等乡镇86千米三级公路建设。大力实施农村安全饮水工程，优先解决贫困村和贫困人口的安全饮水问题。到2025年，全县农村安全饮水达标率稳定在100%。进一步完善农村公共服务设施，到2025年，农村广播电视、行政村5G网络、村级文化活动中心、村卫生室等基础设施保障网全面完善。到2025年，全县规模养殖场粪污处理设施装备配套率达到100%，畜禽粪便资源化利用率达到99%以上。

（五）实施乡村组织振兴五年行动

出台《道县乡村组织振兴五年行动方案》，工作要点是实施"铸魂"工程，开展干部乡村振兴能力培训、农村党员和青年农民技能培训；实施"头雁工程"，不断优化村"两委"干部结构；实施"堡垒工程"，增强基层党组织组织力，全面加强基层党组织建设；实施"造血工程"，发展壮大村级集体经济；实施"育苗工程"，优化农村党员队伍结构。深化"三治融合"（发挥村民自治作用、法治保障作用、德治教化作用），健全治理体系；强化"两大功能"（稳步增长村、社区干部待遇，提升保障功能；凝聚工作合力，提升为民服务功能），提升群众满意度。

（六）实施"五兴"创"五星"创评活动

出台《乡村振兴"五兴"创"五星"创评活动方案》，主要以梅花镇为试点，组织动员全镇集中实施乡村振兴"五星级示范村"和"五星级示范户"创评试点活动，为实现巩固脱贫攻坚成果与实施乡村振兴战略有效衔接提供保障。创评工作标准分为产业兴旺"星"、生态宜居"星"、乡风文明"星"、治理有效"星"、生活富裕"星"五个方面，以18个行政村为基础，按照创评标准五个方面进行定性定量评价，每达到一个方面的标准即为达到一星，达到全部五个方面的标准为五星级示范村，同时必须达到"村为主"创建的有关标准。"五星级示范户"创评，分产业带头星、卫生宜居星、文明新风星、诚信守法星、生活富裕星。创评要做到：突出产业振兴，促进农旅融合发展；突出生态振兴，建设美丽宜居乡村；突出文化振兴，推进乡风文明善治；突出组织振兴，实现村级治理有效；突出人才振兴，激活内在发展动力。

（七）实施"多规合一"村庄规划编制三年行动

出台《道县"多规合一"村庄规划编制三年实施方案》，目标任务是根据中央、省、市要求，到2023年底实现村庄规划全覆盖。计划分三年实施，其中2021年完成94个村庄，包括乡村振兴示范村80个，纳入省考核的历史文化名村及传统村落10个，红军长征节点村4个；2022年完成96个村庄；2023年完成130个村庄。全县村庄规划编制任务计划分10个标段进行招投标。所有村庄规划编制任务实行统一一次招标，分三年实施，按完成进度付款。编制要求是统筹县、乡镇、村国土空间布局统筹村庄功能分类、统筹耕地和永久基本农田保护、统筹农村居民点布局、统筹基础设施和公共服务设施布局、统筹乡村产业用地布局、统筹村庄安全和防灾减灾、统筹生态保护修复和全域土地综合整治、注重历史文化传承与保护、明确规划近期实施项目。

三、六个办法严督实导

为贯彻落实好中央、省、市文件精神，扎实推进乡村振兴战略开好局出成效，道县县委、县政府制定了 6 个办法，进行具体部署督促指导考核保障。

（一）加强乡村振兴指标落实考核

出台《道县落实市级乡村振兴战略考核指标分解及考核办法》，考核内容为如下几个方面。一是责任落实。对县级领导主要考核是否加强对所联乡、村的督促指导，切实把自己负责的指标任务担起来、扛起来；对乡镇（街道）及行业（部门）单位主要考核是否落实了主体责任；对帮扶单位和驻村工作队主要考核是否落实了帮扶责任。二是政策落实。对乡镇（街道）及行业（部门）单位主要考核是否落实了义务教育、基本医疗、住房安全、饮水安全、兜底保障等方面的政策。三是工作落实。对相关责任单位和责任人主要考核是否落实了监测帮扶、易地搬迁后续扶持、稳岗就业、乡村特色产业发展、基础设施和公共服务完善、财政衔接补助资金管理使用、脱贫攻坚考核反馈问题整改落实和《2021 年市级实施乡村振兴战略实绩考核指标及任务分解表》中的内容等工作。

（二）加强乡村振兴责任制考核

出台《县直单位（省市驻道单位）乡村振兴责任制考核办法》，适用于有巩固拓展脱贫攻坚成果、实施乡村振兴战略任务的县直单位、省市驻道单位，分为 A、B 两类考核，A 类主要为承担巩固拓展脱贫攻坚成果、实施乡村振兴战略和乡村振兴驻村帮扶工作任务的 54 家单位；B 类为仅承担乡村振兴驻村帮扶工作任务的单位。对 A 类单位实施 100 分制考核，主要考核责任落实（20 分）、年度目标任务完成（40 分）、信息资源互联共享（5 分）、问题整改落实和信访舆情处置（5 分）、乡镇（街道）评价（30 分）等情况。对 B 类单位直接采用县委组织部提供的乡村振兴驻村帮扶责任落实情况得分。各责任单位考核时还有加分项和扣分项。

（三）加强乡镇（街道）实施乡村振兴战略实绩考核

出台《道县乡镇（街道）实施乡村振兴战略实绩考核办法》，适用于 22 个乡镇（街道）。主要考核辖区内巩固拓展脱贫攻坚成果（25 分）、全面推进乡村振兴战略（56 分）、保障机制和日常工作（9 分）、"五兴"创"五星"（10 分）等（濂溪、西洲街道只考核巩固拓展脱贫攻坚成果）。

（四）加强村（社区）实施乡村振兴战略实绩考核

出台《道县村（社区）实施乡村振兴战略实绩考核办法》，适用于有乡村振兴任务的 369 个行政村（社区）。考核内容有巩固拓展脱贫攻坚成果（25 分）。主要考核防返贫动态监测、"两不愁三保障"成果巩固、产业就业帮扶、结对帮扶、易地扶贫搬迁后续扶持、农村低收入人口监测帮扶、补齐基础设施和公共服务短板、扶贫项目资产登记管理、集体经济收入和办实事等工作。全面推进乡村振兴战略（75 分）。主要考核产业振兴、人才振兴、文化振兴、生态振兴、组织振兴、"五兴"创"五星"、日常工作落实等内容（城市社区只考核巩固拓展脱贫攻坚成果）。各单位考核时还有加分项和扣分项。

（五）加强驻村工作考核

出台《道县驻村工作考核办法》，适用于参与乡村振兴驻村工作的县直、省市驻道单位和工作队。考核内容有：对牵头、后盾单位主要考核责任落实（40分），驻村工作队工作（60分），所属工作队得分乘以 60% 后加责任单位工作实际得分为年度考核得分。对驻村工作队主要考核党建引领（16分）、驻村任务落实（14分）、工作队管理（20分）、乡村振兴（50分）。

（六）加强乡村振兴资金管理

出台《道县乡村振兴资金筹措、使用、监管办法》，从资金来源、资金整合、资金使用、资金监管四个方面对乡村振兴资金方面进行了保障使用的规定。

四、百村示范点面结合

道县乡村振兴战略实施的最典型做法是，按照"产业兴旺、生态宜居、乡风文明、治理有效、生活富裕"的总要求，以乡村"五兴"创"五星"为总抓手，突出抓好千年理学古色新村、绝对忠诚红色新村、都庞生态绿色新村"三片引领"和"百村示范"工程，促进乡村振兴整县推进，全面加快实现产业振兴、人才振兴、文化振兴、生态振兴、组织振兴，努力走出一条具有道县特色的乡村振兴之路。

其中"三片引领"乡村振兴示范片，主要包含 18 个村（社区）的创建，分别是千年理学古色新村中的营江街道濂南村、芒头寨村，清塘镇陈雄村、楼田村、室家村、尹家村、久佳村等 7 个村；绝对忠诚红色新村中的梅花镇贵头村、石下渡村，寿雁镇豪福村、十里桥二村，富塘街道李家园社区、春秋塘村等 6 个村（社区）；以及都庞生态绿色新村中的仙子脚镇黄田岗村、车田洞村、洞尾村，寿雁镇深田村、水尾洞村等 5 个村。

"百村示范"有 101 个村（社区），包含"三片引领"的 18 个村、23 个省级重点帮扶村，以及散布于 22 个乡镇（街道）的其他 60 个帮扶村。这 101 个村如星星一般散布在全县东西南北中的各个区域，以此为乡村振兴五年计划的重点帮扶建设示范村，进而带动其他 200 多个村，实现 369 个乡村的"整县推进"，全面振兴。

第二节 道县实施乡村振兴战略的主要成效

近年来，道县积极开拓，主动作为，推进乡村振兴战略落地生根，振兴成果不断显现。

一、六大产业成效初显

道县紧扣"一果（脐橙）一蔬（蔬菜）一茶（油茶）两药（厚朴和青蒿）两畜禽（生猪和灰鹅）一旅游"等特色产业布局，按照"一村一品"原则，着力培育特色产业和优势品种，打造"道州脐橙""把截萝卜""道州灰鹅"等县域农业单品"子品牌"和驰名企业品牌。鼓励正禾农场、湖南鸿畴、梓鸿农业等企业开展绿色、有机农产品认证。统筹谋划举办道县"农民丰收节""脐橙节"等活动，鼓励"道品出道"，推动"道州牌"农产品走出去，积极参加中国中部（湖南）农博会等各类农产品展会、产品推介会、节庆活动，提升县域农产品竞争力。

（1）脐橙产业规模初显。发展脐橙 14666.7 公顷，形成了以白马渡水淹区、祥霖铺下蒋、寿雁唐家、上关坪塘、七里岗、四马桥彭家等万亩脐橙基地为主的优质脐橙区。在柑橘基地推广应用"三改三减"约 133.3 公顷建设柑橘无病毒苗木繁育中心 2 个，实现年产出无病毒脐橙苗 30 万株以上。

（2）蔬菜基地品牌显现。建设蔬菜基地的 26666.7 公顷，形成了以清塘楼田、营江芒头寨、梅花贵头、四马桥农科教、寿雁水源头、祥霖铺田广洞、东门高车等蔬菜基地为主的绿色蔬菜区。

（3）农产品种植稳量增效。全县耕地保有量 44666.7 公顷，永久基本农田保护面积 38000 多公顷，粮食生产功能区约 31333.3 公顷，油菜籽生产保护区面积约 5333.3 公顷，全县粮食生产面积稳定在 58666.7 公顷以上，总产量稳定在 37 万吨。形成了以蚣坝长江圩、祥霖铺达头山、万家庄五-五洲、寿雁芽洞-安村洞-高枧等 666.7 公顷示范片为主的优质水稻区。烤烟 2333.3 公顷、大力发展种植规模在 0.7~1 公顷的专业大户、3.3~6.7 公顷的家庭农场和 33.3~100 公顷的农民合作社，做大做强"一村一品"特色产业。

（4）畜禽养殖企业化。以温氏公司、现代农业、正邦集团利用"公司+农户"模式发展起来的生猪养殖小区为主的特色养殖区，实现年出栏生猪68万头以上；畜禽养殖，年出笼1000万羽以上；培育道州灰鹅养殖场10个、肉牛养殖户30户、黑山羊养殖户30户、发展蜜蜂养殖户8户。

（5）油茶产品远近飘香。油茶面积达2133.3公顷，形成了以上关街道红花、柑子园镇柑子园、祥霖铺八家油茶基地为主的优质油茶区、规模化油茶产品区，以及300多个村散种油茶，自产自销的多形式格局。中药材种植7333.3公顷。形成了洪塘营、横岭等两大厚朴基地以及多个青蒿种植基地等。

（6）旅游产业渐出效益。以濂溪故里、何绍基故里为核心标识的古色文化旅游基地基本建成；以陈树湘党员教育培训基地、何宝珍故里为核心标识的红色文化旅游园区，品牌效应正在打响；以福岩洞、玉蟾岩、月岩、鬼崽岭、湘源温泉、都庞岭国际森林康养度假区（空树岩）等为标识的自然文化、生态康养文化旅游基地正在逐渐成型。

二、三大行动队伍渐强

近几年，道县坚持把乡村人力资源开发放在首要位置，大力培养本土人才，引导城市人才下乡，推动专业人才服务乡村，健全乡村人才工作体制机制，强化人才振兴保障措施，人才队伍逐渐壮大。

（一）高端人才引进行动

以脐橙、水稻、茶油、蔬菜、厚朴、烤烟、灰鹅等乡镇主导农业产业链为重点，引进和培养农业高端专家十几名；引进带技术、带项目、带资金的高层次人才和创新创业团队2个；引进红色文化旅游产业人才和团队2个；引进红色文化旅游产业人才几十名，创新创业人才团队多个。按照乡村振兴实用人才需求计划，采取专项引才、直接考察、考核等方式，引进了乡村规划、教育、农技、水利、交通、工程管理、医卫、文化等急需紧缺专业人才多名。引进农村职业经纪人多名，逐渐建立了一支农村劳务经纪人队伍，鼓励支持有条件的农村和农民聘请职业经理人，按照市场化标准给予薪酬。

（二）本土人才培育行动

探索建立乡村人才"11234"发展服务体系，在乡镇（街道）建立一个乡村人才发展服务体系，组建一个乡村人才信息库，支持乡村人才创业创新"双创"活动，开展"双创名人""双创能手""双创新秀"三类人才申报评比，发挥乡村人才"引领技术传承、带动产业发展、带领群众致富、助力乡村振兴"四大作用。持续推进"基层人才定向培养五年行动计划"，优化专业设置和指标分配，完成基层农技、水利、教育、医卫人才定向培养200多人。支持村干部、新型农业经营主体带头人等，采取在校学习、弹性学制、农学交替、送教下乡等方式，就地就近接受职业高等教育。注重从本村致富能手、外出务工经商返乡人员、本乡本土大学毕业生、退役军人中的党员中选拔村党组织书记。充分利用现有网络教育资源，加强农民在线教育培训，培育新型职业农民600多名。建立农民合作社带头人人才库，加强对农民合作社骨干培训。组建农村创业创新导师团队，支持农民工、高校毕业生、退役军人、科技人员、农村实用人才等创办领办家庭农场、农民合作社。依托电商产业园公共服务平台，完成400多人的电商人才培训。挖掘培养乡村具有一技之长、带动能力强的乡村工匠，培训专业技术人才1000多人。通过设立特岗教师、定向培养等方式补充一批乡村教育专业人才。组织县城医院专业人才通过传、帮、带教学方式提高基层医院对常见病、多发病的诊疗能力。支持县城医院退休医师到乡村基层医疗卫生机构多点执业，开办乡村诊所。支持熟悉乡村的规划师、建筑师、设计师及团队参与村庄规划设计、特色景观制作、人文风貌引导。加强乡村建设工匠培训和管理，培育修路工、水利员、改厕专家、农村住房建设辅导员等专业人员。以村干部、村妇联执委、人民调解员、网格员、村民小组长、退役军人等为重点，加快培育"法律明白人"，提高乡村人民调解员队伍专业化水平。

（三）城乡人才服务行动

建立健全城乡人才信息数据库。选派优秀干部到乡村挂职，选优派强科技特派员对口帮扶。聘请高等院校、科研院所专家，本县有技术特长、有示范基地、有服务水平的"土专家""田秀才"和各行业领域的业务能手为道县科技特派员，进驻乡镇助力乡村振兴。引导社会专业人才"组团式"服务。完善人才流动机制，支持引导退休专家和干部服务乡村振兴。每年从县级医疗机构统筹选派50人，对口支援22个乡镇（街道）医疗卫生机构。激励青年英才返乡创业、就业。支持熟悉"三农"、热心农村发展的大学毕业生、致富带头人和在外成功人士回乡投资创业，回引优秀农民工300多人。鼓励和引导高校优秀毕业生到基层建功立业。

三、三个层面渐兴文化

近年来，道县以社会主义核心价值观为引领，不断完善乡村公共文化服务体系，不断提升公共文化服务效能，不断培育农村文化人才队伍，不断传承发展优秀传统文化和地域乡土文化。

（一）不断完善文化振兴基础设施建设

加大乡村公共文化服务基础设施建设，实现标准化服务平台全覆盖。建设以县文化馆、图书馆为总馆，15个乡镇7个街道办事处综合文化站为分馆，369个村（社区）文化活动室、综合性文化服务中心为基层服务点的县、乡、村三级服务平台。乡镇综合文化站建设面积不小于300平方米，室外活动场地面积不小于600平方米，配建不小于15平方米的宣传栏或文化长廊。乡镇（街道）综合文化站的专用设备、器材配置齐全，书籍不少于3000册，报刊种类不少于6种，电脑不少于10台。村级综合文化服务中心建筑面积不小于200平方米。深入实施农民体育健身工程、广播村村通、电视户户通等项目的标准化建设。推进乡风文明阵地建设，深入开展精神风貌治理。完善县新时代文明实践中心建设，建设新时代文明实践所22个、新时代文明实践站369个。充分发挥文明家庭、"中国好人"、"湖南好人"、优秀志愿服务组织、优秀志愿者的引领作用，充分发挥自治章程、村规民约在乡村治理中的积极作用，大力整治"环境脏乱、大操大办、炫富攀比、邻情淡薄、厚葬薄养、打牌赌博、酗酒斗酒、邪教迷信、乱燃滥放、诚信缺失"等十大陈规陋习。加强未成年人思想道德阵地建设，提升农村德治水平。大力实施关爱青少年成长的"护苗工程"，成立"濂溪教育基金会"，2021年筹资800多万元，资助学生300多名；大力建设青少年教育基地，将陈树湘烈士纪念馆、何宝珍故里建设成为青少年爱国教育基地，针对青少年特点开发一批课程，撰写专门讲解词，增加青少年红色读物，培养青少年义务讲解员。

（二）提升文化振兴阵地服务效能

提升公共文化服务供给与服务效能，强化文艺创作。大力实施文化精品带动工程，以乡村故事、百姓生活为主题创作一批文艺精品，挖掘打造"周敦颐国际理学节""道州龙舟赛""重走长征路（道县段）"等文化品牌活动。按照省市要求组织开展好文化惠民活动，深入开展"送图书下乡""送戏曲下乡""春联进万家"等文化惠民亮点活动。大力开展流动服务，图书馆每年下基层服务不少于50次，文化馆下基层流动演出12场以上，流动展览10场以上。加强文化队伍建设，弘扬志愿服务精神。培育打造一批优秀基层文艺队，培养带动一批基层文化工作者、民间文化能手、志愿者，完善基层文化队伍培训计划。加大历史传统文化和生态文明的保护力度，传承优秀文化基因。加强文化遗产调查，全面梳理全县文物古迹、传统村落传统建筑、农业遗迹等物质文化遗产，以及农事歌谣、传统手工艺、生产生活习俗、民间艺术等非物质文化遗产，编制切实可行的保护利用规划，划定保护红线，对重点保护对象实行挂牌保护。积极申报非物质文化遗产项目，组织开展非遗宣传展示活动。创新文物保护体制机制，规范文物市场管理，依法做好文物征集工作。

（三）健全现代乡村治理体系，弘扬新时代社会主义核心价值观建设

指导村（社区）"两委"完善"一约四会"制度，充分发挥村规民约、"四会"组织在乡村治理中的积极作用，积极推选"五老"和新乡贤加入"四会"负责开展村民议事、道德评议、禁赌禁毒、文明节俭操办红白喜事、酗酒斗酒、摒弃殡葬迷信陈规陋习，弘扬公序良俗，促进法治、德治、自治有机融合。加强乡村平安建设（综治工作）。持续整治农村"黄赌毒"和制贩假币、外流贩毒、碰瓷诈骗、电信网络诈骗、外流盗窃等五类跨区域突出犯罪综合整治行动。打造文化振兴新亮点新品牌：把乡村文化振兴贯穿于乡村振兴的各领域、全过程，激活文化、提振精神，繁荣兴盛农村文化。坚持文生旅融合发展。以两个 4A 级景区提质、一个 5A 级景区创建为牵引，有序推进长征国家文化公园（道县段）、濂溪一脉文旅产业园建设。大力创作一批文创精品，举办一批文旅赛事，培育一批文旅名企，着力塑造陈树湘、周敦颐两大形象 IP，全面打响"全国党性教育研学旅游目的地""理学圣地"两大品牌，努力创建全域文化旅游示范县。

四、四个层面构建宜居环境

近年来，道县坚持绿水青山就是金山银山理念，强力实施农业绿色发展、农村人居环境改善、乡村生态保护和修复三大行动，加快补齐农业农村生态环境突出短板，建立健全生态宜居长效管理机制，努力打造道县生态宜居宜业的美丽幸福家园。

（一）不断优化生态环境

深入开展国土绿化行动，通过人工造林、封山育林、退化林修复等工程，整体改善绿色生态环境。全县生态安全屏障基本形成，森林覆盖率稳定在 60% 左右，村庄绿化覆盖率稳定在 40% 左右，湿地保护率稳定在 70% 左右。全面落实河长制，通过实施水资源保护、水污染防治、水环境治理、水生态修复等工程建设，打造河畅、水清、岸绿、景美的水生态环境。重要河流水功能区水质达标率提高到 100%，治理水土流失面积 10 平方千米，水生态文明建设示范工程取得重要进展。

（二）有效改善人居环境

巩固拓展农村人居环境整治三年行动成果，启动农村人居环境整治提升五年行动，逐渐实现城乡垃圾处理一体化、农村生活垃圾处理率较高比例。推进农村生活污水治理工程，大部分行政村生活污水治理实现全覆盖，全面完成建制镇污水处理设施建设，建制镇生活污水处理率达到较高比例。强力推进厕所革命，全县农村农户旱厕改造任务完成 40%，农村卫生厕所普及率达到 50%，厕所粪污资

源化利用率达到30%。强力推进示范村建设，打造出20多个省、市、县级乡村振兴、美丽乡村、农村人居环境整治示范村。

（三）不断完善基础设施

加快推进"四好农村路"建设，农村地区交通客运服务品质、交通基础设施能力进一步提升，现有四、五级危桥处置率达到80%左右，管养系统内农村公路安保设施覆盖率达到85%左右，农村公路优良路率均达到65%。全力推进"资源产业路、旅游路"建设，安保工程项目建设，助力乡村振兴。加快所有乡镇通三级公路建设，逐渐完成横岭、洪塘营、审章塘、桥头、乐福堂等乡镇86千米三级公路建设。大力实施农村安全饮水工程，优先解决脱贫村和脱贫人口的安全饮水问题。

（四）有效控制面源污染

近年来，道县积极推广测土配方施肥、应用秸秆还田、冬季绿肥生产、病虫害统防统治、绿色防控、畜禽养殖废弃物资源化利用等绿色农业技术，有效遏制农业面源污染。全县规模养殖场粪污处理设施装备配套率达到70%以上，畜禽粪便资源化利用率达到60%以上；农业投入结构更加科学，农药、化肥投入量稳步减少，有机肥、生物农药使用量明显提高。

五、三大举措渐强组织

近年来，道县以习近平新时代中国特色社会主义思想为指导，认真落实习近平总书记考察湖南重要讲话和指示精神，全面落实《中国共产党农村工作条例》《中华人民共和国乡村振兴促进法》《中共中央组织部关于抓党建促乡村振兴的若干意见》，坚持和加强党对"三农"工作的全面领导，夯实乡村振兴的组织基础，全面提升乡村治理水平，推动农村（社区）基层党组织建设全面进步、全面过硬，走出一条党建引领发展的新时代乡村振兴之路。

（一）实施"五大工程"，夯实基层基础

（1）实施"铸魂"工程，不断深化习近平新时代中国特色社会主义思想学习教育。开展干部乡村振兴能力培训。

（2）实施"农村基层干部乡村振兴主题培训计划"，开发一批乡村振兴精品课程。开展农村党员和青年农民技能培训。

（3）实施"头雁工程"，不断优化村"两委"干部结构。大力选拔政治觉悟高、对"三农"工作有情怀、甘于奉献、能够团结带领群众推进乡村振兴的优秀人才进入村党支部委员会和村民委员会班子，建设一支数量充足、结构合理、管理规范、素质优良的村（社区）干部队伍。激励乡村两级干部担当作为。建

立健全从优秀村（社区）党组织书记、到村任职过的选调生、乡镇（街道）事业编制人员、第一书记、驻村工作队员中择优选拔乡镇领导干部的常态化机制。实施"堡垒工程"，增强基层党组织组织力。扎实推进党支部标准化规范化建设，全面实施党支部"五化"建设提质工程，开展乡村振兴"五兴"创"五星"创评试点活动，及时总结经验，建立长效机制。

（4）实施"造血工程"，发展壮大村级集体经济。大力实施村级集体经济"消薄攻坚"工程，用好中央财政扶持资金，落实省、县相应扶持政策，抓好中央扶持壮大集体经济村项目建设。

（5）实施"育苗工程"，优化农村党员队伍结构。加大在返乡创业农民、青年农民中的致富能手、农村外出务工经商从业人员中发展党员力度，原则上每个行政村每 2 年至少发展 1 名党员，每年新发展农村党员 35 岁以下的不低于 50%。

（二）深化"三治融合"，健全治理体系

（1）发挥村民自治作用。加强农村自治组织规范化制度化建设，完善村民议事协商机制，健全村民监督委员会，落实"四议两公开"制度，完善党务、村务、财务"三公开"制度，用好"互联网+监督"平台，按时开好村务监督月例会，促进村务公开制度化、规范化、常态化。加强村务公开栏日常管理，完善村务"线上线下"公开互动机制。完善村规民约，发挥红白理事会、道德评议会、村民议事会、禁毒禁赌会的作用。

（2）发挥法治保障作用。持续推进"一村一辅警"建设，全面推行"互联网+警务"。坚持和发展新时代"枫桥经验"，做到"小事不出村，大事不出乡，矛盾不上交"。组织开展"法律进乡村"活动，实施农村"法律明白人"培养工程，大力培育农村学法用法示范户，积极营造办事依法、遇事找法、解决问题用法、化解矛盾靠法的良好农村环境。巩固拓展扫黑除恶专项斗争成果，坚持防范和整治"村霸"问题，开展无邪教村（社区）创建活动。

（3）发挥德治教化作用。加强社会公德、职业道德、家庭美德和个人品德教育。大力开展文明单位、文明村镇、文明社区、文明校园、文明集市、文明餐饮店及最美家庭（好婆婆、好媳妇、好妯娌）等创建活动，推进移风易俗，乡镇（街道）指导村（社区）深入开展高价彩礼、人情攀比、厚葬薄养、铺张浪费、封建迷信等陈规陋习治理，建立典型陋习工作动态台账，倡导健康文明新风尚。

（三）强化保障与服务功能，提升群众满意度

稳步增长村（社区）干部待遇，提升保障功能。实行村干部报酬与工作绩效挂钩，村党组织书记基本报酬按照不低于全县上年度农村居民人均可支配收入的 2 倍标准确定，53 个原建档立卡贫困村村党组织书记基本报酬不低于当地农民人均可支配收入的 2.5 倍。村干部基本报酬等由县委组织部会同财政局审批，以"一卡通"方式，按月足额发放到人。采取先缴后补的方式，县财政对村党组织书记和村委会主任购买养老保险给予一定的补贴。县财政统筹安排专项经费，组织村干部定期进行健康体检。对任职年限符合条件的离任村党支部书记、村委会主任和其他离任村干部每年分别给予一定的生活补助。落实村干部绩效奖励。出台全面推行乡镇干部"组团联村，五抓五促"工作机制实施意见，每个行政村安排 2~3 名乡镇干部组团联村，通过抓基层党建、促组织振兴，抓产业发展、促增收致富，抓基层治理、促文明和谐，抓公共服务、促民生改善，抓基础设施、促乡村宜居，助推乡村振兴。持续推进"一门式"公共服务。推动以县为单位开展村（社区）群众服务需求大调研，使"一门式"服务重点由"有没有"向"好不好、优不优"转变。完善服务项目清单，下沉服务资源。深入推进农村党建网格化治理。创新完善"多网合一"，健全"行政村党组织-网格（村民小组）党支部（党小组）-党员联系户"的村党组织体系，统筹网格内党的建设、社会保障、综合治理、应急管理等工作，做到服务群众精准化、精细化。整合优化公共服务和行政审批职责，建立健全村干部坐班值班制度，探索建立村级党组织书记职业化制度。

六、"五星"创评出乡村新貌

"五兴"创"五星"工作是道县乡村振兴工作的独特动作。2021 年 9 月以来，道县坚持通过科学规划、办点示范、政策激励、组织引导等方式，在 101 个示范村大力开展"五星"评定活动，创建了一批五星级示范村、五星级示范户，激发了群众内生动力，发挥了群众主体作用，乡风文明为之一新，乡村治理日渐和谐，真正形成了人人参与、户户参评、村村争创的振兴新局。

"五星级示范村"创评。"星级示范村"创评工作以行政村为基础，按照"月初建账、月底对账、一月查账、两月交账"的要求，对任务和阶段性工作部署，逐项建立工作台账。实行定期调度、跨级通报、打铃点名、末尾约谈制度，采取日常巡查、交叉检查、暗访抽查、跟踪督查相结合的方法，半月一督查、一排名、一通报。严格按考评办法考评打分。上月底组织开展全面监督评议，下月底对工作任务完成情况进行全面考核结账。创评活动结束后，及时总结经验，建立"星级示范村"创评长效机制，对创建达标村命名。实行动态管理，每年进行年检，没达到标准的取消命名。

"五星级示范户"创评。由乡镇党委统一安排部署、行政村党支部和村委组织实施。评选程序分自评申报、民主评议、审定公示、表彰授牌四个步骤进行：第一个月，由所属村（组）将评选意义、标准、程序等用农户便于理解的语言进行广泛宣传，农户对照评选标准，自愿申报，村党组织做好登记汇总；第二个月上旬，各村发挥评议会作用，对农户申报情况逐一进行民主评议，对符合条件的农户，在本村公示 3 天，无异议后，形成书面意见，报乡镇党委；第二个月下旬，乡镇党委召开专门会议，对各村上报的五星级示范户候选名单进行统一审核，最终确定年度"五星级示范户"名单并张榜公示。正式确认农户星级后，对"五星级示范户"予以授牌及奖励。

第三节　道县实施乡村振兴战略的主要问题

近年来，道县在实施乡村振兴战略过程中积累了一些经验，也取得了初步成效，但面临的问题也不同程度存在。

一、产业振兴后劲乏力

产业兴旺是衡量乡村振兴成效大小的主要标准之一，也是乡村振兴的重点和难点。近两年，道县在产业振兴上投入了大量人力、物力、财力，不过成效还不明显，发展后劲乏力。

（一）没有形成"一村一品"

据调研，即便是 23 个省级重点帮扶村，也大都没有形成特色产业，更不用说 101 个振兴示范村和 200 多个面上村了。近年来，脐橙、沃柑产业成为道县许多村发展产业的香饽饽，一些村也确实赚到了钱，但也有很多村因为不善管理、缺乏技术，导致果品不优、价格不好，连肥料钱都难赚回。一村一品或多品，需要精准定位，需要研究指导，需要持续发展，才能逐渐形成产业效能。没有形成一村一品的发展思路，产业振兴必将乏力，很难真正实现产业兴旺。

（二）部分项目难以发展

由于缺乏调研指导和科学论证，很多村仓促地申报产业项目，钱投进去了，机器设备购买了，却不能正常生产，更不用说赚钱了。如有的村发展茶叶加工、竹筷子加工，种植黑木耳等食用菌都以失败告终。根据市场需求、技术要求、村情实际，合理进行产业立项，才能使产业项目走向可持续发展。

（三）产业发展尚未精准定位

一个县的产业发展要有精准定位，一个乡镇、一个村的产业发展也要有精准定位，这样形成一个系统体系，就能爆发集团潜能，凸显特色优势。道县的产业优势有哪些？道县应侧重发展哪些产业？道县各乡镇、村的产业发展如何布局？如何实现道县城乡融合产业发展态势？等等。这些都需要科学论证、精准定位、总体谋划布局。

二、人才振兴缺乏突破

千军易得，一将难求。人才振兴是一切振兴的前提。火车如果跟在马车的后面，无论如何也跑不快。一个单位如果人才当领导，势必跟庸才当负责人迥然不同。

（一）人才引进力度不大

近年来，永州市的人才引进力度较大，但道县直到近两三年，人才引进才有些数量。具体而言，教师和医生类人才引进力度较大，但其他部门人才引进力度较小。

（二）对人才重视程度不够

近年来，道县人才重视力度不断加强，县委组织部专门成立了"人才科"，县里还专门制定了"一个县级领导联系一个专家人才"的制度。但人才重视程度还远远不够。少数领导并没有真正认可"人才"，个别领导并不真正觉得"人才"重要，一些部门并没有真正重用"人才"。极个别领导甚至认为，"当了领导就是人才"；"我用你，你就是人才"；"与自己亲近的就是人才"；"是个正常人就是人才"。

（三）尊重人才的氛围有待营造

实现人才振兴需要不拘一格，需要突破常规，更需要营造人才氛围。道县在营造尊重人才、爱护人才、使用人才、重用人才、唯才是用的社会氛围方面还做得不够；在塑造"人人羡慕人才，人人爱惜人才，人人争当人才，人人真用人才"的良好环境方面还有温差。

三、文化振兴力度不大

文化能春风化雨润物无声。文化振兴是乡风文明的先决条件。道县的文化振兴力度还不够大，效果还不够好。首先是基础设施建设不够完善。有些村文化活动场地没有健身器材，缺乏活动平台；很多村的图书室图书种类不多，适合青少年看的书少，适合农村种养殖技术指导的书更少，导致图书室成为摆设；大多数村的村活动中心文化宣传教育较少，没有真正发挥文化传播阵地作用。其次是传统文化保护力度不大。传统古村落没有真正得到保护，没有资金修缮，更没有发挥传统文化教育功能。家谱家训没有创造性使用、创新性发展。物质文化遗产和非物质文化遗产，缺乏传承传播阵地。如调子戏，缺乏传承机制，缺乏传播资金，面临后继无人危险。最后是文化阵地使用效率不高。新时代文明实践站流于形式，村规民约形同虚设，陈规陋习普遍存在。广播天天响，村民嫌聒噪；"图书无用就下乡"，"电影戏曲难露面"，"一约四会只挂墙"。

四、生态振兴步伐缓慢

以前的农村，在房楼上就能望得见山，看得见水；但现在的农村，你要走出窄窄的巷子，走出村子才能看得到山，看得到水。一是"场所革命"难度不小。由于缺乏资金，缺乏工作人员，缺少方式方法，很多村的厕所革命问题、圈栏问题、"空心房"问题难以解决，推进步骤缓慢。二是"垃圾问题"难以解决。沉积垃圾如何清扫？杂物间如何清扫？垃圾运往何处去？清洁工费用、垃圾运费等怎么开支？这都是较难解决的问题。三是村庄规划不易实行。由于之前对村庄没有规划，新建的房子很多都是"打开门，门挨着门"，"推开窗，窗靠着窗"，"白天不开灯，屋里如黑夜"，"四面八方都是墙，门就开在路牙上"。以前城里要拆迁，现在村里要拆迁，村庄内部规划很难。

五、组织振兴任重道远

乡村振兴，组织振兴是重要抓手。但基层党组织的振兴任重道远。一是基层党组织功能发挥有限。优秀的村党支书确实能让乡村振兴工作如虎添翼、红红火火，但毕竟优秀的村党支书数量不多，先进的村党支部更是凤毛麟角，农村党员又大多在异地他乡打工，基层党组织要想发挥先进性作用，难度较大。二是基层党员干部兼职现象普遍。村干部普遍工资为 1500~4000 元，比在外打工工资少些，难以养家糊口。于是很多村干部都把村务工作当兼职，有事就上班，没事就搞自己的事，难以全身心投入到村务集体事业中。有些村干部是当地的致富能手，所以主业都是自己致富的行当。三是驻村干部职责不明，难以发挥重大作用。由于工作队的职责不清，有些工作队事必躬亲，把村里的大小事全包了，村干部乐得悠闲；有些工作队有想法有办法、想干事会干事，但指挥不动村干部，更指挥不了村支书，徒有一腔热忱；有些村干部避讳工作队深入参与村内事务，尤其是关系到财务的事，开监督月例会时总是避开工作队，导致工作队心灰意冷，干事创业激情逐渐冷却。

第四节　道县实施乡村振兴战略的对策建议

乡村振兴事关社会主义现代化强国的构建，事关中华民族复兴伟业，是一项长期战略，需要因地制宜、立足实际、科学论证、精准施策、久久为功。

一、要系统整体谋划工作

在国家宏观政策的指导下，每个县都要有系统整体思维，要全县一盘棋，谋划好每一个乡镇、每一个行政村的振兴发展。要专门成立一个相关专家组成的乡村振兴研究会，对当下的乡村振兴现状进行研究，对好的做法进行总结，对不好的做法及时纠正。要科学精准出台相关规定制度。不能让几个写手想当然写一写，领导凭主观看一看，再召集一些领导开个会，就下发要求执行。这样的制度规定多半是脱离实际的，是误国害民的。要多邀请乡村一线的工作人员参与，要多听取不同的声音，要多召开一些畅所欲言的讨论会。多一些调查研究，多一些反思总结。要有清晰的短期、中长期发展目标。全县的乡村应如何振兴？围绕什么目标振兴？短期、中期、长期目标分别是什么？等等。对这些必须清晰明了。没有目标就没有方向，就没有动力，就不可能取得成果。要对各种项目进行调研论证。一些产业刚完成投资，就没了进一步发展；一些产业投资失败了，仍出现再投资的现象；一些产业成了面子工程，不继续投入就没了生气。这些现象的出现，都是缺乏前期调研，没有进行专家论证导致的。产业帮扶要给他一只母羊和公羊，让他培育出羊群，才算是成功的；要给他一口池塘，而不是一根钓竿，要让他自己在池塘里养鱼、钓鱼、卖鱼才算是成功的。凡是能长期壮大村集体经济的，要大力投资；凡是能带动众多人致富的，要大力支持。

二、要集中攻克工作难点

乡村振兴工作需要信心信念，信心信念来源于振兴实践阶段性成果的取得。每一年的振兴工作，都要有集中攻克的难点。要集中力量让发展好的村成为旗帜，这面旗帜不应是单个方面，而应是全方位的。对于旗帜村，要集中力量组织人马攻坚克难，把这几个村做成试验阵地，组织专家进行试验，进行科学打造，探索出如何发挥广大村民的积极主动性、产业方面如何持续发展、生态如何宜居、乡风如何文明、人才怎样实现振兴、组织如何发挥先进性作用等具体路径。这几个村真正振兴起来了，对其他村的振兴将起到复制推广作用。要集中力量解决好普遍存在的问题，比如每个村都头疼的垃圾处理问题，县里应集中力量首先解决好；比如"空心房"拆除问题，可用一年时间，集中人力物力在全县各村全面铺开，打歼灭战。要让每一个村都集中力量有发展进度。集中推进并不是让其他村都在一旁观望，要根据每个村发展程度的不同，给予不同的振兴质量要求。乡村振兴是一个长期过程，难以一蹴而就，必须久久为功。所有的村都积极行动起来，先做好目前条件下能做好的事，踏石留印、攻坚克难，就会越来越接近振兴目标。

三、要倾力打造特色品牌

道县目前较好的特色品牌是脐橙，但脐橙还没有走上深加工之路，附加值还不高，品牌也尚未打响，需要进一步打造精品。乡村振兴要有特色品牌思维，要深入调研、精心谋划符合实际、受市场欢迎的一村一品。道县已经有一些传统特色的种养殖业品牌，如上关韭菜、清塘鱼、清塘红瓜子、石井山羊、大坪铺桃子、仙子脚奈李、沙田黄豆、寿雁花生、桥头鸭、蚣坝鹅、四马桥豆腐、横岭鸡、审章塘茶油、梅花草莓等等，如果进行系统谋划打造，特色品牌是能够产生的。如果 369 个行政村，连片系统地打造出十几种甚至几十种特色品牌，产业兴旺的局面就会呈现。特色品牌打造还应不拘一格，各行各业都可以进行品牌创建，如饮食业的蚣坝烧鹅、水南鱼丸子、仙子脚灌肠、沙田血鸭、月岩羊肉狗肉等，加工业的空树岩竹艺术品，种植业的乐福堂青蒿、洪塘营厚朴等。

四、要改革创新工作思路

乡村振兴工作可资借鉴参考的样本较少，需要在实践中不断摸索。一些传统的旧观念，会阻碍振兴事业的发展；一些滞后的规章制度，会束缚乡村振兴的推进。为此，需有改革创新思维，才能促进乡村走向振兴。比如乡贤的问题，新中国成立前，各个村在外面为官经商的乡贤都有告老还乡的习惯。乡贤的告老还乡如一股春风，给穷乡僻壤的乡土带来了无尽的生机（当然，也传播了封建思想观念）。新时代，如果出台制度鼓励乡贤告老还乡，不仅能摆脱农村人才外流出现的窘境，还会让乡村产生一种向心力、凝聚力，激起越来越多的人回馈乡里、振兴乡村。又比如村干部问题，优秀的有情怀的村干部为什么那么少？除去主观因素外，改革完善选任村干部的客观机制，既能治标又可治本。

五、要有效运用资金杠杆

乡村振兴量大面广，单纯靠政府资金扶持，顾此失彼且杯水车薪。政府的资金应该用于解决普遍存在的问题，比如垃圾处理问题、技术专家聘请问题等。此外要发挥好政府资金的杠杆作用，扶上马即可，不要再送一程；点燃导火线即可，不要再浇汽油。政府要主导该主导的，比如前面说的系统布局问题、平台搭建问题、规范引导问题等。

第八章
乡村振兴战略在江永县的探索与实践

　　江永县位于湖南省西南部，地处湘桂粤三省（自治区）交界之地，全县总面积1629.15平方千米，辖4乡5镇112个村13个社区4个居委会，总人口27.18万，其中农业人口22.76万，以瑶族为主的少数民族人口占全县总人口的63.8%，少数民族聚居区占全县总面积的87%。江永县认真贯彻落实党中央和省、市关于大力实施乡村振兴工作的部署要求，围绕农业高质高效、农村宜居宜业、农民富裕富足的总目标，以推进农村人居环境整治为着力点，以深化农村综合改革为根本动力，持续推动脱贫攻坚与乡村振兴有效衔接，在推进农业农村现代化上发力，让特色农业更强、乡村建设更美、乡村治理更加有效，走出了一条具有江永特色的农业农村现代化道路。

第一节　江永县实施乡村振兴战略的基本情况

　　江永县境内光照充足、雨量充沛、无霜期长、土壤肥沃，自然条件优越，素有"潇湘天府""天然大温室"和"长江以南名优果蔬最佳发展地带"之美称。近年来，江永大力发展特色农业，根据市场需要发展订单农业，农业结构调整迈出较大步伐。在产业布局上，深入推进"百千万"工程和"六大强农"行动，实施乡村振兴产业项目460余个。以香柚、香芋、香姜为主的香型农业持续健康发展，在粗石江镇建成以"江永香柚"为主的特色水果产业发展带，在上江圩镇建成以"江永香姜"为主的产业带，全面构建起"一镇一业"和"一村一品"产业发展格局。完成粤港澳大湾区"菜篮子"供应基地备案28个，备案种植面积近2万公顷，常年稳定出口创汇6亿元以上，占全省供应总量的40%以上。

近年来，江永县加强加快对农业生产经营人才、农村二三产业发展人才、乡村公共服务人才、乡村治理人才、农业农村科技人才等的培养和引进，强化乡村振兴人才"引擎"。从 2018 年 1 月至 2022 年 9 月，江永县引进急需紧缺人才 70 人，招聘基层乡村振兴人才 78 人、乡村教师 242 人，初中起点乡村教师公费定向师范生招生预录取考生近 400 人、医技人员 286 人；建立了由 1360 人组成的本土人才库；江永人社局就业服务中心组建 83 人的科技专家服务团，开展农业实用技术、技能培训 269 期，培训种植、养殖农户（人员）12280 人次；举办多层次的电商实用技能和创业实战培训，共举办培训班 70 余期，培训学员 1 万余人次，培育创客和网红 1139 人；建立由 38 人组成的本土人才讲师团，开展职业技能培训 16 期，培育新型职业农民 813 人。

截至 2021 年，文化基础设施建设方面，全县共有文化馆 1 个、公共图书馆 1 个、博物馆 1 个、档案馆 1 个、纪念馆 1 个、艺术表演团体 5 个、有线电视台 1 座，有线电视用户 1.34 万户，电视综合人口覆盖率 100%。潇浦镇初步建立起图书馆、文化馆总分馆暨子母体系，文化馆、图书馆均达到文化和旅游部二级馆标准，文化馆成功评定为全国二级馆。全县 9 个乡镇均设有文化馆与图书馆分馆，其中潇浦镇 2 个。在勾蓝瑶寨、女书园、上甘棠 3 个景区设置村级综合文化服务中心，并纳入两馆分馆体系一体化建设。景区情况方面，现有勾蓝瑶寨 4A 级景区一个，女书园、千家峒、上甘棠、云雾山、源口生态文化旅游区（知青部落）3A 级景区 5 个。民间文化组织情况方面，全县有民间博物馆 1 座，"三千"文化广场舞协会、旗袍协会、威风锣鼓队、广场舞队等各类文化社会组织 200 余个。文明建设方面，由社区、乡镇和农村群众自发组建的文明志愿者队伍 121 支。全县范围内有全国文明村镇 15 个、省级文明村镇 29 个，县级及以上文明村占比达到 60%，共选出"湖南好人"15 人，各类"文明家庭""十星级文明示范户"269 户。

江永县委、县政府在全面践行生态文明新征程中，坚定生态文明理念，围绕生态环境质量提升，立足自身良好生态环境的先天优势，科学审视自身发展路径、发展理念和发展追求，把创建省级生态文明建设示范区作为推进产业转型升级、激活县域生态竞争力、提升群众幸福指数的总抓手，牢固树立"绿水青山就是金山银山"的发展理念，扬生态之长，做山水文章，把绿色发展理念落实好、实践好，走出一条经济发展与生态文明相辅相成、相得益彰的新路。江永生态环境优良，森林覆盖率达 70.2%，常年空气质量优良率 100%。近年来，江永县凭借生态环境优越、空气质量好、负氧离子含量高、旅游资源丰富等优势，连续获得"中国天然氧吧""全国森林康养基地试点建设县""全国百佳深呼吸小城"

和"中国慢生活休闲体验区"等荣誉称号。江永先后被列为全国首批生态建设示范县、全国绿色能源建设示范县、国家重点生态功能区、全省首个国家级原生态农产品保护示范区，绿色生态成为江永县的最亮底色。

乡村治理是国家治理的基石，也是乡村振兴的基础。江永创新夯实基层社会治理，在乡镇社会治理和基层公共服务上精准发力，用心用情解决好群众的操心事、烦心事、揪心事，人民群众的获得感、幸福感、安全感和满意度不断提升，呈现出多点开花、活力十足的特色治理新景象，获得全国"2020年社会治理创新典范县"荣誉。截至2022年9月6日，全县有脱贫户13267户51036人，监测对象896户2673人。2021年10月至2022年9月对脱贫群众收入进行了采集，经数据分析，全县脱贫户、监测户家庭人均纯收入达到15140元，同比增长2202元，增长17.02%，这些可喜的成绩与组织振兴息息相关。

第二节 江永县实施乡村振兴战略的主要成效

农业强，则中国强；农民富，则中国富。乡村振兴战略是实现农业强、农村美、农民富的重要抓手。江永县委、县政府高度重视乡村振兴战略，举全县之力推动乡村振兴，取得了可喜成绩。

一、立足禀赋，强化特色，大力提升产业振兴

（一）特色产业基础扎实

江永县气候温和，土壤富含硒等微量元素，资源得天独厚，暑不铄骨，寒不侵肌，素有"天然大温室"和"长江以南名优果蔬最佳发展地带"之美称，"杂交水稻之父"袁隆平院士2017年题词"江永是一块宝地"。在"推进农业结构调整，发展优势特色产业"的指导下，江永县深入落实"三高四新"战略，积极实施农业农村"百千万"工程和"六大强农"行动，大力推进"开放引领、产业强县"。"江永五香"久负盛名，被确定为湖南省唯一的特色农业示范区。2002年江永荣获国家命名的"中国香芋之乡"的美誉；江永香柚2005年被评为"湖南省著名商标"、第三届全国农博会"名牌产品"。江永县被列为"全国生态建设示范县""全国山区综合开发示范县""全国秸秆氨化养牛示范县"。2008年3月，有着千年栽培历史的江永香柚、香芋和香姜喜获农业部"首批地理标志农产品"认证（表8.1）。

表 8.1　江永县特色农作物种植情况

品类	播种面积				产量			
	2020 年/亩	2021 年/亩	增长量/亩	增长率/%	2020 年/吨	2021 年/吨	增长量/吨	增长率/%
叶菜类	13542	13966	424	3.1	26850	28384	1534	5.7
根茎类	167069	172057	4988	3	429999	450387	20388	4.7
白萝卜	59812	63614	3802	6.4	175294	186624	11330	6.5
胡萝卜	2577	2662	85	3.3	5901	6031	130	2.2
生姜	16275	17227	952	5.8	26328	27954	1626	6.2
瓜菜类	26530	28033	1503	5.7	59893	64395	4502	7.5
黄瓜	2962	3007	45	1.5	6510	6635	125	1.9
南瓜	18476	19908	1432	7.8	36927	40199	3272	8.9
冬瓜	3245	3321	76	2.3	8783	9036	253	2.9
柑橘类	115522	121151	5629	4.9	169361	178810	9449	5.6
柑	—	—	—	—	33832	35607	1775	5.2
橘	—	—	—	—	40860	42756	1896	4.6
橙	—	—	—	—	21760	22397	637	2.9
柚	—	138058	—	—	72909	78050	5141	7.1
烟叶（未加工）	22673	23500	827	3.6	3081	3348	267	8.7

（数据来源于江永县统计局 2021 年年报）

（二）农业规模经营不断推进

农业的规模经营是提高农业劳动生产率和农民收入的重要途径，也是现代农业生产体系的重要组成和乡村产业振兴的重要体现。围绕大力振兴特色产业，江永县出台了《江永县产业强链设施方案》，并初见成效。一是农产品精深加工不断提质增效。目前，江永县实施产业扶贫项目 246 个，开设"扶贫商城" 62 个，开办网店微店 2500 多个，带动贫困户户均增收 2000 多元。当下，江永县已有 70 多家农产品加工企业，其中湖南蔬益园食品有限公司是湖南省农业产品加工龙头企业，正准备申报国家级企业。二是主导特色农业产业已经形成。基于江永县土壤硒含量是全国平均水平的 2.15 倍，因此"江永香柚"有柚中"爱马仕"之称，在全国柚类评比中连续 7 年获得金奖。2021 年 12 月 27 日，江永县第 42 次政府常务会专题研究"香柚复兴"，把"香柚复兴"作为推动实现乡村振兴的重要举措。通过聘请专家顾问，制定江永香柚生产布局，起草香柚品种改良提质实施方案,开展江永香柚 2021 年度百家柚园评选活动等,江永县正以香柚产业为龙头迈进现代农业强县行列(表 8.2)。

表 8.2 2021 年江永香柚产业生产布局情况表

乡镇名称	种植规模/公顷	产量/万吨	产值/亿元
粗石江镇	2380	10.71	5.68
桃川镇	2240	9.41	5.03
源口瑶族乡	2553	11.11	9.92
兰溪瑶族乡	140	0.53	0.24
夏层铺镇	227	0.78	0.36
千家峒瑶族乡	100	0.35	0.15
潇浦镇	367	1.27	0.64
上江圩镇	13	0.05	0.03
铜山岭	6.7	0.03	0.02
松柏瑶族乡	33.3	—	—
合计	8060	34.24	22.07

(数据来源于《江永年鉴 2021》)

注:表中粗石江镇、桃川镇、源口瑶族乡的产值包括加工产值。

(三)现代农业特征逐渐彰显

中共中央、国务院发布的第一个全面推进乡村振兴的五年计划《乡村振兴战略规划(2018—2022 年)》指出:完善紧密型创新利益联结机制。早在 2015 年 7 月,江永县就承接了全省第一个资产收益扶贫项目和全省第一个产业收益扶贫项目。一是合作社的建设。运用"公司+合作社+农户"的模式,实施乡村产业振兴。目前,江永县已成立农民合作社 55 家。二是成立帮扶车间。按照"促进农民工就地就近就业创业"思想的指导,近年来江永县成立就业帮扶车间 15 个,辐射带动 28 个村 1125 人就业,带动村集体经济增收 56.75 万元。三是大力发展家庭农场。江永县已发展 2403 个家庭农场,平均每个村拥有 20 个以上。种植柑橘、香芋等 7120 公顷。2021 年,江永县从事果蔬种植加工的家庭农场创总产值达 10 亿元以上,农场人均纯收入 10 万元以上,比当地农民人均纯收入高 7.5 万元。四是创新"电商+"。江永县以被列为"国家电子商务进农村综合示范县"为契机,采取"电商企业+村""电商网店+农户"等方式,推进乡村振兴。率先建成全省首家县级电子商务官方平台——五香网,与京东、天猫等签订战略合作协议,建好了江永五香特产、绿色果蔬等网上商城,优先销售原贫困户农产品。

截至 2021 年底，江永县共发展电商服务站点 87 个，分布在 62 个村及社区，占全县行政村（社区）的 69.6%，其中 32 个服务站点开展产品上行，占全部站点的 36.8%，销售本地产品最多的允山何镇文骅站年网销总额超过 700 万元。

二、深入研究，精准施策，大力推进人才振兴

（一）在"选才"上出实招，配齐建强村级组织带头人

人才是乡村振兴的第一资源。江永县坚持将人才振兴作为乡村振兴的主要抓手，在选优配强村干部队伍上出实招。采取"从外出打工能人中回引一批、从大学生村官中选任一批、从现任干部中留任一批、从专业合作社党员负责人中选任一批、从大中专毕业生中选任一批"等"五个一批"方式，打破地域、身份、职业界限，真正做到不拘一格选用人才，打造一支思想政治素质高、带富致富能力强、群众工作能力强的村级组织带头人队伍。2021 年村"两委"换届以来，全县选举产生村党组织书记 112 人，村党组织书记平均年龄 41.2 岁，40 岁以下村党组织书记 42 人，占比 37.5%，大专以上学历村党组织书记占 36.61%，村书记、主任"一肩挑"比例达 100%，村党组织书记队伍持续优化。同时，实施培训提能工程，把村党组织书记培训作为全县党员干部教育培训重点，每年对全县党组织书记集中示范培训，组建村党组织书记微信群、QQ 群工作交流平台，为村党组织书记间的交流搭建高效平台和畅通渠道。

（二）在"育才"上下功夫，不断壮大乡村人才队伍

根据江永县农村地域偏远，交通网络覆盖不足，经济基础薄弱，乡土人才队伍存量少，人才引进困难的现实状况，江永县委、县政府立足长远，以"育"为主，聚焦本土人才资源，为乡村振兴发掘内生动力。依托江永县广播电视大学、江永县职业中专学校，培养一批爱农业、懂技术、善经营的新型职业农民。实施新型职业农民培育工程，支持新型职业农民通过弹性学制参加中高等农业职业教育；创新培训组织形式，推广田间课堂培训，探索网络教室、视频培训，探索建立校社企合作培养模式；引导农民专业合作社、龙头企业等市场主体参与培训；积极开展与湖南农业大学等省内外涉农院校及农业科学研究所合作，联合培养农业科技、科普人才。通过几年的探索实践，江永县在"育才"方面形成了一套独具特色而又行之有效的方式方法。一是制定规划"长远育才"。制定出台《江永县农业产业人才引进培养规划》，采取常规轮训和集中调训相结合的方式，构建"政府主导+多方参与+产业引领+精准培养"的农业产业人才教育培训体系，累计培养基层人才 2950 余人次。二是整合资源"专业育才"。有机整合全县教育培训资源，致力于县直部门选拔 177 名专业技术人员作为特聘教师，深入农

村基层开展农村实用技术培训、产业指导等工作 466 次，累计为 1900 余名基层人才提供专业技术服务，有效提高农产品质量。三是创新模式"实践育才"。创新推行"人才+项目""人才+产业""人才+课题"培养开发模式，用好 4 个人才实践培训基地，定点培训农村实用技术人才、电商人才、职业技能人才 677 名，不断提升现有人才的整体素质和技能水平。

（三）在"引才"上做文章，打造人才集聚"新高地"

栽下梧桐树，引得凤凰来。江永县依托本地主导产业、特色农业产业和文旅产业，聚焦人才引进平台，形成人才引进新特色。一是完善政策"引智"。完善制定《江永县人才引进实施办法》和《江永县人才引进十条政策》，按照直接引进与柔性引进相结合的形式，采取定期发布人才需求信息、举办招聘会、组团走出去等方式，2020 年以来直接引进乡村振兴高层次人才 59 人、乡村振兴人才团队 4 个，柔性引进职业高校专家教授 15 人。二是特设岗位"引才"。推行"特设岗位"工作机制，设立村办企业负责人、农村"一门式"服务代办员、网格员、产业技术服务员等 33 个岗位，采取以长期聘用与临时聘用相结合的方式，把农村"土专家"、"田秀才"、退伍军人、返乡大学生等 1055 人充实到基层人才队伍中。三是紧扣发展"引技"。充分发挥"政府引导、市场驱动"两个机制作用，建立科技特派员"订单式"需求对接机制，引进一个由三区科技人才 12 名、省派科技特派员 6 名、市派科技特派员 6 名、县派科技特派员 59 名组成的科技专家服务团，切实全面激发基层产业发展活力。

（四）在"留才"上强力度，切实优化乡村人才发展环境

人才引进后，留不留得住，关键看服务。江永县注重"引凤来栖"，更注重"引凤长栖"，坚持用心用情为人才服务，积极营造"山清水秀"的人才生态环境。一是事业留才。深入推进"技术+营销"双轮驱动产业发展新模式，打造"江永县品牌运营中心"，构建县、乡、村三级电商产业平台，推动全县 2944 名人才干在一线。截至 2022 年上半年，全县新增新型农村经营主体达 247 个，帮助群众销售各类农产品达 6.8 亿元。二是感情留才。成立县委人才工作领导小组，按照"1+N"模式，县级领导和部门负责人每人联系多名人才，通过定人定事定期走访，全方位了解人才队伍的思想状态、工作状况和生活情况。截至 2022 年 10 月底，累计帮助人才解决各类问题 1920 余个，有效提升人才队伍满意度和幸福感。三是待遇留才。目前，已建成 68 套可直接"拎包入住"的人才公寓，并对购买首套商品房的引进人才，由县财政给予 5 万元至 20 万元不等的住房补贴。落实 1000 万元人才发展专项资金，专项保障人才队伍建设，满足人才在科研、培训、项目等方面的需求。

三、聚焦短板，高标谋划，大力发展文化振兴

（一）乡村文化振兴的政策与制度框架基本形成

江永县委相关职能部门早在 2017 年就围绕上江圩女书文化风情小镇建设、千年古村上甘棠景区修建进行了详细规划，并明确主线方向。2018 年，以江永县委、县政府为牵头单位，编制了《江永县旅游发展总体规划》，并召开了全域旅游规划座谈会与专家评审会，汇聚多方评审意见，对包括产品规划、乡村旅游发展、产业融合发展规划及布局、公共服务设施建设旅游营销策划、相关职能部门工作督导等，作出了一系列部署。后期为了鼓励多主体参与县域文化建设，先后出台印发了《江永县群众文艺团队扶持奖励办法》《江永县旅游产业发展扶持奖励办法》《江永县旅游招商引资奖励办法》等相关文件，积极引导、规范、鼓励民间个人或主体参与文旅建设，使得本县的文化与产业建设有详尽的制度保障。

（二）乡村公共文化服务体系日臻完善

近年来，江永县总共投入约 4000 万元完善县、乡、村三级文化体育基础设施，实现 100% 的县区公园、体育场馆、乡镇综合文化站、村社区建有健身设施，村级均达到 1 个篮球场、2 个乒乓球台、1 套体育器材的标准。乡镇综合文化站设置率 100%，经提质改造后功能完备率 100%，站舍面积均达到 300 平方米以上，室外活动场地完备率 100%。村（社区）综合文化服务中心设置率 100%，面积均不小于 200 平方米，"七个一"建设标准完成合格率为 70% 以上。2019年，江永县投资 1.2 亿元新建"两馆两中心"（图书馆、文化馆、工人文化中心、青少年活动中心），总建筑面积 27870 平方米。引入千源酒店投资新建凤凰广场公共文化大舞台。2020 年统计的人均公共文化设施面积为 3.68 平方米。惠民工程助力公共文化服务场所遍地开花，满足了江永县民众日益增长的文化活动诉求，足不出村（社区），就可以体验到文化场所的功能服务，增加了其幸福感与获得感。

（三）乡村群众文化活动蓬勃发展

一是乡村自发积极组织或举办文体活动，如乡村春晚、农民丰收节、洗泥节、斗牛节、赶鸟节等特色节庆文化活动。二是相关部门推进文化下乡进村入户工程，实现了农家书屋、"村村响"、"户户通"全覆盖，积极开展"送书画进万家"、女书、剪纸、盘王武术等优秀传统文化进校园活动。三是县文化馆每年组织下乡演出 40 场以上，开展流动展览 8 场，图书馆每年下基层服务不少于 40次。四是社会力量参与公共文化服务建设，2017 年鼓励退休教师田万载建设清

溪瑶历史文化博物馆；2018—2019 年引导女书大酒店投资近百万元建设油茶文化街，并打造了一场体验打油茶+品尝特色小吃+观演于一体的"瑶山油茶品鉴会"；2019 年引进千源酒店 1274.36 万元建设凤凰广场公共文化大舞台；2020 年积极引导永华壹号房地产公司参与民族风情街建设。通过常态化、多样化的活动和宣传手段，向广大民众送文化、送政策，丰富广大群众的精神文化生活，不断提升其文化文明素质；通过丰富多彩的精神文化套餐，滋润人心，为助力江永县争创省级和国家级文明城市提供了精神文化支撑。

四、探索实践，强化管理，大力赋能生态振兴

江永县紧紧围绕生态文明建设示范区创建 6 个基本领域、10 项任务、36 项指标要求，以改善环境质量为核心，对标找差、自我提升，统筹推进生态环境保护与经济社会高质量发展。

（一）生态制度体系基本建立

编制了《江永生态文明建设示范县规划（2017—2025 年）》，成立了生态文明建设示范县创建工作领导小组。党委政府对生态文明建设重大目标任务部署有效开展；开展了自然资产负债表编制、自然资产离任审计的探索工作，制定了生态环境损害责任追究制度；建立了县、乡、村三级河长制组织体系，河长制工作全面实施；实施环境信息公开制度，生态环境信息公开率达到 100%。江永县出台《全面推行林长制实施方案》，以"林长制"实现"林长治"，推出"一林一长一警一员"护林机制，联合公安部门，为林业生态保护发展提供坚强执法保障；推出各级林长巡山制度，实行网格化管理，及时发现森林资源保护和发展中的问题，推动相关工作落地见效；严格开展森林禁伐减伐行动，大力推广林业有害生物防治技术，扎实开展森林防火宣传活动。同时，着力建立健全现代林业治理体系，注重"护绿、增绿、管绿、用绿、活绿"，有序推进森林资源保护发展和永续利用。

（二）生态环境质量持续向优

2021 年空气质量优良率 99.5%，较上年同期提高 0.9%，空气质量综合指数 2.33，全省排名第五，全市排名第一。黄沙湾、桐溪尾两个国控断面和大坪坳省控断面，各项指标基本稳定在 II 类水质标准，水质达标率均为 100%，无劣 V 类水体。全面推进造林绿化、森林抚育改造工作，全县森林蓄积量达到 593 万立方米，林草覆盖率达到 71%。全面开展外来物种入侵查防工作，全面落实生物多样性保护工作。全县工业、医疗单位危险废物全部安全处置，危险废物利用处置率达到 100%。建立了突发环境事件应急管理制度，近三年来未发生重大、特大环

境污染和生态破坏事故。

（三）生态空间格局不断优化

积极配合开展"三线一单"（生态保护红线、环境质量底线、资源利用上线和生态环境准入清单）编制工作，为区域开发、资源利用、空间规划、产业布局、项目准入等提供生态环境保护方面的基础支撑。按照国家和省市的统一部署，积极开展生态保护红线划定工作，目前，江永县划定生态保护红线面积为44615.29公顷。严守耕地保护红线，建立健全耕地保护责任机制，落实最严格的耕地保护措施，全县耕地保有量约2.37万公顷，划定基本农田保护2.01万公顷。

（四）生态基础设施逐步完备

以提升城乡生态功能为出发点，大力提升生态基础设施水平。一是生活污水处理设施不断完善。近年来，县级财政投入专项资金1000余万元用于农村生活污水治理，共完成52个行政村生活污水治理，建设日处理量150吨污水处理站1个、集中式人工湿地23个、智能一体化污水处理设施13个、三格式化粪池8494个。二是生活垃圾治理水平不断提升。不断完善"户分类、村收集、镇转运、县处理"城乡一体化处理体系，积极推进城镇生活垃圾领域投融资体制机制和建设管护机制创新，探索建立了规模化、专业化、社会化的运营机制。

（五）生态经济快速发展

通过生态文明建设示范区创建倒逼产业结构转型升级，2021年全县三次产业结构比例为31.03：25.22：43.76，信息技术、光伏光电等科技型、环保型产业不断发展壮大。2021年万元GDP能耗为0.3329吨标煤，同比下降6.3%，单位地区生产总值用水量为159.03立方米每万元，秸秆综合利用率达90.57%，规模化畜禽养殖场粪便综合利用率达94.98%，农膜回收利用率达93.2%，一般工业固体废物综合利用率达86.1%，城镇生活污水集中处理率达39.87%，城镇生活垃圾无害化处理率达到94.6%。

（六）生态文明理念广泛普及

江永县坚持做好生态环保方面的培训工作，组织专题培训，党政领导干部参加生态文明培训的人数比例达到100%，将生态文明建设和环境保护知识全方位立体化地覆盖到每一名党员干部；组织开展了多种绿色创建活动，生态文明理念已深入人心，公众对生态文明建设满意度达到86.5%，对生态文明建设的参与度达到85.7%，生态文明建设迈上新台阶。

五、创新驱动，夯实基础，大力推进组织振兴

乡村治理是国家治理的基石，也是乡村振兴的基础。江永县创新夯实基层社会治理，在乡村社会治理和基层公共服务上精准发力，用心用情解决好群众的操心事、烦心事、揪心事，人民群众的获得感、幸福感、安全感和满意度不断提升，呈现一片多点开花、活力十足的特色治理新景象，获得 2020 年"全国社会治理创新典范县"荣誉。

（一）创新工作体制机制，精准筑牢基层治理之基

近年来，江永县积极发展新时代"枫桥经验"，探索矛盾纠纷多元化化解工作机制，不断创新调解方法，充分发挥传统文化在矛盾纠纷化解中的积极作用，及时、就地解决群众合理诉求。在江永县上江圩镇浦尾村、瑶族聚居地兰溪瑶族乡勾蓝瑶村、千年古村上甘棠村等蕴含丰富的"和美风尚"文化底蕴的村，形成了具有江永特色的"民俗创意"调解法，在村规民约中规定村民之间应和睦相处，以邻为友、以和为贵。村（居）之内的纠纷矛盾，首先由村（居）自行调处，做到矛盾不出村、问题不上交。目前，江永县 112 个村（社区）均配备人民调解员，运用教育、协商、疏导等方法解决群众诉求，对 1392 起矛盾纠纷案件当事人进行普法，涉及调解金额 2040.3 万元，辐射普法 6000 多人。如兰溪瑶族乡勾蓝瑶村村级人民调解办公室设置静心室，摆放了牛角梳，牛角是瑶族团结一致的象征；梳子的寓意是通过梳理头绪、冷静头脑、厘清思路，再大的矛盾都能化解。调解委员会的成员以及"五老"（老干部、老战士、老专家、老教师、老劳模）义务调解员队伍，筑起矛盾化解"第一道防线"，凡被依法处罚或违反村规民约的村民，在本年度不得获评"星级文明户""五好家庭户"等荣誉称号，奖惩与村里旅游公司年终分红相挂钩。对多次引起矛盾纠纷的村民，在其矛盾纠纷排查调处表册上标以卡通形象"牛魔王""铁扇公主"，使其不仅受道德谴责，还受到相应的处罚，从而达到村民自我约束的目的，提高了村民自我约束的自觉性，及时将矛盾纠纷化解在萌芽状态、化解在最基层。2021 年，勾蓝瑶村被评为第二批全国乡村治理示范村，乡村治理经验在全国推广。

江永县充分发挥好党员、两代表一委员（党代表、人大代表、政协委员）、"五老"、新乡贤和志愿者作用，全县各村（居）全面建立"四会"，即乡贤参事议事协会、邻里纠纷调解协会、志愿服务协会、乡风文明理事协会，引导村（居）民进行自我管理、自我教育、自我约束，把矛盾纠纷化解在萌芽状态。"村民自治工作试点村"千年古村夏层铺镇上甘棠村自古以"忠孝廉节"精神传家，治以教化为本。结合古训，上甘棠村选择传承古制：村委会遴选德高望重的

退休老干部、党员、教师等，经村民大会选举出 13 人成立乡贤会，调解邻里矛盾，督导村风建设。

创新基层服务"235"模式，实现村民服务不出村。江永县高标准建成 112 个集便民、文体、农业、医养等于一体的农村综合服务平台，创新"建好两个中心、推行三大机制、做优五大服务"的"235"基层治理模式，实现"一门式""一件事一次办"覆盖镇村，"一件事一次办"办件量、办结率、"帮代办"均排名全市第一，打通了联系服务群众"最后一公里"，村民"足不出村"即可享受优质服务。2020 年，结合"我为群众办实事"实践活动，为基层群众办理各类实事 3 万余件。还重点建设"一村一辅警"工作服务平台，聘用人才协助采集各项警务基础信息，协助开展各类治安工作，与兼职网格员一起处理证件业务。将"互联网+社会治理"向村一级延伸，探索打造共建、共治、共享的社会治理格局。

江永县还推行乡镇干部"三联四问"工作法，即乡镇领导联村、乡镇干部联组、党员干部联户，问民意、问发展、问困难、问成效。如桃川镇形成了"枫桥经验"与平安创建相结合的"12345"社会治理新模式，即完善一份村规民约，织密视频防控和邻里守望网，组建镇村两级法制宣传、风险防控、纠纷调处队，优化"四会"，强化人员联控、信访联席、风险联排、问题联治、平安联创，第一时间把信访问题和矛盾纠纷化解在源头。同时高要求制定考核机制。建立常态化督查调研机制，经常性组织调研和暗访，并将落实乡镇社会治理和基层公共服务工作情况作为检验领导干部的重要内容，纳入县直单位和乡镇绩效考核、领导班子和领导干部年度考核、政治建设考察、基层党建述职评议考核等中，压紧压实责任，切实以责任落实倒逼工作落地。

（二）加强农村基层党组织建设，提高农民获得感、幸福感

基层党建与基层治理的目标是一致的、途径是统一的。江永在推进社会治理重心下移的过程中，不断完善基层党组织建设、优化基层党组织架构，增强其工作效能、扩大其覆盖范围、发挥其传统优势，不断筑牢基层战斗堡垒，更加精准地为群众排忧解难，乡村治理水平持续提升。

狠抓"三大工程"。一是深入实施挂点示范工程，推行"三级书记"［县（市、区）委书记、开发区党工委书记、乡镇（街道）书记和农村基层一线党支部书记］抓振兴，制定县级领导挂点联系党建制度，加大对乡村振兴的考核权重，将其工作实绩作为考核党员干部的重要依据。乡镇换届中，一批优秀干部进入乡镇班子，乡镇党委班子抓乡村振兴整体能力全面提升。通过多种方式，推动全县党员干部在乡村振兴主战场建功立业。二是深入实施固本强基工程。加强村支两委班子建设，采取选派大学生村官、外村交流、县乡直派、社会公开选拔等方式选优配强村支两委班子。村级换届中，一批新型经营主体领头人进入村社"两委"班子，村级组织带头人平均年龄较上届小10岁，致富能手占比超过50％。抓好村"两委"干部培训，做好农村党员发展培育工作。三是深入实施党员先锋工程。通过深入开展"两学一做"（学党章党规、学系列讲话、做合格党员），"不忘初心、牢记使命"主题教育，党史学习教育等活动，充分发挥村"两委"党员干部带头示范作用，引导党员自愿认领治安巡逻岗、卫生保洁岗、志愿服务岗等岗位。如源口瑶族乡作为全县试点乡镇率先完成了村"两委"换届工作，选举产生了70名村"两委"干部；自主打造"支部主题党日"新模式，联合县委组织部、各村社区党组织共同开展了"支部共建、乡村振兴、美化村庄"党员在行动，"认清黑恶势力、主动检举揭发"，汇聚党群力量、共谋源口发展"乡村振兴、党员先行"庆"七一"建党100周年，"人居环境整治、党员在行动"等多个活动，党员群众累计参与5000人次，党员群众干事创业的积极性不断提高。桃川镇邑口村实行网格化管理模式，建立三级网格，村委成员包片区，组长包组，党员包户，负责帮包区域环境卫生整治。同时，实行定期评比，将评比结果与村干部绩效工资报酬挂钩，每月召开评比会，制作特色"户牌"，将家庭卫生状况好坏直接反映出来，将女主人、党员、小组长身份等关键元素亮出来，实现"比起来、干起来、亮出来"。

党群联建筑阵地。探索建立乡村党建联盟，派出县直机关党员干部担任乡村振兴专员，建强乡村振兴驻村工作队，打造出一批"党建文化走廊""党员服务驿站"，建成30余个村级党建示范点。近年来，以"党建长廊"为阵地，举办联欢会、茶话会、座谈会等2000余场次，发动2.4万人次为乡村振兴建言献策，带动10余万人次参与乡村治理，全县形成"乡村振兴、党群共建"新气象。其中勾蓝瑶村注重发挥村"两委"的示范带头作用，村"两委"带领党员组长带头解放思想，转变作风，破解难题，构筑了强有力的核心堡垒；通过党员带头、群众志愿参与模式，高标准推进"美生态""育乡风""强治理"行动，实现村容村貌绿化、美化、净化。

（三）坚决守住防止返贫底线，突出保障社会民生

习近平总书记强调，要坚持以人民为中心的发展思想，在高质量发展中促进共同富裕。让脱贫群众不返贫、守住不发生规模性返贫的底线，是贯彻以人民为中心发展思想的内在要求，也是实现共同富裕的底线要求。江永县以"钉钉子"精神抓实抓细防止返贫动态监测与帮扶工作，切实有效巩固脱贫攻坚成果。

强化责任，健全完善工作机制。江永县制定了《江永县关于实现巩固拓展脱贫攻坚成果同乡村振兴有效衔接实施意见》等方案，确定了18个乡村振兴重点帮扶村、20个乡村振兴示范创建村，所有行政村均派驻了工作队。建立健全巩固拓展脱贫攻坚成果明察暗访、调度推进、定期通报、分类考核等机制，对巩固拓展脱贫攻坚成果和乡村振兴工作开展专项督查。

守牢底线，巩固脱贫攻坚成果。一是全面落实防返贫动态监测机制。重点排查解决农户不知道、不汇报、摸排走过场搞形式、信息不共享、预警难等问题，提高监测的及时性、全面性和精准度。如潇浦镇制定下发《关于防止返贫致贫动态监测和帮扶的实施方案》《潇浦镇防返贫监测与帮扶管理平台使用管理办法（试行）》等文件，成立镇防止返贫致贫动态监测和帮扶工作领导小组，持续完善防止返贫动态监测和帮扶机制，实行"周统计、月通报、季调度、半年小结、年度总结"，常态化、全方位跟踪掌握易返贫致贫人口生产生活情况，做到早发现、早干预、早帮扶，镇、村监测员实现全覆盖。2021年，共处理省防返贫与监测平台上6979条疑似风险点预警，其中包括教育风险——失学辍学3769条、就业风险1162条、收入风险153条、大病风险206、教育风险——无学籍号72条、教育资助未发放85条、慢性病签约服务16条，1516条政策未落实问题。二是巩固"两不愁三保障（不愁吃、不愁穿、义务教育保障、基本医疗保障、住房安全保障）"成果。义务教育方面，深入开展"三帮一"劝返复学行动，全面落实教育资助等政策，确保所有适龄未成年人完成九年义务教育。基本医疗方面，继续落实慢性病家庭医生签约服务，持续巩固提升县、乡、村三级医疗服务水平；加大医疗救助力度，坚决防止因病返贫致贫。住房安全方面，按照"人不住危房、危房不住人"原则，深入开展农村危房改造和农房抗震改造，确保群众住房安全有保障。饮水安全方面，强化农村饮水安全排查，提升保障水平，建立健全长效管护机制；高度重视季节性缺水问题，提前制定预案，及时采取针对性措施，保障好群众的饮水安全。兜底保障方面，做到"应保尽保、应助尽助"，加强农村低收入人口监测，分层分类实施社会救助，继续落实好综合社会保障政策，坚决防止因疫因灾基本生活无保障的极端案例发生。如桃川镇2021年开展了3次"两不愁三保障"回头看大排查，对全镇农户开展全覆盖排查，未发现存在"两不愁三保障"问题；持续推动政策落实，2021年新增贷款农户25户；"雨露计划"已发放到位；慢性病签约692户，新农合新农保都已保障到位；对农村脱贫人口及监测对象住房进行动态监测，每年鉴定一次住房安全，根据摸排情况，目前未发现住房存在安全隐患。

第三节 江永县实施乡村振兴战略的主要问题

在推进乡村振兴战略实施过程中，江永县委、县政府高度重视、高位推动，抓得深、抓得实、抓得细，取得了较好成绩，但问题也不容忽视。

一、特色产业发展现状难以促进乡村振兴

江永县农业产业链虽然具备了一定规模、取得了一些成效，但远远落后于湖南其他地区，这与江永县丰富的农业产业资源是不匹配的，与一个具有深厚农耕文化的农业大县的文化底蕴也是不匹配的。主要问题表现在以下几个方面：

（一）上游农业产业分散，没有形成规范化、规模化种植

江永县按照"一镇一业、一村一品"要求涌现出了一批优质特色产业，打响了品牌名气；但由于乡村特色产业发展规模有限，普遍存在项目散、规模小、实力弱的现象，品质分化严重，参差不齐的农产品品质，阻碍品牌的进一步提质升级和农产品高效益的实现。如江永县委、县政府为推进"香柚复兴"战略的实施采取了许多措施，聘请湖南省柑橘产业体系专家；湖南省园艺研究所副所长、研究员李先信为江永香柚产业专家，与广西特色作物研究院签订桂柚1号脱毒容器苗50000株采购合同，引导柚农落实砍病树、种无病苗木、杀木虱等措施复种、扩种香柚。但由于黄龙病的遗留问题，柚农不敢继续在原来种植的土地上栽培，只能由原来在一马平川的桃川等大面积的种植换到下层铺、源口、冷水铺、松柏等相对肥沃的山区土地不规范小面积的种植；粗石江是江永香柚的发源地，也只能选择在离病源较远的云雾山种植。加之市场因素变化大，种植户获得的收益也面临高风险的现状，为降低风险，以往的大面积种植逐渐被小范围小规模种植取代，形成以小农分散化种植为主的现象。

（二）农产品企业竞争力弱，缺乏龙头企业引领带动

江永县土地肥沃、气候适宜，农产品种类繁多，土壤含硒量丰富，产品质量毋庸置疑，除久负盛名的"江永五香"外，特色蔬菜种类有茎类、瓜类2大类6个品种，水果仅橘类就有10多个品种，资源非常丰富，但缺乏大企业的引领。目前，江永县虽有70多家农产品加工企业，但农业产业规模化企业只有湖南蔬益园食品有限公司、江永县义华花生制品有限责任公司、老石头特色农业发展有限责任公司3家，且没有一家进入全省百强企业行列，更没有产值过亿的企业。究其原因：一是农产品损耗大，产出价值低。如湖南蔬益园食品有限公司生产的

脆莴笋，一斤原材料只能产出 0.18~0.2 斤的产品，产值最多只有 1/5，再加上氧化膜包装袋 0.14 元/个、纯铝包装袋 0.06 元/个的成本，每包售价 1 元的产品的成本大概是 0.6 元，再加上小包装盒（印有相应产品图案的内纸盒）、大包装盒（大纸箱）和人工水电等成本，有的产品给企业带来的收益几乎为负数。二是物流中转多，运输成本高。江永县工业园区距火车站有 18 千米，距高速路口有 15 千米，交通不便无形之中增加了运输成本。更重要的是江永县目前还没有相应的物流专线，导致运输成本高。据调研，江永县每发一件货的费用是 5 元，比湖南其他地区的费用高出 0.5~1 元/件。如果按每月发货 30 万件，仅此一项一个月就多开支 15 万~30 万元。对于一个农业产业加工企业来说，这是一笔相当大的开支，甚至是伤筋动骨的开支。由于没有物流专线，企业的发货时间由普通物流公司掌握决定权，通常情况下都是凑够整车货物，物流才发车，发车的不及时经常导致企业被催货甚至失去客商。原本投资农业产业加工的市场不大、利润不高，江永县委、县政府的扶持力度又相当有限，如物流专线早在 2020 年就启动建设，但由于资金不到位，至今仍无下文，一系列因素导致特色农业产业加工企业即使落户江永县但要想进一步做大做强也是困难重重。这是导致江永县目前农产品加工企业竞争力弱的主要原因。

（三）科技进步与农业产业结构升级"两张皮"

科学技术是第一生产力，但对它的运用却是一把"双刃剑"。农业产业的发展需要科技的支撑，只有在科技的指导之下农业产业的产量才能不断增加、品种才能更新换代。基于科技进步和专家的不断研发，农业产业更新换代的速度远远快于农业产业产出的速度。种植柑橘的人都知道，柑橘的大量产出要 3 年之后，而在市场和科技的双重作用下，农作物一般在 3~5 年就要被迫更换一轮新品种。如砂糖橘由于甜度、外观都胜过一般的蜜橘，因此果农为了赚取更大的利润纷纷砍掉蜜橘种植砂糖橘，3 年左右科技又推出新的品种椪柑、沃柑、茂谷柑等，椪柑、沃柑不论是在价格、外观、个头、产量、销售时间，还是在储藏时间等方面都优于砂糖橘，果农在市场和收益的驱动下无奈只能将刚刚大量挂果的砂糖橘更换成当下产值高的新品种，才能占有市场，才能获取更多的利润。也就是说科技在对农业产业的实践指导中没有考虑到农业产业的时效性，导致农户在频繁更换农作物品种的过程中投入大、收益少，甚至导致部分特色农业产业断链。如砂糖橘的种植基本上被沃柑、茂谷柑等其他优良品种取代。

（四）农村劳动力匮乏，制约着农业产业链向上向好发展

江永县总人口是 27.18 万人，劳动力人口仅占 65%，其中 70% 都外出务工，留在农村从事农业生产的仅占劳动力人口的 25% 左右。大多以留守老人和妇女为主从事农业生产，而且平均年龄在 45 岁以上，他们适应生产力发展和市场竞争的能力明显不足，尤其表现在对农业生产技术运用方面、对新信息掌握方面、对市场行情的把握方面、使农产品品质提高方面、接受新产品方面等等。农村劳动力的匮乏，严重制约着江永县农业产业链的高质量发展。

二、人才队伍建设困局难以支撑乡村振兴

（一）乡村振兴人才体制机制不健全且落实不到位

近年来，江永县委、县政府在中央、省、市乡村人才振兴精神指引下制定了一系列的制度、规划，人才振兴体制机制初具规模，但存在无从落实、流于形式、应付督查、浅尝辄止、虚造数据等现象。比如选派县级机关有发展潜力的年轻干部到乡镇任职、挂职培养锻炼机制没有很好地落实；公费师范生服务基层年限制度没有严格执行，有没满基层服务年限调任县城学校、借调，甚至转岗等现象出现；与职业院校（含技工院校）协调培养农村农业人才、"订单式"专业人才培养工作严重滞后；鼓励人才向艰苦地区和基层一线流动激励制度有待健全；乡村高技能人才职业技能等级制度、人才分级分类评价体系、人才服务保障工作等有待进一步建立健全、落实落地。

（二）乡村振兴人才队伍建设滞后

两项督导评估期间，为了实现教育均衡发展，城镇乡村全面实行小班额，导致乡村教师缺口较大。为缓解燃眉之急，采取降低教师招聘门槛、政府购买等方式招聘大量人员充实教师队伍，导致教师素质参差不齐，全县基础教育师资力量整体削弱。乡村医疗卫生人员职称、学历普遍不高，专业技术水平相对薄弱。文化、旅游工作人员缺乏理论知识和工作经验，对景区的了解专业化水平有待提高。乡村治理人才队伍中，有些村干部缺乏服务意识与竞争意识，工作态度被动消极。农业农村科技人才总量不足、分布不均衡，高层次人才特别是领军人才、农业战略科学家、创新团队比较匮乏，具有较强科技应用转化能力和科研能力的企业技术人才存在较大缺口。

（三）乡村人才成长环境不优

一是江永县位于湘南边陲，地形地貌多样，交通网络覆盖不足，经济基础薄弱，农村地域较为偏远，农村基础条件相对较差，区位劣势较为明显。二是农村基层发展空间仍然有限，基层干部工作繁杂，工资待遇与工作强度不成正比，学习深造机会较少，提升自我的空间有限。三是农村青壮年劳动力大量单向流向城市，农村劳动力短缺，农村籍大学生毕业后留在城市，加剧了农村人才断层和人口老龄化，农村缺乏活力；农村就业环境、生活条件与人才需求存在差距，农村

吸引力不大，导致人才引进来后难留住。四是一些人才优惠政策存在重视实力强劲的大企业、忽视小微企业和返乡创业农民工的现象，无法提供涵盖面广、更为细化的有效帮扶。

三、文化建设局面难以服务乡村振兴

（一）文化服务效能发挥不充分，分布不均衡

一是部分村内留守群体人口多，策划能力弱，导致文化活动层次低，活动形式单一，部分文化设施闲置未起到应有作用。二是大多数农村文化或者设备管理员为兼职人员，村（社区）综合性文化服务中心存在管、用脱节现象。三是不同村落之间文化氛围不一，依旧存在空心文化村，或者文化供给差异，导致小村落的村民对各级组织的文化活动的认同度不高、参与度不够。

（二）文化品牌转化率不高，文旅融合单一

近年来，江永县培育的一些乡村文化活动品牌，活动规模也大、档次也不低，但季节性强或者文艺性强，没有进一步形成有持久影响力的文创品牌。同时，也面临缺少大型的文化与旅游、农业融合的项目，缺少高层次文化企业，导致"文化已经搭台，经济未能唱戏"，没有形成完整的产业链，缺乏独创性的诸多困境，客观上抑制了游客消费倾向，导致综合效益不高，难以长久产生持续的经济效益和社会效益。

（三）基层文化建设及组织经费保障有缺口

一是受经济形势和疫情影响，乡镇（街道）财力普遍较弱，镇（村）级乡村舞台、民间博物馆等公共文化基础设施等的建设积极性受到影响。二是文化活动资金保障不足，受制于地方财力，江永县虽然已经出台《江永县配备村（社区）公共文化管理员实施方案》《关于培育和促进文化消费的意见》和《江永县公益性演出补贴管理暂行办法》，但与靠旅游发展的大多数城市相比标准较低，演出队伍的成本很难保证，也不利于提高专职文管人员的积极性。

四、生态环保建设难以支撑乡村振兴

（一）生态环境保护意识不强

部分乡镇村民仍存在露天焚烧农作物秸秆的现象，包括焚烧水稻、油菜、玉米、烟叶等的秸秆。由于生态环境保护意识不强，村民存在焚烧垃圾、秸秆，使用高毒性农药、地膜的现象，不仅污染环境，而且破坏土地的再生产力。

（二）村民生态价值观念不强

村民对"绿水青山就是金山银山"领悟不深，对生态与生产、生活之间的

紧密关系认识不到位，对尊重自然、顺应自然、保护自然理解不透，有的仍然采用传统、落后的生产、生活方式，破坏生态、污染环境等情况时有发生。

五、基层组织建设难以保障乡村振兴

（一）农村基层党组织面临多方困难

一是村领导班子断层。相当多的中青年农民认为入党"政治上没盼头，经济上没甜头"，致使农村党员队伍后继乏人。二是待遇保障不足。很多村干部工资待遇低下，一年到手的工资只相当于外出打工人员三个月不到的收入，虽国家出台了村干部可以报考公务员的政策，但由于工作年限、年龄和学历限制，真正能报考的人很少。村干部现在面临着中青年人不愿干、老年人干不了的尴尬局面。三是村集体经济薄弱。村集体经济薄弱使得村干部干事创业放不开手脚，这极大地制约着村干部的领导力、行动力和执行力的提升。四是村干部作风不实。部分村干部服务乡村振兴意识不强，与时俱进、开拓创新的思想不牢固，习惯于用老办法、老经验处理问题，缺乏主动性和创造性。

（二）乡村治理标准化和规范化水平不高

自治、法治和德治"三治融合"体制有待健全。在实施乡村振兴战略过程中，主要依靠乡、村两级干部和党员，农民群众的主体地位仍未凸显；标准化和规范化程度明显不够，小至道路两旁的垃圾分类，大到村庄规划、交通布局，由于没有接地气和可操作、可推广的细化标准，往往存在随意性强、科学性不足等问题；江永县城乡基层治理工作是通过最简单的"人管人"来实现的，有时会出现社情民意掌握不准、问题处置反应不快等问题。近年来大数据日渐普及，如何探索出一个以科技为支撑的现代基层城乡治理模式，推动传统城乡治理向城乡治理标准化转型，成为江永县需要思考的一大问题。

第四节　江永县实施乡村振兴战略的对策建议

实施乡村振兴战略是推进中国现代化建设，实现中华民族伟大复兴的千秋大业。前进道路上，虽然有各种困难，面临多种挑战，但必须要树立战胜困难和挑战的信心，采取有力举措，全力推进。

一、持续提升基层党组织组织力、凝聚力和战斗力

（一）夯实筑牢组织振兴一线战斗堡垒，提升乡村振兴凝聚力

一是优化基层党组织设置。在乡镇、村合理设立党组织，实现党组织与农村产业发展同推进、同覆盖；深化农村流动党员分类管理。二是整体优化村（社区）"两委"班子结构。严守政治标准，通过换届选举、县乡下派、跨村任职等方式，大力选拔懂发展、善治理、有干劲、会干事、甘于奉献、勇于创新、能够团结带领群众推进乡村振兴的优秀人员进入班子。三是派强用好驻村第一书记和工作队。为全力推进乡村振兴和基层党组织建设，江永县选派62名优秀干部到各行政村担任第一书记，要求他们每月在村里工作20天以上。整顿村级软弱涣散党组织，培养和发展新党员，培养村后备干部，落实"三会一课"（定期召开支部党员大会、支部委员会、党小组会，按时上好党课）制度，严肃组织生活，落实"四议两公开"（群众代表大会议事、村民小组会议事、工厂企业班组会议事、学生家长会议事，村务公开、工厂企业公开），建好用好村级活动场所，充分发挥村党组织战斗堡垒作用和党员先锋模范作用，打造"永不走的工作队"。

（二）加强农村基层党组织带头人建设，提升乡村振兴战斗力

必须紧扣乡村振兴发展，按照政治素质过硬、党建业务精通、发展思路清晰等要求，以服务乡村振兴为导向，调整党建业务不熟、发展思路不清、管理能力不强的村（社区）"两委"干部，注重从选派的驻村干部、大学生村官、返乡创业能人和致富带头人群体中，把政治素质过硬、能力本领高强、具有无私奉献精神和群众口碑好的选育成村级党组织负责人，选优配强村级班子，打造一支善谋发展、善于致富、善待百姓的乡村振兴"领头羊"队伍。

（三）加强农村党员建设，提升乡村振兴带动力

一是深化实施"四培双带工程"。把乡村致富能人培养成党员、把党员培养成致富能人，把致富带头人培养成村干部、把村干部培养成致富带头人。力争每个党员都有致富项目，每村都有一批党员致富带富能手，每名党员致富能手至少结对帮带10户群众。二是开展组织振兴主题培训。组织农村党员干部深入学习习近平新时代中国特色社会主义思想，学习领会党的二十大精神，深刻认识新时代全面实施组织振兴的重大意义、目标任务、实践要求、方法路径。

（四）强化农村基层党组织建设，提升乡村振兴监督力

一是压实村党组织书记抓乡村振兴工作责任。把抓党建促乡村振兴作为考核考察、监督评价村党组织书记的重要依据，不断强调村党组织书记担负全面推进

乡村振兴的政治责任、有关要求；在村干部考核考察中，对实绩突出的给予奖励，对排名靠后、履职不力的进行约谈；把抓党建促乡村振兴情况作为每年村支两委向上级党委报告实施乡村振兴战略情况的重要内容，作为抓基层党建工作述职评议考核的重要内容，以党建责任落实推动乡村振兴责任落地。二是切实加强工作督促指导。在各级党委领导下，建立健全党委组织部门牵头协调，纪检监察机关、发展和改革委员会、宣传、统战、政法、科技、公安、民政、财政、人社、农业农村及乡村振兴等相关职能部门合力推进机制，定期跟踪进展情况，及时研究解决推进过程中的重大问题。

二、全面构建农业农村现代化的新发展格局

（一）摆脱脱贫攻坚的惯性思维

没有脱贫攻坚，就没有乡村振兴；乡村不振兴，脱贫攻坚成果就不可能巩固。乡村振兴与脱贫攻坚的基础起点不同、问题重点不同、工作对象不同、目标任务不同，必然在工作的政策制度、部署策略、方法步骤、措施手段上也要有差异，乡村振兴工作的整体格局、工作机制需要创新。乡村振兴不是对脱贫攻坚简单的延续，而是崭新的发展布局，需要重新谋划、重新部署，更新工作思路，努力实践创造。因此，江永县要进一步解放思想，发扬创新精神，摆脱脱贫攻坚的惯性思维，紧扣实际与形势新变化，开创乡村振兴新格局。

比如在产业振兴层面，要摆脱之前脱贫攻坚时期的产业扶贫思路，即多集中在农业领域的单一产业、局限于第一产业农业的兴旺，一二三产业要同时兴旺、融合发展，才是真正的产业兴旺；必须构建好更加完善的利益联结机制，最大程度带动当地农民就业致富。在组织振兴层面，乡村的有效治理仅靠政府是远远不够的，应充分发挥市场和社会的力量，给市场和社会更多的自由度和主动权，最重要的是要激发农民群众的内生动力，破除"等靠要"思想。在文化振兴层面，脱贫攻坚主要是解决物质生活的保障问题，但乡村振兴既要抓好物质生活富裕还要抓好精神生活富裕。文化建设是一个长期工程，需要久久为功，不可能像脱贫攻坚时期解决"两不愁三保障"一样用几年时间完成，需要循序渐进。

（二）特色品牌逐步分类向高端化发展

江永以农业立县，以"江永五香"特色农业强县。近年来，香型特色农业产业规模不断壮大，质量和品牌知名度不断提升。江永县要抢抓产业发展机遇，特色品牌逐步分类向高端化发展，真正让"江永五香"产品带富江永县百姓。

农产品具有突出的地域特质，不能无限制地扩大规模，否则会造成供大于求，价格效益大幅度滑坡。为了获得更高经济效益，特色农产品关键是要推进由

数量增长向质量提升的转变，走高端化发展之路；因为物以稀为贵，"又少又贵"是人们对高端农产品最深刻的印象；特色农产品是独特的稀缺资源，只有通过逐步分类找准自己的差异化定位，才能破解同质化竞争困境，提高农产品市场竞争力。

品牌细分由消费市场的分层决定。当前，中国的社会阶层已经出现了高、中、低端的消费分化，如果将农产品分为五个等级，即特级、一级、二级、三级、次品，经过筛选，品质最佳的高端农产品卖出最高的价格，就可以满足特定消费群体的高端消费需求，从而使农产品生产满足市场的需要。虽然不可能马上对江永县全部品牌都进行分类，但是可以逐步推广，如粗石江镇的江永香柚已经迈出了分级销售的第一步，将香柚按照糖分含量、大小、品相分为不同等级，并以不同价格进行销售。其中，优质老树香柚通过精包装打造成高端礼赠产品，平均售价超过普通香柚的 250%。

（三）推进电商与农村社会化服务融合发展

实践表明，农户家庭经营加上完备的社会化服务，更符合我国的国情农情，农业社会化服务已成为实现小农户和现代农业有机衔接的基本途径。江永县的电商产业有良好的基础，要进一步完善农村电子商务公共服务体系，搭建农村电子商务平台，大力支持农民专业合作社、家庭农场、种养大户等经营主体发展应用电子商务，推进电商与农村社会化服务融合发展。

要按照"政府引导、企业主导、市场运作、多方联动"的原则，建成一批商业模式新、创新能力强、发展潜力大的农业电子商务企业，或着力打造以农资供应为核心，集农技服务、物流配送、农产品购销等服务于一体的现代农业综合服务电子商务平台，专注做好产品的商品化、商品的品牌化运营，实现线上线下融合发展，零距离对接服务广大种植大户、专业合作社、家庭农场等"新农人"。积极推动县域物流资源整合，致力于城、乡、村快递一体化运营，制定快递集中分拣、集中配送和配套的引导政策，打通直播电商物流的"最先一公里"。培育电商带头人，创造良好的电商服务环境，倒逼传统农业加快向现代农业转型升级，通过网络平台拓展市场，形成产、供、销紧密衔接的产业链。以政策引导、人才培训、农村电商、集聚发展、融合发展为重点，加快推进电子商务进农村全覆盖。

三、不拘一格降人才，打破乡村人才瓶颈

（一）以体制机制创新为抓手，充分释放乡村人才活力

建立健全乡村人才培养开发机制，整合农业科技院校等资源，建立乡村实用

人才培训示范基地，引导合作社成员、农场主积极参与技能培训。科学设置乡村人才培训计划，创新培训方式，结合学员综合能力和实际需求备课、授课，坚持理论教学与实践教学相结合，增强乡村人才培训质量。构建更加科学的综合评价体系和分类评价体系，综合运用资金、政策和技术支撑等，完善、落实、创新乡村人才激励机制，充分释放乡村人才活力。

（二）以人才队伍建设为核心，强化乡村振兴的智力支撑

一方面，加快培养农业领域战略科学家、科技领军人才、青年科技人才和高水平创新团队，大力培育乡土人才，加快新型职业农民、高素质农民培育进程，建立各级乡村人才智库以及提升乡村人才储备力量。同时，对乡土人才分类进行系统的、完整的专业知识和技能培训，加强本土人才的基础作用。另一方面，加大人才引进力度，科学利用政策、资金等吸引大学生、退役军人返乡创新创业，扩大乡村人才振兴规模，满足乡村振兴对各类人才的需求。深入推行科技特派员制度，积极引进农业技术推广员、农业职业经理人、农村电子商务师等各类复合型人才，改善乡村人才素质结构。加强乡村人才"爱农业、爱农民、爱农村"思想教育，提高乡村人才竞争意识和服务意识，增强乡村人才乡土归属感和荣誉感，发挥各类人才智力支持作用。

（三）以优化服务环境为保障，加快乡村人才振兴

一是加强乡村新型基础设施建设和生态建设，营造良好人居环境，配套相应保障性制度，加快推进城乡公共服务均等化，在乡村人才子女教育、医疗保障、养老保障等方面给予相应政策支持，解决其后顾之忧。二是大力培养农村"当家人"、村级电商"领头人"等，从资金信贷、场地租赁、信息服务、技术指导等方面，支持人才下乡干事创业，切实创优乡村人才发展环境。三是加大对乡村人才振兴工作的财政投入，增加乡村人才发展专项基金，推进"一村多名大学生计划"的实行，扶持能人、学员回乡创业；支持帮助农业科研人才争取科技项目资金，落实科研团队科研经费等；提高基层干部待遇，全面落实乡镇专项津贴，改善基层工作生活条件；落实"基本报酬+绩效报酬"结构报酬制，比照副科级干部落实村主职干部待遇。四是增加乡村创业就业机会，发展特色产业，创造性增加就业岗位，增强乡村对人才的吸引力；落实干部晋职、晋级须有1年以上农村基层工作服务经历的做法，激励人才沉下去、留下来。

四、加强文旅融合，以文化品牌增添乡村建设成色

（一）着力提高基层公共文化服务效率

着力推动推进总分馆体系常态化运作，搭建完备的数字场馆与完备的数字平

台。满足村民（社区居民）观看演出及开展文艺活动等基本文化需求，用场馆设施吸引群众、服务群众，切实提高村（社区）综合性文化服务中心的效能，不断满足群众精神文化需求。充分利用大数据对场地使用率进行分析调度，对使用情况进行不定期督察，建立常态化考评机制，切实加强对基层文化服务场所的管理反馈。进一步摸排文化空心村，做到无死角，建立台账销号，同时明确主体责任人，力求大村辐射带动小村，齐抓共建满足群众的文化需求。

（二）提高文化转化力，多渠道促进文旅产业融合

坚持走旅游融合发展之路，推进农旅、文旅、康旅互动，依托秀美的山水田园和富硒"江永五香"特产，大力培育和扶持农业观光、乡村度假、特色民宿等乡村旅游新业态。一是在此基础上引进国内顶尖景区运营——海南呀诺达圆融旅业股份有限公司，为全县旅游产业的项目营销策划及运营管理等方面出谋划策，确保在县域文旅方面有一套成熟可行的方案。二是由江永云津文化旅游开发有限责任公司投资、湖南地球仓科技有限公司承建的江永县首家地球仓度假酒店——地球仓，目前运行良好，逢年过节基本是一房难求，游客络绎不绝，为当地的民宿产业带来了新的血液的同时，也带动当地的庭院门楼经济，同时促进了本地区农副产品的销售与品牌宣传。三是积极策划举办女书文化旅游节、洗泥节、盘王节、香柚节等节庆活动及对大型女书史诗剧《八角花开》等节目活动周的宣传报道，充分利用拼多多助农活动、抖音本地主播等新媒体资源，通过官方渠道为本地农副产品做好推介，使得农民或者农业生产的主体真正体会到文旅融合带来的经济内生力。

（三）多措并举完善资金保障机制

一是建议江永县委、县政府统筹整合相关单位部门资金，掌握政策积极申报国家、省、市文化旅游项目资金，鼎力支持后期配套设施持续建设。二是鼓励各乡镇（街道）加大对村级综合性文化服务中心的建设和管理的财政保障，同时配备专职文化管理员，适当发放工作补助，以提高工作人员工作积极性和主动性。三是鼓励个人或民间组织自发捐赠，对于捐赠的款项要建立资金管理专用专管。对提供捐助的企业和个人，根据其捐助的额度，适当给予地方税收或创业优惠政策支持，多措并举的同时，进一步扩宽资金来源的渠道，盘活基层文化建设，一定程度上缓解资金压力。

五、坚持底线思维，做好"生态转化"文章

乡村振兴必须处理好经济发展与资源生态的关系。江永县耕地面积约 2.31 万公顷，林地面积约 11.4 万公顷，最不缺的就是"绿"，但"毁绿换钱"曾一

度是江永县农村居民谋生的主要方式。如何践行习近平总书记提出的"两山"理论？关键是要做好"生态转化"这篇文章，也就是要做好"将资源生态优势转化为经济社会发展优势"这篇文章，使"绿水青山"真正转化为"金山银山"。

（一）坚持标本兼治，全力打好"三大攻坚战"

一是打好蓝天保卫战。严格管控工程渣土的处置和运输，推行建筑工地扬尘规范化管理，增加县城建成区道路和街道路面清扫和垃圾收运频次，有效控制城市扬尘污染。对烟花爆竹、露天烧烤、餐饮油烟等问题开展集中排查整治，城区内全面禁止燃放烟花爆竹，多部门联合执法整治露天烧烤。开展散煤小企业整治活动，加快推进挥发性有机物综合治理，有序推进工业涂装、包装印刷、汽修喷涂等重点行业挥发性有机物治理。加强机动车监管与整治，淘汰黄标车。整治散乱污企业，取缔不符合国家产业和环保政策的黏土实心砖企业。在全县范围内全面供应国 V 标准柴油，加强对加油站、储油库、油罐车油气回收设施的检查。二是打好碧水保卫战。全面推行河长制，严格落实《江永县全面推行河长制实施方案》，建立县、乡、村三级河长组织体系，对全县 60 条河流和 83 座水库实现河（库）长制全覆盖。从严控制工业污染排放，加强工业园区污水管网建设，确保园区污水集中到县污水处理厂处理并达标排放，规范处置污水处理厂污泥，完成城区污水处理厂提质改造项目和污水处理厂一期扩建工程项目。加强饮用水水源地保护，组织相关部门对大坪坳、源口水库饮用水源一级保护区和古宅水库饮用水水源二级保护区开展专项检查，完成县级重要饮用水水源地名录中水源地保护区的划定、调整、界碑设置工作。做好农村养殖污染治理工作，加强规模化养殖场（小区）养殖设施标准化改造、污染防治处理设施建设和实行粪便综合利用。三是打好净土保卫战。确保实施测土配方施肥，建立农药包装废弃物、废旧地膜回收点，推进秸秆利用，实施污水治理项目，消灭城乡黑臭水体，加大农村面源污染治理力度，推进乡村整治，等等。

（二）坚持绿色引领，着力发展"三大生态产业"

一是转型发展生态工业。大力实施"创新型江永"战略，引进一批自动化程度高、自主研发能力强、有可持续发展能力的项目。实施园区排洪、电力、道路提质改造等工程。加快建设江永县电子信息产业专业园区，完善电子信息产业链。二是大力发展生态农业。放大特色农业优势，完善特色示范基地建设，继续推进富硒农产品示范基地建设，推进省特色产业示范园发展。推进农业标准化生产，推进标准化示范基地创建。加快"江永五香"公共品牌体系建设，推动更多产品获国家生态原产地保护产品、国家地理标志产品认证。三是着力发展生态旅游业。全域旅游快速升温，以创建国家全域旅游示范县为抓手，全力加快旅游产业化步伐。努力丰富完善旅游产品，做大做强大型女书史诗剧《八角花开》、上甘棠"家学讲堂"、千家峒"做客瑶绣坊"等十个旅游产品。有序推进文旅项目发展，巩固微马赛道、勾蓝瑶寨景区新游客中心、上甘棠景区甘棠大道二期工程、女书园提质改造项目，加快推进知青主题文化旅游、松柏紫荆花、千家峒景区盘王殿等项目。全力打造旅游品牌，坚持打造地方特色旅游产品，倾力培育"情动女书·香约江永"旅游品牌等。

（三）坚持全民共建，全力打造生态宜居江永

一是扎实推进农村环境整治。县域农村人居环境长效管护机制不断完善，全县所有村庄全部实现有完备的设施设备、有成熟的治理技术、有固定的保洁队伍、有完善的管护制度、有稳定的资金保障。同时，积极开展"清脏、治乱、增绿"行动，多举措推进农村人居环境整治，多渠道打通"绿水青山"向"金山银山"转化的路径，构建人与自然和谐共生的乡村发展新格局。二是积极倡导绿色生活方式。大力普及生态文明知识、倡导绿色生活方式、培育生态文明理念，探索生态文明共建共享机制和社会协同机制，构建绿色低碳的生态生活体系。引进城区共享电动车供群众使用，共享电动车成为群众出行的重要选择。将环境卫生整治纳入村规民约，引导和督促群众养成良好环境卫生习惯。三是大力弘扬生态文明理念。全面增强公众的环境保护意识，积极引导公众参与环境保护工作。每年开展"六·五"世界环境日和生态文明系列宣传活动，包括文艺汇演、环保知识竞赛等多种形式；开展知识宣讲和生态展板进街道、社区、企业、学校。围绕生态文明建设，倡导绿色环保理念，提倡低碳生活方式，发挥先进典型示范带动作用，引导各行各业积极参与到生态文明建设当中，共同打造绿色宜居、和谐共生的社会环境。每年利用清明节、春节等时间节点，向广大群众发放倡议书，广泛宣传大气污染防治和禁燃禁放，并在"江永发布""平安江永"等微信平台倡导文明健康祭祀。

第九章
乡村振兴战略在江华瑶族自治县的探索与实践

江华，古称冯乘，至今已有 2100 多年历史，位于南岭北麓，与广东、广西相邻，是粤港澳大湾区辐射带上的最前沿、对接东盟和湘南承接产业转移的桥头堡。洛湛铁路、207 国道贯通南北，355 省道横穿东西；县城通过道贺高速，与厦蓉高速、二广高速、桂广高速等交通大动脉相连。县域总面积 3248 平方千米，下辖 16 个乡镇、1 个国有林场。

第一节　江华瑶族自治县实施乡村振兴
战略的基本情况

江华坚持以习近平总书记关于乡村振兴的重要论述为基本遵循，认真贯彻落实党中央、国务院，省委、省政府和市委、市政府的安排部署，把全面推进乡村振兴作为推动高质量发展的两条主线之一，以"五联系五到户"主题活动为总抓手，强力推进乡村振兴各项重点工作。

一、扎实开展"五联系五到户"主题活动

"五联系"（联系项目、联系企业、联系社区、联系创文责任区、联系村），就是要求广大党员干部聚焦聚力重点任务，全面准确把握新发展理念，深入项目、深入企业、深入小区、深入责任区、深入农村一线，真实了解群众所思所想、所愿所盼，从最突出的问题抓起，着力解决群众各项急难愁盼问题，进一步激发全县党员干部干事创业的热情，努力在苦干实干、争先创优上有新作为。

"五到户"（党员联系到户、民情走访到户、产业联结到户、政策落实到户、

精准服务到户），就是充分发挥党密切联系群众的优势，坚持到群众中去、到实践中去，听民声、察民情、访民意，知道谋什么事、为谁谋事，更好地干对事、干好事，以及聚焦群众反映集中的问题、发展亟待解决的难点，打通服务群众的"最后一步"，最大程度提升人民群众获得感、幸福感、安全感。

通过开展"五联系五到户"主题活动，组织全县党员干部进村联户。以脱贫户和监测对象户等"五类对象"为重点，按照"县级领导包难点、公职人员包重点、普通党员联一般"原则，县乡机关干部每人联系不少于 5 户，农村党员和村干部联系不少于 2 户，为每户监测对象户安排一名领导干部（国家公职人员）帮扶，并保持与 2.8 万余户脱贫户的联系监测，有效化解致贫返贫风险。在活动中，包联党员干部按照"五个一"（每个月入户走访一次、每个季度与联系户在外务工人员通一次电话、帮助干好一件实事、到联系户家中打扫一次卫生、与联系户共同劳动一天）、"五必访"（红白喜事必访、升学考试必访、生病住院必访、意外灾害必访、传统节日必访）、"五必讲"（讲党的恩情、讲惠民政策、讲致富门路、讲法律知识、讲村级事务）的要求开展走访、帮扶，做到亲情走访、精细走访、实效走访，做好"民情日记"，建立"民意办理台账"，对广大群众特别是监测户反映强烈的困难和问题，实行销号管理，定期通报落实情况，确保事事有人抓、件件有着落。

活动开展以来，党员干部服务意识进一步增强，党群干群关系进一步密切，人民群众满意度进一步提升，全县上下干事创业氛围进一步浓厚，为全面巩固拓展脱贫攻坚成果同乡村振兴有效衔接注入强劲动力、增强活力、凝聚合力。据统计，全县各级党员干部为群众解决"急难愁盼"问题 9673 个，帮助群众发展小养殖、小菜园、小果园、小买卖、小作坊"五小产业"230 余家，帮助 2120 余名闲置劳动力就业增收，化解矛盾纠纷 531 起。

二、严格落实"四个不摘"要求

（一）健全组织领导

成立由县委书记任组长、县长任第一副组长的县委实施乡村振兴战略领导小组，设立 8 套专抓班子，明确牵头领导、专抓部门和工作职责。以"五联系五到户"主题活动为抓手，构建"领导带动、乡村主动、部门联动"工作格局。每个乡镇、村明确一名县级领导挂点专抓，挂点领导每年住村调研、蹲点调研时间不少于 2 天 2 晚，并形成县、乡、村三级书记集中精力抓乡村振兴工作的责任机制，引导全县各级各部门、各级干部自觉扛牢抓实乡村振兴政治责任。

（二）建立政策体系

县第十三次党代会审议通过了《关于全面实施乡村振兴战略的决议》，明确将乡村振兴工作作为全县"两条主线"之一全力推进，出台《防止返贫致贫动态监测和帮扶实施方案》《农村人居环境整治五年提升行动实施办法》《万企兴万村工作方案》《乡村振兴考评工作机制实施办法》等文件，初步构建乡村振兴"1+X"政策体系。

（三）加强驻村帮扶

按照"应派尽派"的选派原则，选派政治素质好、实干本领强、工作作风实、具备履职条件的干部参与驻村工作，全县共派驻乡村振兴驻村工作队151支，工作队员466人。63个脱贫村、32个重点帮扶村、6个500人以上的易地扶贫搬迁安置村（社区）、20个卫星村、29个示范创建村及1个红色美丽村已实行驻村帮扶全覆盖，保持驻村帮扶力量总体稳定。

（四）强化督查调度

建立"半月一小结、一月一调度、一季一通报、年终结总账"督查工作机制。对全县各级各部门巩固拓展脱贫攻坚成果等重点工作，采取领导小组办公室"日常督查"、"两办"督查室牵头"定期督查"、纪委监委"专项巡察"等方式，多层次开展督导巡察，确保县委、县政府各项决策部署落实落地。

（五）统一思想共识

将习近平总书记关于巩固拓展脱贫攻坚成果和实施乡村振兴战略重要论述、《中华人民共和国乡村振兴促进法》等作为县委理论中心学习组和乡镇、县直单位党组重要学习内容。率先举办乡村振兴专题培训班，实现所有县级领导，各乡镇各部门主要负责同志、分管同志，驻村工作队长培训全覆盖。组织全县各级干部围绕乡村振兴"干什么、怎么干、怎样干好"开展大讨论、大调研，形成调研报告140余篇。进一步理清了工作思路，全面提升各级干部开展乡村振兴工作的能力和水平。

三、坚决守住底线、补齐短板

抓实防止返贫监测和帮扶。制定防止返贫监测和帮扶"1+13"工作方案，建强县、乡、村三级监测队伍，安排监测员334名。建立"三四五六"防返贫监测和帮扶工作机制，即紧盯"三类"重点人群，高度重视脱贫不稳定户、边缘易致贫户、突发严重困难户的脱贫成效巩固；落实"四个"环节监测，综合运用群众自主反映、村组干部监测、乡镇干部排查、平台数据比对等手段做到全覆盖监测；关注"五类"特殊对象，突出对重病户、残疾户、受灾户、五保户、低保户等特殊对象的监测管理；采取"六项"帮扶措施，通过支持产业发展、介绍务工就业、安排公益岗位、政策保障兜底、医疗救助补贴、社会捐助帮扶等综合措施实现全方位帮扶。去年以来，全县严格按照监测对象识别程序确定脱贫不稳定户、边缘易致贫户、突发严重困难户等监测对象1010户2021人；按程序风险消除的监测对象13户34人，确保"应纳尽纳"，按照"缺什么，就补什么"的要求，对每一户监测户采取了针对性的帮扶措施。所有监测对象均由国家公职人员"一帮一"或"多帮一"重点帮扶，所有脱贫户都落实了结对联系人，所有农户均落实防返贫责任险，进一步织牢防返贫防护网。

第二节　江华瑶族自治县实施乡村振兴战略的主要成效

近年来，江华把巩固拓展脱贫攻坚成果和实施乡村振兴战略作为重大政治任务，不等不靠，自我加压，苦干、实干、加油干，取得了明显成效。

一、"两不愁三保障"成果得到巩固

（一）产业和就业帮扶取得新成效

按照"规模企业进园区、帮扶车间到乡村"的思路，县高新区共引进规模企业121家，乡镇、村通过利用闲置资产，兴办帮扶车间486个，其中省级示范性帮扶车间18个，共吸纳1.3万农村人口就近就地就业，其中脱贫人口0.4万，占比30.8%，人均年收入2万元以上，帮扶车间、省级示范性帮扶车间、吸纳脱贫人口就业数均居全省第一。大力推进农业产业化进程，共流转土地2万多公顷，建立现代农业产业基地183个，发展优质稻6666.7公顷、茶叶4400公顷、水果10800公顷、蔬菜11400公顷、油茶24866.7公顷、烤烟3333.3公顷，食用菌年产6500万袋，生猪年出栏58万头。培育省级龙头企业6家、市级龙头企业17家。发展家庭农场266个、专业合作社212个，发展农产品加工企业410余家。帮助群众发展小养殖、小菜园、小果园、小买卖、小作坊"五小产业"230余家，带动2120余名闲置劳动力就业增收。

通过大力发展产业带动全县各村集体经济增收2330万元，全面消除集体经济"空白村"，集体经济收入5万元以上的村达303个，占比95%，集体经济收入最多的村达80万余元。

精准落实各项就业帮扶措施，强化稳岗拓岗，多渠道引导和支持脱贫人口务工就业，全县脱贫人口外出务工就业 5.64 万人，较 2020 年底新增 0.34 万人，有劳动能力且有就业意愿的脱贫劳动力 100% 实现就业。向脱贫人口发放小额信贷 5500 万元。开展农村致富带头人培训 273 人次。

（二）"三保障"成果及饮水安全持续巩固

教育保障方面，脱贫家庭义务教育阶段学生零辍学，"两免一补""雨露计划"等教育资助精准落实，对困难学生实现应助尽助。医疗保障方面，严格落实省、市过渡期医保政策，脱贫人口和监测对象参保率 100%。脱贫人口住院报销比例在 85% 以上、慢性病家庭医生签约服务率 100%。住房保障方面，开展农村房屋安全隐患排查整治，对存在安全隐患的及时组织整改。2022 年共新建和改造农村危房 73 户。饮水安全方面，建立健全农村供水工程运行管理办法，开展农村饮水安全排查，整合资金 2720 万元实施农村安全饮水巩固提质项目一批，农村供水抗灾能力进一步提升。

（三）推进农村低收入人口帮扶

创新出台《低收入家庭救助帮扶试点工作方案》《低收入家庭认定办法（试行）》。农村低保标准提高至 4500 元/年，残疾人"两项补贴"提高至 70 元/（人·月）。对农村低收入家庭定期进行核查和动态调整，全年新增纳入低保 926 人、特困 76 人、临时救助 1046 人。强化留守儿童委托照护，全县所有留守儿童均签订《留守儿童委托照护责任确认书》，明确照护责任人。探索推行"1+N"留守儿童集中照看模式，在 7 个村建成"示范儿童之家"。

（四）强化易地扶贫搬迁后续帮扶

所有搬迁户逐户建立帮扶台账，落实后续帮扶措施。把就业和产业帮扶作为帮扶重点，12 个集中安置区共引进帮扶车间 82 个，提供就业岗位 2000 余个，安置 658 名搬迁对象就近就业。2406 本安置房不动产权证书全部发放到户。集中安置区基础设施和公共服务不断完善，党建、文化、社区治理等社区管理体系逐步健全。

（五）加强扶贫项目资产管理

创新推行"三类管理、五权五化、一套机制"的"351"扶贫项目资产管理模式，构建了"产权清晰、权责明确、经营高效、分配合理、监督到位"的扶贫项目资产管理体系。细化扶贫项目资产清单，进一步明确资产分类，理清尚未确权的扶贫资产，积极开展扶贫项目资产管理使用"回头看"，确保每个扶贫项目资产"三权"权属明晰、数据资料真实准确。目前全县共登记确权扶贫项目资产 26340 个，资产净值 21.91 亿元。

二、全面推进乡村振兴取得重要进展

（一）积极开展示范创建

按照"规划设计不搞一个样、旧村改造不搞一刀切、产业发展不搞一窝蜂、资金支持不搞一样多"的原则，围绕 207 国道、355 省道、沱潆大道三条乡村振兴示范带，把全县 312 个行政村划分为乡村振兴卫星村、示范创建村、重点帮扶村、面上推进村四类，做到各级各部门驻村联点全覆盖，按照聚集提升、城郊融合、特色保护、搬迁撤并的思路，分年度、分阶段有序推进。去年以来，召开乡村振兴流动现场会 2 次，在全县营造了比学赶超、争先创优、竞相发展的浓厚氛围。

（二）大力加强农村人居环境整治

坚持尊重群众意愿、尊重民俗民风、尊重新发展理念、尊重农村工作实际，建立"一拆二改三归四化五到位"工作机制，以屋场院或自然村为单元，每个村拨付专项整治经费，保障人居环境整治工作扎实有效推进。以乡村振兴卫星村、示范创建村为重点，打造了沱江镇山寨村、白芒营镇拨干村等一批人居环境整治示范村。去年以来，拆除应拆除的空心房、乱搭乱建房等 2000 余间；改造卫生厕所 1480 户，卫生厕所普及率达 93.8%；改造农村巷道 950 公里、200.5 万平方米。基本做到畜禽养殖归圈、柴火杂物归堆、菜园菜地归片，各村面貌井然有序；逐步实现群众参与主动化、卫生保洁常态化、垃圾清运有偿化、卫生评比制度化；落实了组织领导到位、宣传引导到位、资金支持到位、村庄规划到位、奖励处罚到位。

（三）持续深化乡风文明建设

坚持以争创全国文明城市为统揽，推进城乡文明创建一体化，在全县 16 个乡镇全面铺开文明村镇创建活动，14 个乡镇成功创建县级及以上文明乡镇，其中全国文明乡镇 2 个、省级文明村镇 1 个、市级文明乡镇 6 个，196 个村创建为县级及以上文明村。持续开展星级文明户评选，一年来，共评选各星级文明户 3791 户，其中乡镇"十星级文明户" 320 户，县级"十星级文明示范户" 20 户。

（四）全面推行乡村治理新机制

为着力破解乡村振兴工作中出现的"干部在干，群众在看"，"政府要我干"，"等靠要"等严重影响乡村振兴工作推进的问题，全县全面推行"乡村振兴民主议事月例会"制度。开展"六议"（一议巩固脱贫攻坚成果事宜；二议村级"三资"管理事宜；三议乡村产业发展事宜；四议农村人居环境整治事宜；五议乡风文明建设事宜；六议村级基础设施和公共服务建设事宜），围绕"四好农村路"（建好、管好、护好、运营好），进一步提高乡村治理水平，唤醒群众主体意识，有效推动乡村振兴各项工作。通过全面推行"乡村振兴民主议事月例会"制度，2022 年全县 319 个行政村共议事 1092 项，完成事项 1045 项，为群众办实事 93 件，化解矛盾纠纷 213 起，排查整治安全隐患 60 余起，推进项目建设 98 个。

第三节　江华瑶族自治县实施乡村振兴战略的主要问题

近年来，江华在实施乡村振兴战略过程中取得的成效是明显的，但同时也面临着诸多困难与挑战，具体体现在以下八个方面。

一、扶贫项目资产管理方面

一是县级层面还没有设立统一的扶贫资产经营管理平台，还是由各行业部门根据分工管线进行管理运营，缺乏企业化、专业化统一管理运营，影响了扶贫资产效益发挥；二是负责扶贫资产日常管护的人员大多为村干部，文化水平和能力素质良莠不齐，管护水平较低，存在"重建设轻管护"现象；三是由于扶贫资产点多面广，加上清理登记中的一些人为主观因素影响，难免存在"错登""重登""漏登"等问题。

二、衔接资金及整合资金使用、项目库建设方面

一是资金到县规模较小。受疫情与整体经济环境的影响，近年来，上级下达江华涉农整合资金呈逐年减少的趋势；二是方案编制进展慢。受资金到位率低，县直行业部门、乡镇人事变更等情况影响，江华年度涉农整合资金方案编报工作相对往年进展偏慢，需要进一步协调相关部门，加快方案编制，确保及时完成报备。

三、推进改厕工作方面

一是农村改厕补贴标准偏低。按照目前物价水平，建好一个三格式化粪池一

般需要投入 1800 元以上，即使中央和省级财政安排 500 元、县级财政配套 500 元（合计 1000 元），农户改厕还需自己投入 800 元，有些农户不愿意改。二是农村改厕粪污资源化利用和后续管护机制不健全。厕所粪污资源化利用率不高，后续管护维修难到位，成为制约江华农村改厕长效运行的瓶颈。

四、农村生活污水治理方面

一是村庄无统一规划，群众自建的处理设施大小标准不一致，农村改厕在设计时没有配套深度的生活污水处理设施，厨房污水和洗衣废水全部未进三格式化粪池进行处理，而是随雨水沟外排，未做到应纳尽纳。二是江华属全国老少边穷地区，居住分散，且大部分集中在山区，开展农村生活污水集中治理需要大量资金，一些集体经济薄弱的村庄没办法进行。三是农村生活污水治理缺乏科学设计，集中治理规划尚未编制。

五、农村生活垃圾治理方面

一是规划建设滞后，环卫设施建设投入不足。目前的村庄规划建设中没有综合考虑排水、排污、绿化、杂物堆放、家畜饲养等农村实际问题，不具备污水处理设施，产生的农村垃圾无法处理，只能在垃圾池焚烧或就地填埋。二是资金短缺，环卫治理成果难以巩固。由于县、乡财政较为窘迫、村级集体经济薄弱，县、乡、村三级难以安排较多资金用于垃圾治理，特别是转运经费严重不足，有转运设施的乡镇也没有全部转运，农村垃圾转运经费缺口大。

六、农村水、路、通信等基础设施方面

饮水方面，单村供水工程占比较大，在干旱期间难以保障供水，加上管理水平、工程使用年限等因素，管网渗漏严重，供水保障率难以提高。交通方面，一是大部分农村公路在山区，养护经费短缺，村级难以承担养护工作；二是部分建制村合并后，还有一些自然村之间连接路尚未修通，给群众出行带来不便；三是农村公交推行安全保障难度大，运营成本高。水利设施方面，农田水利设施还有许多短板，难以满足农业产业现代化发展需要。通信方面，许多山区仍有较多盲区，4G 普及率不高。

七、村庄规划编制方面

"多规合一"村庄规划尚在试点，如何将村庄规划与道路、给排水、污水处理、产业、公共服务设施、宅基地、风貌等方面规划整合，实现"多规合一"

存在困难。一个"多规合一"的村庄规划编制费用 10 万~15 万元，全县 291 个村，共需约 4000 万元，花费巨大，县级财政难以支撑。

八、关于乡村振兴人才队伍建设方面

县乡村振兴局目前实有在职人数仅 22 人，针对当前工作量已明显不足，难以适应乡村振兴工作的需要。2019 年机构改革时的定编人数仅为行政编 5 人、事业编 9 人，因此，人少事多的矛盾越来越突出。

第四节 江华瑶族自治县实施乡村振兴 战略的对策建议

针对当前江华在实施乡村振兴战略过程中面临的困难与挑战，需综合施策加以破解。

一、防范脱贫后的返贫风险

把防止返贫摆在重要位置。完善返贫动态监测体系，提高对返贫风险的精准预见性。继续做好产业发展和就业增收文章，千方百计开辟就业门路，拓展增收渠道，提高收入水平。

二、筹集乡村振兴特别是乡村建设资金

首先，国家财政支出的优先保障领域是农业和农村，继续加大对"三农"工作的倾斜力度。建议在 5 年过渡期内，各级资金投入农业和农村保持力度不减，并进一步给予民族地区、边远地区和革命老区倾斜支持，县级财政要用好各项上级资金和政策支持，加大本级预算投入，确保投入力度不减。其次，用好地方专项债券等资金。落实土地出让收入支持乡村振兴政策，为全面推进乡村振兴扩充筹资渠道。再次，用好各项金融政策。财政继续贴息农村"小额信贷"，严把贷款对象关、贷款金额关、资金用途关，确保"应贷尽贷"，增强农民群众自我发展的内生动力。最后，引导各类资金积极参与。一方面鼓励农民对直接受益的乡村基础设施建设出资出力；另一方面吸引各类社会资本投入，调动龙头企业、合作社、农民群众等各方参与的积极性，大力推进产业发展，共同建设美好家园。

三、促进农村人口稳定就业

农民生活要富裕，就业是重要途径。县和乡镇就业服务中心要加大工作力度，在县内外为农村有意向外出务工人员提供足够的就业岗位，并提供便利的出行服务；大力发展就业扶贫车间，鼓励各类市场主体为农村人口提供更多的就业机会；鼓励支持农民工返乡创业，推动创业带动就业，增加收入。

四、推进改厕和生活污水、垃圾治理

农村要真正实现生态宜居，改厕工作要作为一件大事来抓。首先，多方筹集资金加大改厕投入。提高省、市补助标准，按照"先建后补、以奖代补"的要求，对每户卫生厕所改（新）建以 1500 元的标准进行奖补。其次，加强厕所粪污资源化利用。多方筹集资金，鼓励通过集中收集利用、分散施肥、接入生活污水处理管网等多种方式，加强厕所粪污资源化利用。最后，建立健全改厕后续管护机制。建立农村改厕后续管护队伍，设立监管电话，强化改厕后续管护，确保"改得了、用得起、有人管"。农村生活污水治理，按照《永州市农村污水处理技术指南》进行规划和施工设计，能集中则集中，宜分散则分散，因村制宜地科学选择经济实用、维护简便的模式来解决一些农村污水随意排放的问题。农村生活垃圾治理，要加大资金投入，主要用于垃圾集中清运、无害化处理、垃圾分类等基础设施建设，解决一些农村环境"脏乱差"的问题。

五、加强基础设施及民生建设

首先，基础设施建设要规划先行，突出交通、水利、饮水、生态、通信等方面，建好项目库，加大投入，加强扶持，补齐短板。

其次，民生方面要做好教育、医疗、住房、就业和产业等方面惠民政策的有效衔接。如：进一步提高农村居民基本养老金。让老人老有所养、老有所依、稳定脱贫，减轻子女养老压力和负担，提高群众对巩固脱贫攻坚成果的认可度。进一步提高生态公益林补偿标准。江华是一个农林参半县，岭东为林区，是重点生态功能保护区。由于封山育林禁伐木材，生态公益林政策补助标准偏低，收入很少。希望享受国家的有关政策扶持或者通过其他途径给予补偿，确保林农长远生计有保障、有发展。

六、科学编制村庄规划

首先，顶层设计，突出规划引领。应紧紧抓住编制国土空间规划的契机，搞好顶层设计，按照控制总量、合理布局、节约用地、保护耕地的原则编制乡村建设规划。其次，"多规合一"村庄规划分批推进。按照"量体裁衣、稳妥推进"的原则，分批推进"多规合一"村庄规划编制工作。最后，加强宣传引导。利用媒体宣传、政策宣讲等形式，多渠道多维度地宣传规划和法律法规，提高村庄规划的知晓度，强化村庄规划的普及和实用意义。

七、加强乡村振兴人才队伍建设

进一步充实县乡村振兴部门工作力量，确保与乡村振兴工作相适应，缓解人少事多的矛盾。

第十章

乡村振兴战略在宁远县的探索与实践

　　党的十九大提出实施乡村振兴战略，是以习近平同志为核心的党中央着眼党和国家事业全局，深刻把握现代化建设规律和城乡关系变化特征，顺应亿万农民对美好生活的向往，对"三农"工作作出的重大决策部署，充分反映了人民的期盼、时代的呼唤、发展的必然。实施乡村振兴战略，是解决新时代我国社会主要矛盾、实现中华民族伟大复兴中国梦的必然要求，具有重大现实意义和深远历史意义。

　　宁远县总面积 2510 平方千米，总人口 93.8 万，区划面积、人口数量均排全省第 29 位，辖 16 个乡镇（4 个瑶族乡）、4 个街道办事处、2 个副处级单位、4 个国有林场。2021 年以来，宁远县大力弘扬伟大脱贫攻坚精神，坚持把解决好"三农"问题作为县委工作的重中之重，全面推进乡村振兴战略在宁远的实施，加快农业农村现代化，农村人均可支配收入预计增长 9.5%，农村人口返贫致贫风险保持动态清零，向巩固拓展脱贫攻坚成果同乡村振兴有效衔接迈出坚实步伐。

第一节　宁远县实施乡村振兴战略的基本情况

　　实施乡村振兴战略，要推动乡村产业振兴、人才振兴、文化振兴、生态振兴、组织振兴。习近平总书记从战略和全局的高度提出乡村振兴要统筹谋划、科学推进。近年来，宁远县坚持把人民群众对美好生活的向往作为奋斗目标，按照产业兴旺、生态宜居、乡风文明、治理有效、生活富裕的乡村振兴"二十字"总要求，全面推进乡村产业振兴、乡村人才振兴、乡村文化振兴、乡村生态振兴、乡村组织振兴五个振兴，加快农业农村现代化，促进农业高质高效、农村宜居宜业、农民富裕富足。

一、产业振兴

一是扛实扛稳粮食安全重任。耕地是粮食生产的命根子，宁远县坚持最严格的耕地保护制度，深入实施藏粮于地、藏粮于技战略。2021 年，宁远粮食种植面积 5.05 万公顷，总产量 32.98 万吨，全面完成高标准农田建设 3873.33 公顷，完成受污染耕地安全利用任务 1833.33 公顷，多方面超额完成了年度计划任务。二是发展壮大特色优势产业。以本地特色资源为基础，政府设立了优势特色千亿元产业发展专项资金，用于开发优势特色资源，推动宁远县优势特色产业做大做强。比如：充分利用九嶷山兔国家级优势资源，将其作为宁远县主导产业打造，推动九嶷山兔标准化、规模化、专业化全产业链生产，打造宁远县特色农业品牌。三是持续强化产业支撑体系。通过政府积极作为、精准发力，宁远县近年来持续加快推进西部工业园生猪屠宰冷链配送中心，县、乡、村三级农产品冷链物流体系，供销惠农产业园，再生资源产业园建设，还在全市率先建成了运营畜禽粪污收集处理中心和消纳基地，覆盖了全县所有规模的养殖场。

二、人才振兴

一是加大力度"招"，扩大基层人才总量。近年来，宁远县根据人才需求和编制实际，在公务员招考、事业单位工作人员招聘中，引导专业性强的人才流向基层、服务乡村，有效扩充了乡镇专业技术人员队伍，扩大了乡镇人才储备量。目前，全县共有 1328 名公务员、事业单位工作人员充实到乡镇基层岗位，大大提升了乡村人才储备量。二是拓宽渠道"引"，优化基层人才结构。聚焦乡村振兴战略，针对人才结构性短缺现状，宁远县通过高层次人才引进的方式优化基层人才结构，让各类人才在宁远县的广阔乡村大施所能、大展才华、大显身手。2021 年，宁远县分两批精准引进城乡规划、农林畜牧、农经管理、医疗卫健乡村振兴实用人才 33 人，全部安排至乡镇，基层人才结构优化工作取得了较好成果。三是稳推定向"培"，蓄积基层人才后劲。近年来，宁远县通过定向委培，培养了专业人才 1501 人，培养范围覆盖教育、医疗、农技、水利等各个方面。同时，通过开展职业技能、实用生产技术、"雨露计划"、农村基层干部乡村振兴主题培训和农村转移就业劳动者培训等活动，进一步提高了基层人才质量，为乡村振兴积蓄了人才力量。

三、文化振兴

一是突出文化育人。全县通过大力实施德政机关、德政村（居）、德政实事、德政课题、德政干部"五个一"工程，扎实推进"七进七创"实践活动，推进"四德"教育，有效提升了乡风文明，创建文明村 321 个、文明乡镇 13 个，"一约四会一队""十星级文明户"评选表彰实现了全县覆盖。二是坚持文化惠民。为了让群众"记住乡愁"，宁远县深入挖掘乡村特色文化符号，大力保护古迹、古街、古村落、古建筑，规划建设历史文化风貌区、街区和步道，全县共有 10 个村入选中国传统村落名录，一镇三村上榜全省历史文化名镇名村，两镇一村被评为全省文化旅游名村、文化艺术之乡。同时，多次开展送图书、送戏、送电影"三下乡"活动，2021 年共送图书 6.4 万册，送戏送电影 5732 场次，极大丰富了群众的精神文化生活。三是搭建文化平台。除加快"三馆一中心"（文化馆、图书馆、非物质文化遗产馆、市民活动中心）建设外，截至 2021 年底，宁远县共建设乡镇（街道）综合文化站 20 个、村级文化活动中心 687 个、体育场地 2695 个，人均公共文体设施面积达到 5.1 平方米，村级综合性文化服务中心覆盖率和利用率均达到了 100%。

四、生态振兴

一是抓规划。推动农村人居环境整治，加强村庄规划，规范农村建房，推进"一户一宅""建新拆旧"，整治"一户多宅"、乱占耕地建房现象。截至 2021 年底，宁远县已完成"多规合一"实用性村庄规划 111 个，拆除四类废弃房（违建房、危旧房、"空心房"、偏杂房）1.8 万座共 140 万平方米。二是抓保护。通过深入开展国土绿化行动，扎实推进林长制，全县森林覆盖率约 60%，创建全国生态文化村、森林乡村 6 个，省级美丽乡村示范村、生态示范村 37 个，市级生态示范村 61 个。在水域保护方面，宁远县扎实推进河长制，成立护河护水志愿者队伍 12 支，聘请保绿保洁员 2483 人、河道巡逻员 200 人；此外，还通过聘请"民间河长"、社会监督员等方式，让老百姓在共建、共治、共护中共享"清水绿岸、鱼翔浅底"。三是抓建设。通过完善乡村水、电、路、气、通信、广播电视、物流等基础设施，改善农村人居环境。2021 年，宁远县共完成 3 座小Ⅱ型水库除险加固工作，巩固提升 20 个单村供水工程；投入 1.63 亿元，加快推进 47 千米农村道路提质改造、207 千米安防设施建设，全县 40% 的行政村通公交车；完成 102 个行政村配套电网建设，农村无线 4G 信号实现全覆盖。

五、组织振兴

一是建强堡垒。农村强不强，要看"领头羊"；群众富不富，全靠党支部。2021 年，宁远县完成了乡、村两级换届，乡镇党委换届选拔"五方面人员"（乡镇事业编制人员、优秀村党支部书记、到村任职过的选调生、第一书记、驻村工作队员）12 名，村"两委"换届选举产生班子成员 2289 名，其中，返乡优秀人员新选进村（社区）"两委"班子 782 人，2 个软弱涣散村党组织成功得到了整顿。二是培育主体。近年来，宁远县加大各类新型经营主体的培育力度。目前，全县专业大户（家庭农场）数达到 5950 个、专业合作社 1280 个，活跃在九嶷福地上的 7000 多个新型经营主体激发了宁远县乡村的发展活力，成为宁远县乡村振兴的主力军。三是注重自治。宁远县全面落实基层群众性自治组织"三个清单"（基层群众性自治组织依法自治事项清单、基层群众性自治组织依法协助政府事项清单、基层群众性自治组织减负工作事项清单），建立全覆盖应急救援队伍体系，突出做好农民维权减负工作，扎实推进乡村治理模式推广与示范创建，率先实施农村综合服务平台建设，在全县 442 个村实现了全覆盖，办公服务条件全省领先。

第二节　宁远县实施乡村振兴战略的主要成效

宁远县坚持因地制宜、精准施策，发挥自身优势，在实施乡村振兴战略过程中先行先试、创新创造，展现出颇具宁远地方特色的乡村振兴工作成绩。

一、探索"三个聚焦"模式，党建引领乡村未来

近年来，宁远县大力推进党建促脱贫、促乡村振兴，党建引领经济发展。"两新"组织（新经济组织、新社会组织）党建工作、农村综合服务平台建设、党员管理等方面的工作经验，被作为全市先进典型，在《人民日报》《湖南日报》等报刊发表。

（一）聚焦"铸魂引领"，理论武装强思想

定期举办村（社区）党组织书记、驻村第一书记培训班，对十九大及十九大以来历次全会精神，习近平总书记考察湖南重要讲话精神、重要指示批示，做到第一时间传达学习和研讨部署，不断提升政治判断力、政治领悟力、政治执行力。结合"不忘初心、牢记使命"主题教育和党史学习教育，举办座谈会、研

讨会、党史知识竞赛和征文等活动，编印《九嶷红霞——宁远红色故事百年百篇》等书籍，为乡村振兴事业注入灵魂与活力。

（二）聚焦"头雁引领"，组织领导强护航

深入调查研究全县 16 个乡镇领导班子运行情况、整体结构等，对乡镇（街道）领导班子成员进行全覆盖谈心谈话，选准配强村"两委"班子。2021 年，全县范围内书记、主任"一肩挑"达 88.9%，村"两委"成员平均年龄 42 岁，较上届小 10 岁。及时向软弱涣散村、集体经济扶持村、乡村振兴重点村、红色美丽村庄试点建设村选派 166 支驻村工作队 494 名队员，抓班子、带队伍、兴产业，赋力乡村振兴。通过选优配强"头雁"队伍，增强乡村振兴基层组织引领力。

（三）聚焦"示范引领"，实功实做强党性

宁远县接续推进巩固脱贫攻坚成果同乡村振兴有效衔接，大力推进村级集体经济"消薄攻坚"工程，全面推行乡镇干部"组团联村、五抓五促"（抓政治建设促业务融合、抓党建引领促改革协同、抓岗位练兵促能力提升、抓风险防控促治党从严、抓服务基层促减负增效）和党员干部联系群众"五个到户"（党员联系到户、民情走访到户、政策落实到户、产业对接到户、精准服务到户）工作机制，创新实施驻村帮扶"六个一"（一名党员干部驻村、一方帮扶单位驻村、一户帮扶责任人、一村一干部、一村一规划、一户一档案）活动和"三个清单"管理制度。围绕"纵向到底，横向到边，辐射全县"目标，全力打造 44 个党建示范点，形成东南西北中多点开花、百花齐放的局面，强化党建示范引领作用，助力乡村振兴。

二、探索"三业并举"模式，促进稳定增收致富

近年来，宁远县发挥本土优势，通过以奖代补、以补代免、以工代赈等方式，兴产业、帮就业、促创业，探索产业、就业、创业"三业并举"，促进农民增收致富。

（一）因地因户兴产业

按照"四跟四走"（资金跟着贫困户走、贫困户跟着能人走、能人跟着产业项目走、产业项目跟着市场走）原则，依托烟、稻、菜、油、果、茶、药、猪、兔、牛十大特色优势农业，推行"公司+基地+合作社+贫困户"利益联结产业扶贫模式，实现"村村有产业、户户有项目、人人得实惠"。

（二）就近就地帮就业

深入开展"稳就业、强基础、富家乡"主题活动，促进农村劳动力稳岗就

业，全面落实援企稳岗就业政策和"311"就业帮扶措施，支持本地企业扩能拓岗、致富车间发展壮大、特设岗位按需设岗，确保脱贫人口外出务工稳岗就业、本地务工就地就业。在 442 个村（社区）设立智慧就业服务点。2021 年，宁远县脱贫人口外出务工人数 4.26 万，同比增加 2800 余人。

（三）自主自强促创业

出台《关于支持农业产业化龙头企业发展的实施意见》《关于烤烟生产工作的意见》《就业扶贫车间建设工作方案》等一揽子扶持政策文件，引导能人回乡、市民下乡、乡贤助乡、企业兴乡，鼓励脱贫村脱贫户围绕十大特色优势农业产业积极创业。如，柏家坪镇外嫁女欧阳瑶力富了不忘家乡，卖掉深圳 2 家公司，回乡创立康德佳林业科技有限公司，累计帮扶脱贫家庭 594 户 2339 人。

三、探索"点线面结合"模式，保障农民工合法权益

随着改革开放的不断深入，农民工成为社会主义市场经济建设的基石。乡村振兴，基础在县域，重点在产业，关键在人才。农民工是实施乡村振兴的活跃力量，保障农民工合法权益也是拉动县域经济的重要途径。

（一）"三个点"靶向保障

突出建筑行业这一重点，分类组织保障工资支付业务培训，严格落实"四项制度"；盯住文件合同这一弱点，实行实名制管理，用工线上动态监管，工资专户设立、保证金缴纳实现两个 100%；破解过程监管这一难点，将施工管理人员和监理人员全部纳入实名制管理、对施工现场进行综合考评和建筑市场综合信用评价。

（二）"三条线"严格保障

织密日常监管"防线"，线上线下全天候提供诉求自助服务；严守欠薪清零"底线"，开通农民工工资调处绿色通道；筑牢依法治理的"红线"，快查、快处、快判农民工纠纷案件。2021 年，调处欠薪案件 135 起，受理办结欠薪案件83 起，追回拖欠农民工工资 1965 万元。

（三）"三个面"立体保障

在健全机制方面，建立农民工工资支付保障工作联席会议制度，构建齐抓共管强大合力；在党建引领方面，建立"和谐劳动关系先锋驿站"、项目一线、联合党支部、"德孝九嶷·工友驿站"等平台，服务群众 3 万人次；在压实责任方面，将农民工权益保障工作纳入绩效考核范畴，全面压实行业管理责任、属地管理责任。2021 年，宁远县人社局被授予"全国优秀农民工工作先进集体"荣誉

称号。

四、探索"1+1+N"模式，提升农村养老服务

老有所养、老有所依、老有所乐，既是民之所盼，也是民生大计。当前，我国正处于人口老龄化快速发展阶段，农村养老一直是我国老龄工作的难点、焦点问题，要以乡村振兴为契机，破解农村养老难题。近年来，宁远县在农村养老模式上大胆创新，积极探索"1+1+N"模式，加强养老能力建设。第一个"1"，即成立一个党支部，坚持党建引领，让党支部成为"中心磁场"。宁远县17家养老机构均成立了党支部，以"党建红"引领"夕阳红"，提升养老服务凝聚力。第二个"1"，即引进龙头企业，让"康养"成为养老产业"生力军"。宁远县引进湖南常青树大健康产业有限公司负责运营，投入300万元改造县社会福利中心养老公寓，投入90万元打造6个3A级居家养老服务示范点，投入320万元搭建远程监管平台和居家养老信息平台，打造全县失能、半失能特困供养人员集中供养区示范点，专项资金助力养老服务。"N"，即由常青树大健康产业有限公司与福利中心，老年公寓，15所乡镇敬老院，印山社区、莲花社区、宝塔社区等居家养老示范点联动，以点带面推动养老专业化发展，共同构成"养老联合体"。宁远县被评为湖南省第一批养老服务体系建设示范县。

五、探索"12345"模式，推进农村环境整治

改善农村人居环境是实施乡村振兴战略的"第一场硬战"。近年来，宁远县践行"共识、共建、共享"理念，探索"12345"模式，努力打造农村人居环境整治宁远样本。

"一个规划"管全局。将农村人居环境整治纳入县域发展总体规划，"多规合一""一张图"管全局、控细节。

"两个转变"清垃圾。向市场化运营和资源化利用转变，引进中联重科、恒源再生、苏州伏泰、光大国际，建成全市第一座生活垃圾焚烧发电厂、15个乡镇垃圾压缩中转站，实现了垃圾从"无处安放"到"变废为宝"的转变。

"三个端口"改厕所。突出前端抓规范、中端抓质量、末端抓治理，遵循"20年不渗不漏不串水"标准，实施分片包干、质量承包和首厕过关三项制度，在污水集中处理、小微湿地和"四格化粪池"三种粪污处理方面，建成污水处理站29个、小微湿地污水处理设施27个、"四格化粪池"1 000余口、农村户用卫生厕所15.1万座、无害化卫生厕所5.9万座、农村公厕96座，卫生厕所普及率89%。

"四个纳管"治污水。城乡雨污、生活污水、工业废水、畜禽污水统一纳管，投资近 8 亿元，实行城乡雨污分流工程，建成园区污水处理厂及配套管网，建成运营畜禽粪污收集处理中心和消纳基地，建成城区污水处理厂 6 个、片区污水集中处理设施 50 个，城、乡污水集中处理率分别达到 98%、48.5%。

"五个引导"唱主角。通过一个奖补政策、一个代表大会、一个理事组织、一个村规民约、一个卫生评比，引导农民群众主动参与农村人居环境整治，发挥主体作用。县财政每年列支 3000 万元以奖代补、以工代赈引导农民参与农村人居环境整治；村规民约、"庭院三包"、村民建房理事会全覆盖，全县 80% 以上的行政村推行农户环境卫生缴费制度；常态化开展行政村"十佳""十差"评选、清洁户评选、"最美庭院"创评、突出问题"随手拍"等系列活动，倡树文明乡风、良好家风、淳朴民风，实现村庄环境与村民素质同步提升。

第三节　宁远县实施乡村振兴战略的主要问题

宁远县在全面推进乡村振兴方面做了一些探索，取得了一定成效，但与上级要求、群众期盼和其他先进县（市、区）相比，仍有不少差距。

一、在队伍建设方面

（一）干部队伍问题

乡村振兴局从过去的扶贫办就地转化而来，系统内干部职工兼职多，精力不集中的问题突出，对乡村振兴工作缺乏长期规划和深入研究。

（二）专业人才问题

在农业、产业、项目建设等专业领域，专业人员缺乏，指导能力偏弱。

（三）实践操作问题

干部职工在系统性学习方面还有所欠缺，特别是在乡村建设、乡村治理等涉及面广、专业性强的工作上，理论联系实际还不够，可借鉴的经验、模式还不多。

二、在巩固拓展脱贫攻坚成果方面

（一）思想重视不够的问题

随着"三农"工作的重心转移，不少同志认为肩上的担子轻了，责任不重了，终于可以松口气、歇一会儿了，责任意识有不同程度的弱化，政治站位不高，导致责任落实、政策落实、工作落实不力。相对于攻坚阶段，巩固拓展脱贫攻坚成果同乡村振兴有效衔接的战斗力、凝聚力、整体氛围都有明显下滑，突出表现在：政策落实滞后，干部帮扶不深入，群众满意度、认可度下降，特别是在推进后续帮扶计划上办法不多、效益不明显。

（二）作风不实的问题

在攻坚阶段，为了顺利摘帽，县乡村的干部群众齐心协力，采取超常规的举措苦干实干。贫困帽子摘掉以后，感觉压力一下子轻了，作风不实的问题开始抬头。比如，学习领会习近平总书记关于全面推进乡村振兴战略的重要论述的氛围不够浓厚，乡镇党委、政府专题研究的频次有所降低，研究不深入、不具体，有的甚至在落实巩固拓展措施上不知道从哪里着手；驻村帮扶和结对帮扶措施不够有力，责任有所松懈，驻村干部当起了"撞钟和尚"，人在心不在、身驻心不驻，干部去群众家里少了，与脱贫群众的距离逐步拉远，没有走到脱贫群众的心里，没有解决持续发展的一些具体问题；在防止返贫监测与帮扶机制上，探索创新不够，抱着应付过关的思想抓工作。

（三）防返贫的问题

防止规模性返贫是一项底线和刚性任务。因此，在巩固提升阶段，在继续落实已脱贫对象帮扶政策的同时，重点要关注大病、残疾、低保等特殊脱贫人群和面上村脱贫人口，要聚焦住房、教育、医疗等基本保障，全面落实帮扶政策，不打折扣。同时，要密切关注贫困"边缘"农户，防止产生新的贫困户。对于确实因灾因病致贫的，要按照程序要求在动态调整时及时纳入监测户范围，给予一对一重点帮扶。要加快推进农村基础设施和公共服务项目建设，让更多的非贫困户充分享受精准扶贫的"阳光雨露"，提升群众满意度。

（四）内生动力不足的问题

贫困县摘帽、贫困村出列、贫困人口脱贫后，并不等于脱贫群众的"等靠要"思想就消失了，相反，由于脱贫过程中给予了很大力度的帮扶，脱贫不脱政策，脱贫之后继续享受帮扶政策，在一定程度上反而会助长脱贫群众的"等靠要"思想，使其缺少自力更生、奋发图强的主动思维。

（五）收入核算不精准的问题

脱贫人口人均纯收入增幅是考核的重要指标，2020年全国的增幅是16.9%，全省是13.5%，全市是10.84%，宁远县仅仅是5.8%，当前宁远县脱贫人口、监测户收入计算还存在"账实不符""账账不符"的情况，主要体现在：政策性收入未算准算足。如存在残补、低保、粮补、教补、养老金等政策性收入缺项漏项的情况；帮扶手册和帮扶责任人表达不一致的情况。务工收入的统计未过细过硬。例如，收入统计表和帮扶手册上只填写了务工总收入，未体现务工月收入和务工的具体时间，务工收入和群众表述存在不一致的情况。赡养或抚养费支出未核实。例如，对于赡养费和抚养费支出的统计存在较强的应付心理，满足于说服群众承认和达到6900元的基准线，对赡养费和抚养费给付的真实性未严格核对。

三、在乡村产业方面

目前，宁远县在永州市整体经济发展中虽然位于第一方阵，但是农业人口多，农村区域面积大，农业产业结构不优，机械化、专业化程度不高，科技实力不强，农业整体发展大而不强的问题仍然突出。

（一）农业产业发展不规范

（1）产业定位不清晰。一是发展目标不够明确。虽然提出了"农业富县"战略，但近期、中期和远景目标不明确，缺乏宏观布局引领。以天堂镇香花桥村为例，该村流转土地28.7公顷，先是选择了中药材、脐橙为主导产业，2018年又再次布局调整为油茶种植，前期效益还没有出来就改变了生产规划，给农民造成了重大损失。产业目标频繁变动，农户的利益难以保障，发展动能与发展信心均不足。二是发展方向不够精确。确定了十大优势农业产业，但除了烤烟产业形成配套政策措施外，对其他特色产业缺乏发展的定力，导致政策支撑不够。比如，九嶷山兔是宁远县的传统、特色和优势产业，但是由于规模养兔基础薄弱，政策支持力度不大，资金链短缺，技术瓶颈没有突破，缺乏兔用饲料，深加工产品研发少，没有形成强大的市场发展合力。三是发展布局不够准确。宁远县产业发展规划不是以集群为导向，而是以县城的近郊、中远郊、远郊为分割，导致了产业布局的割裂。以宁远县太平镇为例，太平镇充分挖掘邻近新田的区域优势，借势对接新田富硒蔬菜产业品牌，发展贵头、下庄、游马石、雷玄等村组成的蔬菜种植产业带，种植面积已达400公顷，实现了"借船出海"。这是一个打破区域分割的成功实例。也从反面证明，产业规划需要突破区域。

（2）生产方式不精细。一是农业现代化起步晚。总的来说，目前宁远县还停留在一家一户、分散经营、"靠天吃饭"的"少散弱"状态，规模农业没有形成大气候。比如，桐木漯瑶族乡发展生猪产业，虽然气候环境适宜、生猪肉质较好、市场前景乐观，但都是年出栏300头以下的小作坊，受环保限制约束很大。二是农产品特优新品少。农业依靠化肥、农药换来数量增长，亩产低、科技含量低、附加值低。比如，中和镇砠江村发展生姜产业，由于种植时阴雨连绵成活率

不高，产出时储存地窖时间过长，市场价格低迷、实际亏损较大。三是抵御风险能力弱。农业产业受到了风险较高、损失规模较大、区域效应较明显等因素制约。

（二）产业链条短、附加值不高

（1）市场程度低。种什么卖什么，养什么卖什么，与上游供应方、下游客户端没有建立长期稳定的购销关系，不仅导致供需断链，还阻碍农业产业链向其他产业延伸的创新经营。比如，九嶷山新塘村曾是长丰集团的驻村帮扶联系点，建成了优质葡萄园基地，2019年由于长丰集团撤队和集团效益下滑，没有持续实施定点采购，导致大部分葡萄滞销。

（2）品牌影响小。现有农产品品牌多而不优、杂而不亮，市场竞争力不强，市场影响力不大，"养在深闺人未识"。比如，"九嶷黑木耳"，目前宁远县舜陵街道、水市镇、清水桥镇、湾井镇均已建成规模化的种植基地，已成为宁远县新兴的特色农业产业品牌，但品牌联盟、品牌打造的意识不强，甚至连本地市场接受度都不高，出现了滞销问题。

（3）业态融合少。农业多种功能挖掘不够，生态文化等价值拓展不充分，农工结合、农旅结合也不足。随着城乡居民收入和生活水平的提高，人们到农村吃喝玩住、赏花摘果、体验农事已经成为一种时尚。而宁远县的农业生产还主要停留在自给自足阶段，对农业发展的经济、生态、社会、文化价值挖掘不够。

（三）利益联结不紧密

（1）行政干扰多。产业扶贫利益联结行政化过多过强，依靠政府兜底和打政策"强心针"的"输血式"帮扶，短期内勉强保证了利益分享，但不具可持续性，一旦政策红利退市断奶，很有可能出现无红可分、无以为继的"断炊"现象。

（2）组织程度低。目前，依靠村级专业合作社搭建的利益共同体比较脆弱，全县多数专业合作社并非真正意义上的合作社，发挥的作用非常有限，尤其是村"两委"领办的合作社基本上处于"僵尸"状态。比如，湾井镇发展休闲农业的优势得天独厚，但是农旅融合探索处于初期阶段。2017年韶水、朵山、黄花源等五个村的产业扶贫资金和2018年全镇未脱贫户、易返贫户的产业扶贫资金，均全部入股宁远县领航现代农业发展有限公司和宁远县文旅集团。

（3）资金风险大。全县有意愿合作、有社会责任、讲诚信和有实力的龙头企业不多，"入股分红"变相为"保底分红"，违背了市场经济规律，也加重了企业和政府负担。

（四）经营主体缺"带动力"

农业上市企业、龙头企业、规模企业、全产业链企业不多不优，管理、研发、带动能力不足。

四、在人居环境整治方面

（一）群众主动参与不够

农村建设的主体就是群众，群众配合得好不好直接关系到农村工作做得好不好。目前，全县人民参与机制尚未形成，部分村存在"上热下凉"问题，即县乡干部整治农村人居环境的热情高，但农村居民由于没有认识到自己才是人居环境整治的主体和受益者，不愿投工投劳，有的甚至乘机向政府索钱索物，导致一些县乡干部进村自己干，村民一副事不关己高高挂起的模样，围在旁边看。一是做清洁卫生的积极性不高。目前，从宁远县情况看，保洁员依然是搞乡村卫生的主力军，大多数村民对搞好村庄卫生的积极性不高，认为村庄的卫生是政府的事、村里的事、干部的事，与自己无关，自己能搞好家里的卫生就可以了。比如，有的村民在倒垃圾时，即使离垃圾箱不远也不愿多走几步把垃圾倒入垃圾箱中；有的村民存在"各扫门前雪"的心态，只管把自己房前屋后打扫干净，对离自己家稍远的垃圾便视而不见；有的村民甚至把发放到户的垃圾桶拿回家里作水桶使用。二是改变陋习的意愿不强。长期以来的生活观念和生活习惯，影响村民的配合度和主动参与性，导致部分村民由于贪图方便等不愿意改变这些陋习和不良习惯。比如，有的村民把污水乱泼，把垃圾乱倒在房前屋后、路边；有的村民改厕、改厨、改圈后，又在厕所、厨房、猪圈等附属设施上乱搭乱建；有的村民习惯露天焚烧垃圾，随意把生活污水直排到河里；有的村民习惯散养鸡、鸭、狗、牛等，让其任意乱跑，各类畜禽自由排泄粪便，臭气熏天；有的村民认为是否新增公共服务设施与己无关，此类设施可有可无，增加了前期建设和后期维护的难度。三是配合工作的意识不强。部分群众只希望从人居环境整治中赚取雇佣工资，得到实惠，却不愿意承担相应的责任和义务，配合度不高，特别是对于涉及出工出力的活动，希望政府包揽工作的依赖心理严重，缺乏配合的热情。比如，在各乡镇开展村庄清洁行动时，群众主动参与的比例很低，镇、村两级只能花钱雇人或是派干部清扫，形成了"干部扫街、群众观望"的状况，村民不愿出力，更谈不上出钱；有些村民对于垃圾分类投放不理解，图一时方便，将废弃物全部倒入公共垃圾桶，增加了后期处理难度；等等。

（二）资金投入不足

整治农村人居环境工作涉及农村经济社会事业方方面面，是一项系统工程，需要投入大量的资金。目前，市、县两级财政投入有限，涉农资金整合难度较大，多渠道投入机制也还没有建立，整治农村人居环境的资金缺口很大，基础设施有待完善。一是基础设施相对滞后。农村基础设施建设资金多由地方财政支出，宁远县点多、面广、线长，多数村集体经济实力还比较弱，造血功能还不强，筹资难度大。道路养护、设施维护等后期投入较大，大部分村没有承担基础设施管护、维修的长效机制。尽管这些项目从中央到地方层层配套资金，但少有设置专项资金，难以发挥财政资金"四两拨千斤"功效，吸引金融资本、民营资本和社会资金投入。二是投入重点不够明显。整治农村人居环境，补齐农民生活品质的短板，是实现乡村振兴的基础。由于各部门对财政资金使用方向的规定过于具体，缺乏灵活性，县里难以统筹使用，对于亟待解决的农村基础设施薄弱等问题，各地情况不同，财政资金投入依然杯水车薪。三是资金管理不够完善。由于管理体制不够健全，一些乡村专项资金存在拨付不到位的现象。

（三）管理体制不力

一是村级公共卫生管理不到位。由于机构不完善，导致长期管理不到位、处于半放任自流状态。比如，近年来，很多的乡镇、村虽然成立了专门的机构和指定专门的人管理，但由于种种原因长期管理不健全，只有上级部门来检查时才会临时推进这项工作。二是管理缺乏有力手段。村规民约的约束效力有限，执行制度不健全，对乱堆乱倒乱排、人为破坏公共设施等行为，干部想管管不住。比如卫生保洁方面，虽然大多数村设立了保洁员的岗位，建立起了清扫保洁队伍，但是保洁员工资待遇低且工资时发时不发，大都需要"兼职"，导致他们想干就干、不想干就扔下扫把走人。镇、村干部不仅难以实施有效的考核，还得从稳定保洁队伍的角度哄着干、将就着干，保洁效果受保洁员情绪影响难以维持。三是常态监督不到位。绝大部分乡镇、村的常态化保洁监督检查是由驻村工作队、驻村干部或村"两委"成员分片负责，而驻村工作队、驻村干部及村"两委"往往身兼数职，早已处于"满负荷"的工作状态，从事日常监管的偶然性、随机性较大，卫生整治及日常保洁工作存在死角，"迎检式""应付式""突击式"整治现象较为突出。

五、在整治陈规陋习方面

（一）陈规陋习依然存在

诸如婚丧嫁娶铺张浪费、大操大办比排场，高价彩礼日益盛行，烟花爆竹不规范燃放、赌博之风、子女不尽赡养义务、不孝顺老人、不文明祭祀等不良社会风气屡见不鲜，乱扔、乱倒垃圾等不文明现象仍然存在。

（二）农村精神文化生活仍然匮乏

村级文化活动缺乏专人辅导组织、农家书屋闲置严重。有的活动室常年上锁，很多群众闲暇时间除了看电视，娱乐活动依然以打牌、打麻将为主，健康的文化活动非常缺乏，群众精神世界空空荡荡。每逢过年过节，赌博现象屡见不鲜。

（三）群众参与村内各类事务及活动的主动性不高

一方面，目前，农村大部分青壮年劳动力外出经商或务工，留守农村的多是老人、妇女和儿童，在家青壮年劳动力忙于生计，闲暇之时娱乐活动多以上网、玩手机为主，很少参加健康有益的群众性文化活动。另一方面，现有村规民约不健全，监督机制不完善，执行力度不一，广大群众参与村级事务的积极性、主动性不高，在村庄环境卫生整治中，存在"政府在干、群众在看"的现象，农民的主体责任没有得到体现，积极性没有发挥出来。

第四节　宁远县实施乡村振兴战略的对策建议

为进一步全面推进乡村振兴工作，在新征程中赓续伟大脱贫攻坚精神，凝聚接续奋斗强大力量，要做好推进巩固拓展脱贫攻坚成果与乡村振兴有效衔接，舒展"产业旺、文化兴、生态靓、民风淳、村庄美"的美丽画卷。

一、党建引领，凝聚乡村振兴合力

实现乡村振兴战略，关键在党。加强和改善党对"三农"工作的领导，确保党始终总揽全局、协调各方。

（一）持续强化办点示范带动力

持续强化县、乡、村三级党组织书记把主要精力放在抓"三农"工作上，切实担起"第一责任人"责任。县委、县政府、县人大、县政协班子成员、乡镇（街道）主要负责人各领办一个乡村振兴示范点，聚焦"五大振兴"，切实发挥示范引领作用，形成"典型引路，示范带动，以点带面，全域振兴"的发展格局。

（二）提升"赛马比拼"执行力

持续强化"1+4"考核体系（即以绩效考核为总抓手，制定实施赛马比拼、考核激励、容错纠错、年度奖金分配等四项机制），把年度绩效考核作为"主赛场"，把乡村振兴作为"分赛道"，搭建"赛马"平台。评选乡村振兴"骏马单位""蜗牛单位"，激励各单位在优胜劣汰竞争中奋发勇为、不断前行。

（三）激发"改革创新"内生动力

充分运用改革的总钥匙破解"三农"发展难题、释放"三农"发展活力。持续推进农村宅基地改革、土地延包、巩固集体产权制度等农业农村改革，力争宁远县在农村改革的更多的试点工作中形成经验，向市、省、全国推介。

二、巩固拓展脱贫成果，做好与乡村振兴的有效衔接

如果说脱贫攻坚是攻城拔寨的攻坚战，那么乡村振兴就是持之以恒的持久战。巩固拓展脱贫攻坚成果同乡村振兴有效衔接，需要抓住关键环节。

（一）做好工作机制的衔接

脱贫攻坚战取得胜利以后，尤其是在市、县两级，要切实做到靶心不转，频道不换，接续做好乡村振兴工作。坚持把完善监测帮扶机制作为重要抓手，严格落实"四个不摘"，建立健全防止返贫长效机制。强化防返贫动态监测和帮扶。继续深入开展大排查行动，及时分析研判返贫致贫风险，重点关注"8类对象"，严格落实"5个必须纳入"，确保应纳尽纳。科学制定针对性帮扶措施，严把退出关口，及时清洗乡村振兴系统平台中的数据，督促加大驻村工作队管理，采取针对性帮扶措施，切实做到早发现、早干预、早帮扶、风险早消除。

（二）持续落实行业帮扶政策的衔接

一是确保"两不愁三保障"与饮水安全政策持续稳定。瞄准"三保障"和饮水安全重点领域，建立长效排查机制，认真排查问题隐患和短板弱项，确保不留盲区、不留死角。二是确保易地扶贫搬迁后续扶持政策持续稳定。重点抓好搬迁群众稳定就业工作、公共服务设施短板建设、社区治理等工作，确保搬迁群众持续实现"稳得住、有就业、逐步能致富"。三是确保资金投入持续稳定。强化预算投入落实，管好用好中央、省财政衔接资金项目，保持财政支持政策总体稳定。加强扶贫项目资产管理，完善乡村振兴项目库建设，确保扶贫项目资产长期稳定发挥效益。加强金融保险支持力度，探索金融赋能乡村振兴新模式。四是确保帮扶队伍持续稳定。常态化开展督导暗访和工作指导，切实提高帮扶干部能力和水平，确保驻村干部"住下去、干起来、融进去"。五是确保脱贫人口就业持续稳定。进一步延展就业帮扶政策，持续开展劳动技能培训，支持帮扶车间发展，确保脱贫劳动力就业规模有所扩大。

（三）继续推进问题集中排查和整改的衔接

针对中央、省、市反馈的突出问题，严格按照要求继续组织全县开展防止返

贫监测帮扶、脱贫群众持续稳定增收、易地搬迁后续扶持等"三大集中排查行动",举一反三,采取务实管用措施,确保高质量完成排查整改任务。

(四) 做好发展规划的衔接

结合脱贫攻坚的完成情况和乡村振兴新的目标要求,按照缺什么补什么的原则,抓紧在完成脱贫攻坚规划的基础上做好乡村振兴规划。乡村振兴规划关键是抓好县、乡、村,要从实际出发,实事求是做好规划。

(五) 做好工作队伍和人才的衔接

脱贫攻坚离不开人才的助力,乡村振兴更离不开人才的支撑。一是留下一部分人才。脱贫攻坚战胜利以后,原来派到乡村去的人才和工作队伍,可考虑适当留下一些就地转化,直接转换成乡村振兴工作队。二是引入一部分人才。通过落实好返乡、下乡创新创业政策措施,鼓励和支持城里的人才到农村去。三是培养一部分乡土人才。整合资源,有计划、有步骤地系统开展农村人才培养培训。

三、因地制宜,激活乡村振兴产业新动能

习近平总书记指出,"乡村振兴,关键是产业振兴","要加快发展乡村产业,顺应产业发展规律,立足当地特色资源,推动乡村产业发展壮大。"

(一) 做强"大"字文章

以规模化支撑产业化,着力巩固宁远县在全省粮食、烤烟、生猪、茶油调(产)出大县地位,做强品牌链,畅通保障链,专注创新链,拓宽销售链。做强"品牌链",即要举全县之力打造宁远县农业产业公共品牌,要全面增强全行业品牌意识,避免出现"一产多名,杂而不亮,竞争不强,影响不大"的局面,要大张旗鼓地宣传和展示宁远县农业产业品牌形象,倡导 11 个县(市、区)相关产业共发力,涵养永州品牌凝聚力;畅通"保障链",即政策扶持要实、资金扶持要准,确保一切有利因素向宁远县优势产业链集聚;专注"创新链",即利用创新强品牌,例如油茶种植园要建立健全从茶油园到"茶油妆"的新型科技产业链;利用创新优产品,让"茶油餐桌文化"华丽蜕变为"茶油美容文化"。延长"销售链",即要打造销售大军,线上线下多向发力,在深入推进宁远县国家出口食品农产品质量安全示范区建设的大好形势下,在镇里、县里、市里、省里以及粤港澳大湾区建立品牌门店,在京东、天猫、淘宝、拼多多等 APP 平台上打造旗舰店,巩固宁远县优势农业产业的品牌话语权,拓宽销售渠道,提升宁远县优势农业产出效益。

(二) 做优"特"字文章

要立足当地的特色资源禀赋,尊重当地群众的发展意愿,结合相关政策,因

地制宜慎重地选择发展产业，在精准发展产业上下一番绣花功夫，注重与周边地区发展形成产业互补，推动传统农业向多功能产业拓展，形成"农业+"多种业态，促进三次产业的有机融合，推动资源要素向产业集聚，人才专家向产业靠拢，产业链条向农村延伸，打造品牌产业、品牌产品，不断壮大村集体经济，构建"一村一品"产业新格局。例如柏家坪镇板利元村，在发展本村农业产业时，首先对本村的土地和山林请专家作了科学的评估和规划；其次遵照当地村民意见，以村集体合作社贷款建设高科技"宁远县梨园春农业育肥场"等项目，再以 220 万元/年的租金租赁给宏鑫养猪企业，壮大村集体经济；最后利用本村约666.7 公顷林地为集体土地的优势，在构筑产业发展的基础上引进省农业大学"油葡萄"种植，发展"油葡萄"规模种植业，形成多业态融合发展，走出一条人无我有、人有我优的特色之路。

（三）做实"富"字文章

坚持培育新型农业经营主体，排除行政干扰，积极支持农民专业合作组织，提高农民组织化程度，使农业产业带动群众增收致富。如开展"专业合作社+大户农户""确权颁证+土地流转""全域旅游+美丽乡村""劳务输出+创新创业"等利益联结模式，"大手拉小手"，释放"1+1>2"的增益效应。

四、内外兼修，丰富乡村振兴内涵

"仓廪实而知礼节，衣食足而知荣辱"。乡村振兴，既要有"颜值"，也要有"气质"，更要有"品质"。

（一）聚焦人居环境"美颜值"

坚持美丽发展，持续推进"五治五化"（即"治垃圾"市场化、"治污水"一体化、"治厕所"标准化、"治违建"规范化、"治陋习"常态化），大力推进人居环境整治、厕所革命、村庄清洁行动，让人居环境展新貌的理念在宁远县"大路尾"村等示范效应的带动下，让更多的村落劳作变体验、田园变公园、农村变景区、农房变客房。真正实现乡村从"一处美"迈向"处处美"。

（二）聚焦乡村治理"显气质"

持续坚持"三治"一体，在成功创建全国文明城市的大好形势下，进一步扎实推进全国新时代文明实践中心建设，持续建好用好"一约五会"，深入开展"示范村""十佳村""十差村"评比，加强示范村乡村善治的经验总结提升，并组建经验推广宣讲队到各村宣讲交流，充分吸纳先进村的经验，推动形成文明乡风、良好家风、淳朴民风。例如，湾井镇的"'一会三制'赋能乡村振兴"（即推行月例会、积分制、清单制、赛马制）大力激发群众的参与度、配合度，整治陈规陋习，增强主人翁意识，走出乡村治理的样板路，实现乡村从"外在美"迈向"气质美"。

（三）聚焦公共服务"提品质"

一是加大资金投入，推进学位建设、农村综合服务平台建设，农村"一门式"服务，进一步扎实推进省市 10 大民生实事，补齐农村上学、看病、办事等服务短板，推动基本公共服务向乡村延伸。二是充分发挥社会组织力量，投身农村公共文化服务建设。例如宁远县水市镇游鱼井村大元自然村的"大元社艺术文化交流中心"，一方面，带领村民做旱厕改造以及山泉水的竹排引水工程，不断改善大元村的生产生活条件；另一方面，用文化艺术力量筑牢人心纽带，根植于宁远舜德文化这一人文底蕴优势，厚植德孝底蕴，传承尊老爱幼的传统，以满足老人与孩子更深层次的精神需求为目标建设村庄，为留守儿童和"空巢"老人搭起了艺术家园。除此之外，大元社传承农耕文化忆乡愁，3 次邀请清华大学的建筑师，6 次邀请中国美院的景观设计师带着村里的孩子们一起做了大元村的整体规划，利用 5 年时间一起活化了 5 座结构安全的村庄"空心房"作为公共食堂、公共宿舍和古琴文化展示空间，同时发动社会各界将村庄里的闲置空间改造成水井小公园、运动场、秋千小院等公共空间。通过公共空间改造让村民感受乡土的美，也为农村"空心房"改造提供了样本，实现乡村从"面子美"，提升到"里子美"升华到"品质美"。

第十一章
乡村振兴战略在新田县的探索与实践

党的十九大以来，新田县深入贯彻落实习近平总书记关于乡村振兴的系列重要指示精神，坚持以习近平新时代中国特色社会主义思想为指导，围绕"产业兴旺、生态宜居、乡风文明、治理有效、生活富裕"战略目标，认真贯彻落实党中央、国务院决策部署和省市工作要求，推动脱贫攻坚与实施乡村振兴战略有效衔接，坚持农业农村优先发展，巩固和完善农村基本经营制度，深入推进农业供给侧结构性改革，全面推进乡村产业、人才、文化、生态、组织振兴，巩固脱贫攻坚成果，建设现代化新田，乡村振兴战略在新田实施取得显著成效。然而在实际过程中，乡村振兴仍存在一二三产业融合不够、乡村文化资源供给不足、乡村建设人才流失、农村党员干部水平有待提升等现实问题。针对这些问题，本文坚持问题导向，进行深入分析，提出进一步助推乡村振兴在新田实施的对策建议。

第一节　新田县实施乡村振兴战略的基本情况

新田县位于湖南省南部，辖 10 个镇、1 个民族乡、2 个街道，共 237 个行政村（社区），总面积 1022.4 平方千米，总人口约 45 万。乡村振兴驻村工作队 124 支 371 人，其中省队 4 支 12 人，市队 6 支 18 人，县队 114 支 341 人。湖南省乡村振兴示范创建村 12 个。20 世纪 60 年代末，新田人民艰苦奋斗、自力更生的壮举，赢得一代伟人毛泽东"南有新田"的高度赞誉。

一、围绕"三突出"，抓好产业振兴

新田县按照高质量发展的要求，推进农业供给侧结构性改革，优化农业产业

结构，增加农民收入，保障粮食生产能力，围绕"三突出"抓好产业振兴。

（一）突出规划编制，在产业布局上求突破

以乡村振兴"1+7+13+X"① 规划体系为引领，制定了《产业兴旺三年行动方案》。培植中山蔬菜、骥村果蔬、金盆油茶、大坪塘白茶、陶岭三味辣椒等"一乡一业"主导产业，扶持油草塘奔跑的兔子、星塘爱飞的鸡、徐家沃柑、唐家枳壳、龙溪白茶、河山岩豆制品、张家塘无花果、城塘溪秋葵面等 60 多个"一村一品"产品。全年种植烤烟 3666.67 公顷、大豆 4133.33 公顷、油茶 2666.67 公顷、中药材 2666.67 公顷，播种蔬菜 1.47 万公顷，总产 30.86 万吨，产值 18.5 亿元。

（二）突出园区建设，在基地创建上求突破

在 13 个乡镇（街道）推广复制"东升农场"成功经验，每村打造一个 2~3.33 公顷的农业产业基地，每个乡镇（街道）新建或提质 2 个以上千亩现代农业产业园，创建中山东升蔬菜、中山潭田大豆、新圩远鸿食用菌、新隆鑫隆鸭业、石羊五月豆香、国家林工产业园等 6 个省级以上农林园区，申报认证高标准建成供粤港澳大湾区"菜篮子""果篮子"基地 16 个。

（三）突出硒锶资源，在品牌建设上求突破

以新圩镇 2433.33 公顷地块获中国地质学会首批天然富硒土地认定为契机，积极打响"硒锶新田"农业区域公用品牌，创响一批"土字号""乡字号"特色产品品牌。成立了"硒锶产业办"专抓硒锶产业，放大"硒锶新田"品牌效应。重点打造"新田富硒大米""新田醋水豆腐""陶岭三味辣椒"等"网红爆款"农产品，注册地理标志 2 个、知名商标 18 个，打造出村级品牌 60 余个。

二、围绕"三行动"，抓好人才振兴

经济要发展，人才是关键，人才资源是第一资源。新田县积极落实乡村人才振兴政策，培养造就一支懂农业、爱农村、爱农民的"三农"人才工作队伍，围绕"三行动"抓好人才振兴。

（一）高端人才引进行动

引进农业科技专家人才和团队，以打造硒锶高端产品基地为目标，探索"人才+项目"模式，依托特色农业产业园区和农业产业化企业，以辣椒、大豆、中

---

① "1"指一个总体计划，即《新田县加快实施乡村振兴，打造硒锶高端产品基地三年行动方案》。"7"指七个专项计划：产业振兴、人才振兴、文化振兴、生态振兴、组织振兴和巩固拓展脱贫攻坚成果、农村人居环境整治目标任务。"13"指十三个乡镇（街道）。"X"指政府职能部门。

草药、烤烟、水稻、蔬菜、水果等乡镇主导农业产业链为重点，每年引进农业科技领军人才 1~2 名；同时引进急需、紧缺、专业人才和农村职业经纪人。

（二）本土人才培育行动

培养乡村治理人才，支持村干部、新型农业经营主体带头人、退役军人、返乡创业农民工等，采取在校学习、弹性学制、农学交替、送教下乡等方式，就地就近接受职业高等教育；加快培养农业生产经营人才，每年培育新型职业农民 200 名以上，每年完成 200 人以上的电商人才培训，每年培训专业技术人才 600 人以上。

（三）城乡人才服务行动

选优派强科技特派员对口帮扶，聘请省、市高等院校、科研院所专家，选派本县有技术特长、有示范基地、有服务水平的"土专家""田秀才"和各行业领域的业务能手，组建科技专家服务团，推行一个团队联系服务一个乡镇，一名专家联系一家企业或产业园的方式，引导社会专业人才"组团式"服务，完善人才流动机制。

三、围绕"三建设"，抓好文化振兴

新田县以社会主义核心价值观为引领，大力推进乡风文明建设，围绕"三建设"抓好文化振兴。

（一）建设文化基础设施

建设以县文化馆、图书馆为总馆，11 个乡镇、2 个街道办事处综合文化站为分馆，237 个村（社区）文化活动室、综合性文化服务中心为基层服务点的县、乡、村三级服务平台。

（二）建设文化服务阵地

2021 年建成乡村复兴少年宫 16 个，免费开放全县图书馆、文化馆、体育馆、乡镇（街道）综合文化站、村级文化服务中心，并公示免费开放目录。

（三）建设文化亮点品牌

深入开展"送图书下乡""乡村春晚""青云读书会"等文化惠民亮点活动，打造"我们的节日""我的家风故事""我的展览"等具有本土特色的品牌活动。

四、围绕"三推进"，抓好生态振兴

新田县深入贯彻习近平总书记"绿水青山就是金山银山"的生态文明理念，落实可持续发展战略，构建生态文明体系，创建国家生态文明建设示范县，围绕

"三推进"抓好生态振兴。

（一）推进绿色农业

推进农业面源污染防治，狠抓养殖业污染防治。2021 年，全县畜禽规模养殖场粪污处理设施装备配套率达到 95%，畜禽养殖场粪污资源化利用率达到 90% 以上。持续推进减肥减药，加快推进农用塑料薄膜回收处置，强力推进农作物秸秆综合利用，严禁露天焚烧秸秆。2021 年，实现农作物秸秆综合利用率 86% 以上。

（二）推进乡村建设

着力补齐农村基础设施和公共服务短板，重点实施农村安居工程、农村道路提质工程、农村安全饮水提质工程、农村天然气利用提质工程，推进农村厕所革命。2021 年改（新）建农村户用卫生厕所 2750 户、新建农村公厕 20 座，农村卫生厕所普及率达到 90% 以上。推进乡村生活垃圾治理提升，实现垃圾分类行政村覆盖率 30% 以上。

（三）推进生态修复

加强饮用水水源保护，强化饮用水水源建设，实施饮用水全过程监管，防治地下水污染；加强流域水环境治理与生态修复，推进造林绿化工程，实施好天然林保护、生态廊道建设、森林质量提升等重点生态工程和造林补贴试点、外援贷款等重点项目，全面推进森林、湿地和石漠化治理，废弃矿区植被恢复等工程。

五、围绕"三提升"，抓好组织振兴

乡村振兴必须突出乡村组织振兴，加强党的建设，发挥党总揽全局、协调各方的核心作用，以乡村组织振兴带动和保证乡村振兴战略实施，围绕"三提升"抓好组织振兴。

（一）提升基层素质，实施"头雁计划"

持续开展村（社区）党组织书记整体提升行动，全面提升村（社区）党组织书记整体素质。开展村（社区）党组织书记后备力量公开选拔行动，每个村至少储备 2 名 35 岁左右的后备力量。每年组织开展村（社区）党组织书记示范培训班，采取"理论培训+导师帮带+实践锻炼"的方式，全面提升村（社区）党组织书记综合素质。

（二）提升治理能力，深化"三治融合"

以民主为抓手，促进村民自我管理、自我服务、自我监督，激发自治新活力。以公正为准绳，抓好综治中心建设，深入"一村一辅警"工程建设，创建法治平安村。以文明为主题，开展"传承好家风家训家规"活动，形成德治新风尚。

（三）提升满意度，强化"两大功能"

完善保障机制，激发干部服务动力。保障村干部待遇，落实村干部绩效奖励政策，凝聚工作合力，提升为民服务水平。建立基层治理权力清单，完善乡、村两级为民服务平台建设，保障工作经费，确保村（社区）党组织有人办事、有钱干事、有场所议事。

第二节　新田县实施乡村振兴战略的主要成效

新田县委、县政府高度重视乡村振兴战略，高位推动乡村振兴工作，举全县之力、汇全县之智，把这项工作当作重中之重来抓，取得了一定成效。

一、突显特色，乡村产业高质高效

发展"一特（蔬菜）两辅（大豆、烤烟）"等精细种养业和农产品精深加工业，着力培优品种、提升品质、打造品牌，构建现代乡村产业体系、生产体系、经营体系，促进农业发展高质高效、农民富裕富足，基本打造成湖南和"粤港澳大湾区"优质农副产品供应基地。

（一）发展特色鲜明

（1）乡村产业创新优势。"一特（蔬菜）两辅（大豆、烤烟）"产业进一步巩固，粮油、畜禽、中药材等优势主导产业产值占农业总产值80%以上，农业标准化实施规模达到60%以上，畜禽标准化规模养殖率达到90%以上，农业质量效益和竞争力进一步提升。

（2）平台建设上新台阶。建成一批集聚、集约、集成的农业平台，全县高标准农田面积达到8000公顷，新建县级现代农业产业园15个以上、市级农业产业园9个以上、省级农业产业园2个以上，农业基础更加稳固。

（3）主体培育增新动力。培育一批科技型、龙头型、专精型新型农业主体，农业产业链条进一步完善。培育挂牌上市涉农企业2个，新增省、市级农业龙头企业12家、省级农业产业化联合体10家；新增省、市级示范性家庭农场共15个；培育认定新型职业农民65名。

（4）业态融合创新水平。农产品加工产值与农业总产值之比超过2.5∶1，主要农产品加工转化率达70%以上；农产品电子商务产值增长30%以上；新增智慧农业园区 11 个，一二三产业融合现代乡村产业体系初具雏形。

（5）动能激发显新亮点。农村产权融资覆盖面进一步扩大，农业支持保护制度逐步完善，主要农作物良种覆盖率稳定在 86% 以上，水稻耕种收综合机械化率达到 85% 以上，农业科技进步贡献率达到 65%，农作物秸秆、畜禽粪污资源化利用率分别达到 90%、95%，农业科技创新能力进一步提升。

（二）产业发展高质高效

（1）发挥硒锶资源优势。新田县境内有富硒土壤 615 平方千米，占全县土地总面积的 60.2%，是全省公开认定的唯一的无污染富硒县、"原生态富硒食品基地县"。按照"一县一特、一乡一业、一村一品"发展思路，已建成 4000 公顷高标准蔬菜基地，全年蔬菜种植面积稳定在 1.47 万公顷以上。打造了中山叶类蔬菜、骥村红皮萝卜、陶岭三味辣椒和新圩食用菌 4 个蔬菜专业镇（街道），每个乡镇（街道）培育了 5 个以上蔬菜专业村；食用菌产业方面，上线三条菌包生产线，年产菌包能力可达到 7000 万包，建设了 27 个菌包、香菇生产车间共 3.9 万平方米；在 30 个香菇和木耳种植基地建设 600 个大棚，种植面积达 333.33 公顷，年销售鲜香菇 800 万斤、干香菇 20 万斤、干木耳 50 万斤，销售收入 7000 万元。实施了"东升农场总部搬迁"工程，成立了以蔬菜产业为主的集产、供、销于一体的农业"产业中心"。

（2）做优本土特色产业。全年种植烤烟 3000 公顷、大豆 5333.33 公顷、油茶 2666.67 公顷、中药材 6666.67 公顷，年生猪出栏 50 万头、家禽 1000 万羽，养殖规模化率达到 75% 以上，生猪规模养殖比重达到 80% 以上，重大动物疫病得到有效控制。打造了大风头-定家-白杜尧-野乐-山田湾柑橘、白茶产业片等 6 大"产业片"，以及龙溪白茶等 60 多个"一村一品"。

（3）做强农产品深加工。制定了《产业振兴三年行动计划》，大力培育引进农业龙头企业，推动陶岭三味辣椒、新田大豆、新田大米等脱贫特色主导产业由初加工向精深加工转型升级。例如，陶岭镇建有周家、富上、刘何等村千亩辣椒连片基地，有仁岗、周家 2 个县级辣椒深加工产业园，三味辣椒合作社 6 个。目前，全县共发展农产品加工企业 345 家，培育国家、省级农民专业合作社 11 个，国家省级示范性家庭农场 7 个，省市农业产业龙头企业 31 家，省级农业产业化示范联合体 3 个；加快"硒锶新田"农业区域公用品牌培育推广，扶持企业培育产品品牌，大大提高了农产品的附加值。

（4）推动产业融合发展。农业与旅游、文化、教育等产业深度融合，推广了"农旅结合"模式和农家乐等乡村旅游项目。建成潭田、仁岗、东升、周家、黄沙溪、山水等三产融合农业产业园 10 余个，成功创建省级特色强镇 1 个，国家、省、市、县级农业产业园 24 个；认定粤港澳大湾区"菜篮子"生产基地 11 个，创建 4 星级以上休闲农庄 4 个，吸纳农民就业 2 万人，接待游客 20 万人次以上，全县休闲农业强县格局初步形成。

（5）壮大集体经济规模。2021 年整合的 1.55 亿元财政涉农资金中用于农业生产发展的资金达 1.04 亿元，占比 67.1%，其中，用于支持优势特色农业产业发展和农业产业基地建设的资金达 3040 万元，项目所在地村集体 5 年内享有每年不低于财政支持资金 4% 的约定分红权。每年安排集体经济发展引导资金 1000万元，设立了发展村级集体经济专项信贷资金，向 102 家新型农业经营主体授信3.9 亿元，放贷 3 亿元。投入 1.5 亿元建设村级光伏发电站 103 个，仅此一项每年为集体经济增收 463.5 万元。目前，全县 237 个村（社区）集体经济全部达到5 万元以上，其中 10 万~50 万元的村有 51 个，50 万元以上的村有 14 个。

二、扬鞭奋蹄，环境整治妆靓乡村

新田生态环境优越，是国家级重点生态功能区。2016—2020 年，新田县环境质量逐年改善，2020 年空气质量优良率 96.7%，达到国家 2 级达标城市要求。2018 年以来，新田县坚持分类施策，注重要素保障，全域推进农村人居环境整治提升，已打造省、市、县级特色示范村 72 个。财政投入 4500 万元，实现生活垃圾城乡治理一体化，农村生活垃圾日常保洁、清运覆盖率 100%；在 215 个村开展了整村推进改厕工作，占全县行政村总数的 90.7%，制定了《新田县 2022年农村改厕工作实施方案》，县财政每年投入 1 亿元以上，用于农村人居环境整治和厕所革命。坚持改厕、改水一体化推进，目前，全县累计新（改）建无害化农村户用卫生厕所 10118 户，卫生厕所普及率达 92.8%，农村饮水安全率100%。乡镇积极开展"一月一排位"村级评比考核，对优秀村颁发流动红旗并给予适当奖励，末位村领取流动黄旗，常态督查考核推动了在家农户 100% 参与农村人居环境整治。印发了《新田县 2022 年农村"空心房"整治工作实施方案》，对影响村容村貌的危旧房、闲置房、零散房、违建房四类"空心房"应拆尽拆，共拆除危旧房 1.9 万余座，实现"空心房"基本清零。组织开展集中整治"万人行动"，绿色村庄比例 80% 以上；村内主要道路硬化率、亮化率 100%。成功创建周家村等省级美丽乡村 6 个、市级美丽乡村 11 个。2021 年被评为湖南省农村人居环境整治提升先进县。

三、精准整治，乡村文明蔚然成风

（一）科学统筹部署，有序而治

坚持县、乡、村三级书记亲自抓，把乡村振兴月例会、陈规陋习整治工作列入党政领导班子和领导干部推进乡村振兴战略实绩考核内容，建立起"县级主导、乡镇主抓、部门主帮、村为主体"一盘棋工作格局；出台《新田县全面推行乡村振兴月例会实施方案》《新田县整治农村陈规陋习推进乡风文明实施方案》《新田县红白喜事"大操大办"专项整治工作方案》，对目标任务、工作重点、工作要求、方法步骤、组织保障等方面进行了一系列细化、量化安排，促进工作落实、落细、落地。

（二）抓住关键环节，有效而治

充分利用"天时、地利、人和"开展综合整治。一方面，突出重点人群。针对新田地域、习俗特点，注重乡村振兴月例会议事重点和议事方式，重点突出党员干部、"五老"乡贤、村级能人、合作社（公司）责任人、利益相关的当事人、监测对象帮扶人等人员群体；陈规陋习整治注重红白喜事大操大办整治，重点突出风水师、治丧总管、后厨组长、抬丧队长等几个关键群体。人民群众自觉树立了"婚事新办、丧事简办、其他不办、厚养薄葬、孝老爱亲、崇尚科学、崇德向善、遵规守信、爱护环境、讲究卫生"十大文明新风。另一方面，强化宣传劝导。大操大办整治注重结合疫情防控敲门行动，挨家挨户上门宣传，对村民红白喜事开展监督、劝导。比如，新隆镇野乐村2021年4月以来两起白喜事，人数规模、时间、花费等方面得到了极大控制，每户节约开支在5万元以上。

（三）强化督导检查，全力而治

全县成立13个工作组，分别到乡到村指导工作开展，坚持一季一督查一调度，将乡村振兴月例会、陈规陋习整治这两项工作列为巩固拓展脱贫攻坚成果同乡村振兴有效衔接问题整改实地检查、督查的重要内容，并进行全面调度。

四、创新机制，乡村治理效果显著

乡村振兴战略实施以来，新田县13个乡镇（街道）、113个村（社区）建设法治文化长廊、法治文化小广场或法治文化小公园。以创建民主法治示范村为抓手，推动全县民主法治工作迈上更高台阶。目前，已建成全国民主法治示范村（社区）1个（骥村镇乌下村），省级民主法治示范村（社区）3个（骥村镇乌下村、骥村镇刘家山村、中山街道中山社区），市级民主法治示范村（社区）1个（龙泉街道石甑源村）。

新田县投入1238万元完成乡村"雪亮工程"建设任务，672个视频监控探头全部安装运行到位。全年实现了赴省进京非访"零上访、零登记、零滋事"目标，健全完善矛盾纠纷多元化解机制，在13个乡镇（街道）全部成立了"一站式"社会矛盾调处中心和政法"五老"调解室，共化解矛盾纠纷233起，消除风险隐患 1542 处。全县易地搬迁分散安置共计 1553 户 7227 人，集中安置点 24 个，共安置 1694 户 7651 人。近年来未发生刑事案件、治安案件和信访事项。

全县 237 个行政村（社区）便民服务中心一门式服务实现全覆盖。推进乡镇便民服务中心"三集中三到位"（行政审批职能向一个科室集中、承担审批职能的科室向行政服务中心集中、行政审批事项向电子政务平台集中，事项进驻大厅到位、审批授权窗口到位、电子监察到位），将相关县直部门下放的业务纳入实行"一站式"办理。实行"党建+网格"帮代办，引导党员和村干部为老弱病残等弱势群众上门帮忙跑腿代办。开展上门服务，每个月组织有关部门下沉到基层办理相关业务。截至 2022 年 3 月，乡镇级平台共受理事项 57684 件，办结 57211 件，帮代办 4.4 万件，上门服务办理 1.9 万件。

五、改革创新，农民收入持续增加

新田县是国家"八七扶贫攻坚计划"县，2020 年实现脱贫摘帽，连续 7 年获评省全面小康工作先进县。近年来，新田县积极尝试资源变资产、资金变股金、农民变股东的"三变"改革，让沉寂的资源变成发展的资产，农民收入得到稳定提高，走出了一条具有新田特色的"三变"改革之路。一是激活沉睡资源，实现资源变资产。全县范围内组织各行政村（社区）清查摸底了村集体资源，将村集体闲置资源以及集体土地、林地、水域等自然资源要素全面盘活，变"死资源"为"活资产"，让绿水青山变金山银山。二是整合项目资金，实现资金变股金。在不改变资金使用性质及用途的前提下，新田县将分散扶持农村集体、各类农业经营主体的财政补助资金进行整合，再将投入到农村形成的固定资产项目、投入到经营主体形成的经营性资产，折股量化到村集体经济组织，获得股权收益。三是创新入股形式，实现农民变股东。农户以土地入股，土地变股权，农民变股东，农民通过流转到集体的土地按照保底分红、根据生产经营情况二次分红和劳务收益等三种模式获益。比如新田县潭田村通过实施"三变"改革，农户收入明显增加，村集体经济每年收入更是突破 30 万元。通过流转土地约 107 公顷，成功打造了一二三产业融合发展现代农业示范园，每年为村级集体经济固定增收 13.2 万元。将上级部门投入园区的基础设施变为村集体固定资产流转给企业，按照投入资金比例收取基础设施流转费用，还将村闲置的小学、厂房、废弃的原砖厂用地盘活起来，流转给农业开发公司，创办大豆加工厂及游学基地等，通过该模式又为村集体经济每年增收 11.3 万元。成立土地合作社，把土地流转到村集体，村集体与企业签订合同，以土地入股大豆种植基地，土地变股权，村民变股东，单土地流转金就直接为潭田村民增收 30 多万元。村民通过

劳务和生产经营二次分红每年增加劳务收入 50 余万元，为村集体经济增加 2.6
万元。

第三节　新田县实施乡村振兴战略的主要问题

调研组在走访周家村、黄栗山村的同时，到新田县部分乡村进行延伸调研，
既走访了先进示范村，也走访了面上村，通过走访调研和查阅相关部门汇报材
料，并与乡村振兴的基本要求对比，我们发现主要存在以下几个方面的问题。

一、农业生产粗放单一，制约产业规模发展

新田县是一个传统的农业县，都是种什么卖什么，如东升农场的蔬菜，黄栗
山村的红皮萝卜等。农业合作社也多数停留在原料供给等一些低层次服务上，规
模相对较小，服务内容单一，带动能力不强，合作层次不高，农产品附加值不
高；如陶岭辣椒、金盆醋水豆腐，其附加值不高；石羊"五月豆香"相对附加
值有所提升，但也不能体现新田农产品"原生态富硒"的潜在价值。这迫切要
求我们走出一条扩规模、出精品的产业发展之路。

二、项目维护资金短缺，制约公共设施管护

从新田县整体来看，包括 103 个脱贫村在内的 237 个村（社区）集体经济收
入均达到 5 万元以上，但总体质量不优，产业结构不优。集体经济收入在 10 万
元以上的仅有 62 个，其中 50 万元以上的仅 4 个，大部分村的集体经济年收益在
5 万元到 10 万元之间，集体经济强村不多，一些村"无钱办事"的问题仍然突
出。新田县在脱贫攻坚阶段投入了大量资金用于改善镇、村两级文体、绿化、亮
化等公共基础设施，为乡村振兴打下了良好的基础。但公共设施不断老化、损毁
与维护合同的到期，给村集体经济造成不小的压力。例如，绿化需要除虫、剪
枝、防虫、补种；文体设施、路灯需要修理、更换；等等，都是一笔不小的开
支。绝大多数村的集体经济收入都基本用来维持运转，很难腾出钱来搞公共设施
养护。

三、人才队伍支撑不足，制约乡村整体发展

近年来，新田县在农业科技服务方面开展了一些有益的探索，取得了较好的
成效。但是农业科技推广难、农业科技利用率不高的问题并没有得到彻底的

解决。

（一）缺乏农业科技专业人才

农民、合作社急需各类农业技术人员，对他们进行技术指导，特别是一些大户需要掌握一些新技术。但是农业科技推广部门人才建设滞后，农业专业人才引进困难，再加上在环境、待遇等因素影响下，一些技术人员离岗和流失，导致农业科技推广队伍专业素养不高，严重影响农业科技的推广和转化。

（二）新型职业农民培育不够

随着市场经济发展进程不断加快，现代农业对农业从业人员职业素养的要求不断提高。但在现实情况下，农村青壮年大量进城务工，妇女和老年人成了农业生产的主力军，这部分人往往文化水平比较低，学习农业新科技的能力较弱，严重制约了全县农业产业提质增效。

（三）农村发展人才支撑不足

由于农村经济基础薄弱，城乡发展不均衡，基础设施和社会公共服务差异悬殊，导致人才从农村流向城市，农村产业发展缺乏有能力和有社会责任感的带头人，形成"没有优势产业—年轻人留不住—产业无人才支撑—产业难发展"的恶性循环。据统计，新田县有各类人才23300人，农村实用型人才14000人（含农村工匠能手、种植能手、养殖能手、致富带头人等），占比60.09%，但近几年只有264名优秀青年报名回乡。外出流动党员2865人中，大部分是青年优秀人才。

四、有效文化资源供给不足，制约乡村文化振兴

（一）文化基础设施落后

农村大部分公共文化设施陈旧落后，文化功能室面积太小，图书馆、阅览室里相关的书籍没有充分考虑老百姓生产生活需求，文化基础设施的数字化、智能化水平还有待提升。

（二）文化创新机制缺乏

没有好的创新群体和文化队伍，文化艺术形式创新不多，文化内容单调，乡村特色文化还没培育起来，低俗文化抬头，真正适合广大民众、内容积极向上的健康文化资源供给不足，远远不能满足人民群众的文化服务需要。

（三）攀比心理仍然存在

调研发现，办红白喜事，部分村民的攀比心理仍然存在，甚至举债办酒；农村结婚要有"三子"——票子、车子、房子，且房子要在县城。天价丧葬费等

陋习依然存在，随着农村人口老龄化步伐加快，丧事服务日益兴盛，多为风水先生、乐队和酒席厨房承接丧事服务项目，一项丧事办下来，多则花费 10 万~20 万元，少则花费 8 万~9 万元；喜事平均直接花费为 10 万元左右，车子、房子另算。调研组在实地走访过程中了解到，一些村民反映每年的人情往来费用在 3000 元以上，负担较重。

五、村干部整体素质不高，制约乡村组织振兴

（一）"两委"干部年龄大、文化水平低

经过 2021 年村"两委"换届，新田县村干部整体素质有了大的提升，经统计，1308 名村"两委"干部中，大专及以上学历的有 276 名（其中党组织书记 73 名），占比 21.1%；高中学历的有 611 名（其中党组织书记 118 名），占比 46.7%；初中学历的有 421 名，占比 32.2%。但与现实发展需要相比差距较大。35 岁以下干部 166 名（其中党组织书记 12 名），占比 12.7%；36~45 岁干部 390 名（其中党组织书记 67 名），占比 30%；46~55 岁干部 543 名（其中党组织书记 102 名），占比 41.5%；56~60 岁干部 193 名（其中党组织书记 45 名），占比 14.8%；61~65 岁干部 16 名（其中党组织书记 4 名）。农村干部老龄化现象严重，文化水平偏低的情况还不同程度存在。

（二）村内党员青年少

一些农村年轻人认为"政治上没盼头，经济上没甜头"，致使农村党员队伍后继乏人。全县 13869 名农村党员中，35 岁以下党员 1543 名，占比 11.1%；36~45 岁党员 2493 名，占比 18%；60 岁以上党员 5201 名，占比 37.5%。大专及以上学历党员 1537 名，仅占比 11.1%；高中（中专、中技）学历党员 4987 名，占比 36%；初中及以下学历党员 7345 名，占比 53%。因大部分青年党员外出务工，平时村里党员开会时，组织活力和引领力明显较弱。党员年龄结构和文化水平在一定程度上制约其引领社会组织、群团组织和广大人民群众共同参与社会治理的基本能力的发挥。

（三）村级工作压力大、待遇低

大多数村干部是家庭经济收入来源的主要承担者，虽然待遇有较大增长，党组织书记的月基本报酬由 2017 年的 800 元增长到 2022 年的 2910 元，其他村干部月基本报酬由 2017 年的 560 元增长到 2022 年的 2037 元，但是仍然跟不上现实需要，村里面临着能人不愿干、常人干不了的尴尬局面。

（四）社会服务机构少、人才缺

县民政局统计数据显示，在农村成立了社会组织的村（社区）不足 1%（注

册成立）。全县 237 个村（社区）中，具有专业服务能力的社会组织机构仅有 1 家，全县持证社工不足 20 人且大部分都不在本县。

第四节　新田县实施乡村振兴战略的对策建议

乡村振兴战略是一项解决发展不平衡不充分问题，推进我国城乡协调发展、一体化发展的重要战略部署，是以中国的方式推进全面现代化的重要举措，利在当代，功在千秋，必须在前进中破解难题。

一、持续加强基层组织建设，提升乡村振兴的领导力

基层党组织是实施乡村振兴战略的"主心骨""领头雁"，农村基层党组织强不强，基层党组织书记行不行，直接关系到乡村振兴战略的实施效果。以往新田县乡村振兴取得了好成效，是基层组织有效建设的体现，要持续推进基层组织建设，提升乡村振兴的领导能力。

（一）抓好"三基建设"强堡垒，提升组织服务力

全面落实落地湖南省委关于乡村振兴系列文件精神，把基层组织、基础工作、基本能力建设作为强基固本的重大举措，树立大抓基层的鲜明导向，既补短板、强弱项，又抓示范、强引领，全面激发基层活力。一方面，聚焦"三基建设"补短板。创新党组织设置，拓展组织覆盖，提升组织动能。持续推进产业链党组织拓展，让支部建在产业链上，党员服务在产业链上，群众富在产业链上。持续用力抓好软弱涣散基层党组织的整顿工作，建立整顿常态长效机制，落实党员县级领导包乡联村制度，建立组织部门评估销号制度，通过逐村倒查、逐村整顿，确保村村过关、个个过硬。另一方面，抓实"五化建设"（支部建设标准化、组织生活正常化、管理服务精细化、工作制度体系化、阵地建设规范化）强示范。从组织保障、经费保障、制度保障三位一体推进支部"五化建设"。全面开展"五化示范、五星争创"行动，推动支部"五化建设"整乡推进、整县提升，全面实现基层公共服务全覆盖。全力创建"党建+集体经济""党建+乡风文明""党建+志愿服务"系列示范品牌，实现"百支示范、千支提升"。

（二）坚持"三治融合"强治理，提升基层组织力

全面推行"德治+法治+自治""三治融合"，推动基层党建与社会治理同频共振。一是自治为基强民主。全面铺开"党建+网格"，实现"纵向到底、横向到边"的全域网格化治理，着力构建"村到组、组到户、户到人"的网格治理

体系，实现"党组织建在网格上、党员服务在群众中"。健全基层党组织领导、村民委员会负责、各类协商主体共同参与的协商工作机制，引导村居结合实际建立村规民约、居民公约。让农民自己"说事、议事、主事"，全面提升村民的积极性和主动性。二是法治为本促平安。坚持和发展新时代"枫桥经验"，深入推进"网格化+信息化"社会治理，开展法治乡村建设，着力完善社会治安防控体系，纵深推进扫黑除恶专项斗争。三是德治为先树新风。全面开展文明创建主题实践活动，扎实推进乡风文明建设，开展"十大陋习"乡风文明整治活动，积极开展道德模范、身边好人及文明村镇、文明单位、文明家庭、文明校园推荐评选活动，推动乡村移风易俗。

（三）坚持"三亮一争"强引领，提升组织战斗力

创新开展"三亮一争"行动，推动党员亮身份、亮岗位、亮作为，争当履责标兵。将十八洞村"互助五兴"（经济兴、科技兴、文化兴、社会兴、生态兴）做法与新田县实际工作相结合，实行"支书包村、干部包片、党员包户"，"1名党员联系5~10户群众"，推动党员在脱贫攻坚、乡村振兴、疫情防控、经济发展等中心大局冲在一线、走在前面。开展"单位联村、村企联动、党员联户"（"三联"）行动，推动党员到基层治理一线亮作为，探索形成党员主联、群众互助、党群共治的基层治理机制，让党旗在基层治理领域高高飘扬。

二、高位推进农业产业发展，夯实乡村振兴的经济基础

（一）持续完善农业基础设施，提高配套服务能力

一是县、乡、村三级联动，水利、财政、农业多部门联合，整合资源，整合资金，持续推进和完善农业基础设施建设，加大水渠、机耕道的修建力度，做到应有尽有、应修尽修，保证现有良田的有效耕作，推进农用地标准化建设。二是要发展农村服务业，加强农村商品配送中心、冷库和连锁超市建设。发展农村金融、信息、科技等生产性服务业，推广农批对接、农超对接、直采配送等农产品营销模式，鼓励农民通过合作社或公司化经营方式，从事农产品加工、运输、商贸等服务性工作，促进农民就业增收。

（二）大力提升农业产业水平，提高农产品附加值

一是因地制宜，积极引导、扶持一批地方龙头企业和专业合作社，培育主导产品，创建知名品牌。改变传统农业的低水平分工状态，延伸产业链，衍生新业态，加强产业组织之间的经济联系，积极优化产业结构，在壮大现代化农业发展的基础上，推进一二三产业融合发展，大力发展农产品加工业，提高农产品附加

值，不断培育产业发展新业态、新模式，构建良好的产业发展格局。二是创新产业发展模式，大力促进产业深度融合。产业融合是产业发展的必然方向，也是推进乡村振兴的重要途径。要充分发挥互联网信息技术优势，积极探索"农业+"多业态发展模式，既要"引进来"又要"走出去"，构建城乡互促、乡企共建、县乡联动、乡乡互联、镇村一体的融合发展模式，让农业与工业、文旅、康养、物流等高位"嫁接"、交叉重组，促进乡村产业全面发展。三是做大做强龙头企业，发展壮大特色产业。龙头企业是乡村产业振兴的主力军，是小农户与现代农业有效衔接的重要载体。龙头企业要以乡村特色资源为依托，坚持"质量兴农、绿色兴农、品牌强农"理念，积极培育打造农产品品牌，发展"绿色+智慧"特色产业，打造"一村一品"特色产业基地，培育地方特色产业品牌，壮大特色产业链条，补齐乡村振兴的短板，增强乡村产业发展的带动力和引领力。

（三）加大农业资金盘活力度，提高集体经济收入

开展农村集体"三资"（资金、资产、资源）管理专项清理整治行动，认真核查闲置的校舍、厂房、工业用地等资产和征地补偿费、集体预留款、结余积累等闲置资金，通过承包、转租、拍卖、资产兑换、年限抵债或理财、投资、入股等多种灵活方式，提高闲置资产利用率和资金的周转率，增加集体收入。对具有水面、林地、荒山、荒沟、荒滩等资源的村，村集体通过自主创业、合作开发、公开发包、对外出租等方式，增加集体收入。对集体资产、资金、土地、技术和信息等要素相对集中的村，村集体选择项目入股参与经营、获得股份利润，增加集体收入。股份经营以龙泉镇东升村为例，采取"土地流转+土地入股+村企共建"新型村企合作模式，由东升村以土地和劳动力等资源入股，东升农场提供资金和技术，流转土地333.33公顷，种植富硒蔬菜年产量近万吨，远销沿海地带，带动周边农户增收，村集体收入15万元左右。

三、复兴乡村特色文化，丰富村民的精神文化

只有加强乡村文化的振兴，才能帮助农民树立发展信心、振奋精神、生发激情，为乡村振兴注入强大的精神动力。

（一）积极繁荣农村文化

坚持发展乡村文化事业，创建一批"十星级文明户"，弘扬践行文明新风。保护和发展有地方特色的乡村优秀传统文化，捍卫乡村记忆。深入挖掘、保护、传承好红色文化、历史文化、民族文化、民俗文化和农耕文化等文化资源，实施

乡村文化品牌培育行动，大力扶持瑶族刺绣、瑶家坐歌堂等一批具有民族特色的文化产业。

（二）持续深化移风易俗

建立村民自治制度，规范治理农村婚姻"高彩礼"现象，坚决杜绝农村攀比建房行为。培育重视教育意识，充分发挥孝文化公园功能，加强孝文化氛围构建，从中华传统美德宣传入手，唤起农村群众感恩父母、孝敬老人的朴素情感，引导广大农村群众主动赡养善待老人，切实维护农村老年群体合法权益。

（三）强化文体阵地建设

大力开展村（社区）综合性文化服务中心建设，大力发展体育事业，逐步完善乡镇学校和社会体育场地设施。加强文化产品供给和服务，充分发挥现有文化设施的作用。推广政府购买服务、集中配送等方式，支持生产质优价廉、健康适用的公共文化产品，参与公共文化服务。

四、坚持"两山"理论，不断改善农村生态宜居环境

绿水青山基本分布在广大乡村，保护好绿水青山，是乡村生态振兴的基本任务，是新时代中国特色社会主义生态文明建设的重要内容。绿水青山就是金山银山，揭示了保护生态环境就是保护生产力，改善生态环境就是发展生产力的道理，发展和保护两者密不可分、协同共生。

（一）加快推进乡村绿色发展

加强生态系统保护与修复，明确全县重点生态功能区生态保护红线。加强对自然保护区、水源涵养区等生态敏感区的恢复与保护。充分发挥福音山国家森林公园、大观堡国家石漠公园、新田河省级湿地公园的生态功能，保护生物多样性。切实做好治污水、防洪水、排涝水、保供水、抓节水"五水共治"，推进中小河流治理工程建设。推广绿色消费，倡导使用绿色环保产品，限制使用一次性用品。完善环境保护与污染治理制度，擦亮新田生态名片。

（二）大力推进乡村基础建设

全面完善村道建设、村道拓宽、各类饮水工程和自来水项目，开展农村电网升级改造，全面开展农村综合服务平台建设。坚持乡村振兴和新型城镇化双轮驱动，突出乡土特色和地域民族特点，将村庄规划纳入村规民约，压实乡镇规划委员会、村级农村建房规划管理员责任，落实农村建房"一户一宅""建新拆旧"政策，继续实施农村危房改造。大力开展"空心村改造"，加大文化遗产保护力

度，实施古村庄保护工程。

（三）持续改善乡村人居环境

完善"户分类、村收集、镇转运、县处理"城乡垃圾一体化处理模式。深入推进"一拆二改三清四化"（"一拆"指拆除"空心房"；"二改"指改厕、改厨；"三清"指清理农村生活垃圾、清除村内沟渠塘坝、清理畜禽粪污；"四化"指农村净化、绿化、美化、亮化）行动，提升整治生产、生活、生态空间，美化村庄环境。加大村庄绿化力度，村内空坪隙地和背街小巷要逐步硬化、绿化、净化，不留死角、死面。继续推进亮化工程，行政村要实施村民居住点路灯全覆盖，做好路灯维护和管理工作。

五、落实人才保障政策，留住吸引各类人才振兴乡村

人才是乡村振兴的第一要素。2018 年中央一号文件明确指出："要把人力资本开发放在首要位置，畅通智力、技术、管理下乡通道，造就更多乡土人才，聚天下人才而用之。"

（一）大力培育新型职业农民

对符合条件的职业农民进行资格认证，制定出台支持职业农民的配套政策，吸引更多农民主动提高素质，积极从事农业生产。

（二）大力培育新型经营主体

加大对家庭农场、农民专业合作社、种养大户、农业产业化龙头企业等新型经营主体的政策扶持力度，促进它们加快成长，更好发挥示范带动作用。

（三）大力实施资源返乡工程

各地应制定出台并落实支持城市资本、社会资本、城市居民到农村投入产业开发，外出务工人员回乡创业，境外企业到农村投资建厂的具体政策，加强农业招商引资，消除城乡人才流动制度障碍，加速推进城乡人才互动、要素流动。

（四）大力培训农村实用人才

充分利用现有各种农村人才培训资源和项目，采取多种形式，分期分批从乡村中选拔一批有基础、有信心的农民进行技能培训，提高他们的从业水平，加快建设一支乡土专业人才队伍。

（五）大力实施村居"头雁"工程

事实证明，一个好的村支书，就能带动一方百姓致富。要把村支书的选拔培养作为组织部门的重要工作议事日程，制定相应政策，采取多种方式，加大培育

力度，提高综合素质，使他们真正成为乡村振兴的"领头雁"。

（六）大力推进科技数字下乡

数字技术已成为乡村产业发展的"加速器"，随着数字乡村建设的深入推进，越来越多的农户、合作社、农业企业等经营主体已成为电商等平台上的"玩家"，亟须现代专业电商人才、数字化人才来支撑现代农业高质量发展。

第十二章
乡村振兴战略在蓝山县的探索与实践

党的二十大报告指出"全面建设社会主义现代化国家，最艰巨最繁重的任务仍然在农村"，明确要求"加快建设农业强国，扎实推动乡村产业、人才、文化、生态、组织振兴"。近年来，蓝山县深入贯彻落实习近平总书记关于"三农"工作的重要论述，坚持农业农村优先发展总方针，大力实施乡村振兴战略，扎实推进乡村发展、乡村建设、乡村治理等重点工作，加快建设农业强县，建设宜居宜业和美乡村，不断推进全县农业全面升级、农村全面进步、农民全面发展，谱写了新时代乡村振兴的蓝山篇章。

第一节　蓝山县实施乡村振兴战略的基本情况

近年来，蓝山县按照党中央、省委、市委的决策部署，全方位推进乡村振兴战略的实施。

一、紧盯乡村产业振兴

（一）助农民办企业

县、乡干部下村，进行针对性指导、综合性服务，帮助留守乡村的农民创办企业，使其参与皮具、箱包企业的投资兴办，或合股或单独办。在回乡老乡带动下，大批在乡村的农民成为"企业主"。两年来，全县农民新办皮具、箱包、玩具企业达 180 余家，在本县工业园从事销售、直播带货、研发、务工等的就业人员达 5.3 万人。

（二）发展集体经济

出台《深化党建引领推动村级集体经济发展，助力乡村振兴实施方案》，安排预算资金，作为发展壮大村级集体经济引导扶持的专项资金，为兴业强村提供了坚强财力保障。实施"十村示范、百村提升"工程，通过盘活山岭土地资源，发展集体经济。以点带面、以点促面，全面消除村级集体经济"空壳村"，提升薄弱村实力，创建示范村，达到了村村都有稳定集体经济收入的目标，高质量完成了中央扶持的示范村的建设任务。

（三）实施金融惠农

坚持党组织引领，把发展集体经济合作社确定为乡村振兴攻坚"靶心"，由县乡村振兴局牵头，蓝山财信担保有限公司担保，与中国建设银行蓝山分行联手推出乡村振兴"共享贷"金融产品，以村集体合作社为贷款对象，积极服务乡村振兴。目前全县22个村集体经济薄弱村合计贷款980万元。通过发展特色产业，提升农村集体经济"造血"功能，创办形式多样的村集体企业。如集体与农户合作，开发种植粽叶、药材、灵芝等企业，推动壮大新型农村集体经济，实现长效可持续发展，谱写"强富美"的乡村振兴新篇章。截至2022年10月，全县年收入5万元以上的村191个，占90%以上，10万元以上的村35个。

二、培育乡村人才振兴

（一）凝聚三种能人

组织本地致富能人、外出务工经商能人、与本地产业发展关联度高的企业能人加入乡镇商会，共凝聚会员企业446家、会员559人。

（二）注重三个关键

选派业务能力强、综合素质高的党务骨干人才担任商会党建指导员；由乡镇党委书记兼任商会党组织"第一书记"；由商会党组织书记担任商会会长，实现"一肩挑"，促进人才与党建、会建深度融合。

（三）发挥三大作用

充分发挥商会"听党话、感党恩、跟党走"的政治引领作用，"引老乡、回故乡、建家乡"的桥梁纽带作用，"兴产业、强治理、惠民生"的示范带头作用，引导商会外引内育、抱团发展，引导会员以商招商、以企引企、回报社会，争做产业振兴的带头人、招商引资的中介人、环境整治的示范人、乡风文明的引导人。

三、提升乡村文化振兴

蓝山县充分利用新时代文明实践中心和基层站、所、服务点，组织理论、教育、文化、医疗、科技等志愿者进基层开展理论宣讲、宣传、服务、培训和交流，为群众提供公共服务共享平台，打通服务群众"最后一公里"，有效提升群众获得感和幸福感。

受邀与央视合作的蓝山籍乡村振兴观察员、瑶浴创始人"远山的阿妹"返乡建立蓝山直播运营中心，通过"县长走进直播间"，在抖音、快手直播平台推介云冰山、湘江源、蓝山皮具箱包玩具、蓝山金牌牛杂等本土文旅资源、主导产业和特色美食，助推县域经济高质量发展。

与《湖南日报》合作，着力打造集新闻资讯、新时代文明实践、掌上政务服务、购物消费、生活缴费等多项服务功能于一体的"新蓝山"客户端，让老百姓"一端阅尽"家事国事天下事、"弹指解决"柴米油盐酱醋茶等问题，成为百姓离不开、放不下的"掌中宝"。

四、立足乡村生态振兴

（一）改善农村人居环境

2022 年，蓝山县财政投入 1600 万元，吸引社会资本投入 2680 万元，将村庄清洁行动列为乡镇和村每月必须开展的经常性活动，深入推进"一拆二改三清四化"及"三清理三整治四提升"，共清理生活垃圾 4.65 万吨，清理河塘沟渠 590 处，清理农业生产废弃物 1430 吨，整治私搭乱建 481 处，整治私接乱拉 323 处；创建"两次四分"农村垃圾分类试点村 6 个，建成乡镇垃圾压缩转运站 9 个并投入使用；开展村庄和庭院"四化"创建 12 个，开展环境与健康培训 31 次，完成 4 个行政村的污水治理，行政村农户生活污水治理率达 45.5%；空心房拆除 560 座，面积 4.3 公顷，绿色村庄创建 9 个，将宅基地管理内容纳入村规民约的村 209 个，建立群众参与、群众监督的村庄保洁管理体系的村 209 个，形成了有制度、有标准、有队伍、有经费、有考评的长效机制。

（二）将厕所革命进行到底

2022 年 1—11 月，农村户用卫生厕所完成建设改造 1766 户，超额完成任务，完成率高达 104.37%。建立了全过程质量管控体系，全面提升竣工验收合格率。同时，对 2013 年以来各级财政支持改造的 7450 座农村户用厕所开展排查，排查率达 100%，排查出有问题的 22 座厕所已全部整改到位，真正做到了清仓见底。建立改厕管护机制村 12 个。在所城镇舜河村建立县级"首厕过关制"示范点，并对各乡镇分管领导进行了现场培训，各乡镇分别建立了乡镇级"首厕过关制"示范点。在塔峰镇高阳村示范创建粪污无害化处理及资源化利用试点，建成污水处理站 1 座，铺设管道 0.72 千米，尾水覆盖农户 113 户。

（三）注重加大投入

全面落实村级公共区域清扫保洁经费，县财政按照 12 元/人的标准安排村级日常保洁经费 400 万元。村级按人均不低于 12 元的标准收取垃圾清扫保洁费用。各乡镇在县委、县政府的强力推动下，自我加压，千方百计筹集资金，增加投入，强化保障。大桥瑶族乡桥市村为保洁员购买了养老保险，想方设法为其解决后顾之忧。毛俊、所城等大部分乡镇都从乡镇财政挤出资金，购置垃圾桶、果皮箱、垃圾斗车等设施。

五、强化乡村组织振兴

（一）强化组织的"引领力"

落实《蓝山县 2021—2023 年农村党建工作示范点创建规划》，分批次创建 80 个高标准基层党建示范点。以"五化"建设为抓手，实行一村一策，重点夯实示范村战斗堡垒。党建示范点建设与乡村振兴建设全面整合、深度融合，通过统筹农业产业资金、融资贷款等方式，筹集资金 5000 万元，扶持村集体入股中国华电风力发电项目，实现全县村级集体经济收入全面达标和全面提高，补齐贫困村、弱项村的短板，凝聚乡村振兴力量，充分发挥组织的引领作用，为巩固拓展脱贫攻坚成果同乡村振兴有效衔接提供坚强组织保证。

（二）提升村党组织书记的"战斗力"

拓宽选育渠道，注重在退役军人、返乡大学生、致富带头人等群体中发现、培育人才。2020 年，村党组织换届完成后，全县党组织书记 223 名，平均年龄较上届小 6.9 岁，其中 35 岁以下的占比 36.8%，高中以上学历占比提高到 69.9%，实现年龄学历"一降一升"，战斗力进一步增强。新一届年轻、有文化、敢创新的村党组织书记，是堪当蓝山乡村振兴大任的"领军人"。

（三）激活队伍的"带动力"

纵深推进"红色教育在永州（蓝山篇）"学习活动，紧密结合实际，将红色教育与基层党建、脱贫攻坚、疫情防控、乡村振兴相结合。将红色基因融入"三会一课""主题党日"等党内组织生活，通过组织党员学习党史、红色经典著作，引导党员干部将革命精神融入推进农村发展的具体实践中，融入乡村振兴的具体工作中，擦亮底色，激活党员"红色基因"，带头创业、带头发展、带头奋斗，成为农村群众致富的"先锋队"、乡村振兴的主力军，把红色精神转化为推动蓝山乡村振兴的磅礴力量和强大动能。

第二节　蓝山县实施乡村振兴战略的主要成效

两年来，在全县上下的共同努力下，乡村振兴战略得以顺利推进，成效显著。

一、党建引领作用彰显

蓝山县始终把发展壮大村级集体经济作为推动乡村振兴、凝聚党心民心、巩固执政根基的重大基础工程来抓。

（一）组织领导更加有力

成立了由县委书记任组长，县长任常务副组长，全县所有县直机关、乡镇为成员单位的乡村振兴工作领导小组，定期分析全县乡村振兴开展情况，并在县农业农村局设立办公室，抽调专人专抓，负责对集体经济发展壮大的指导、督促、检查、考核。坚持把基层党组织作为实施乡村振兴战略的"一线指挥部"，各村基层党组织书记为"主攻队长"，持续提升基层党组织抓党建促乡村振兴的能力。

（二）选优配强村级组织，提供发展保障

坚持"一好双强双带"的选任标准，大力推进"两推一选"制度，选任村党组织班子。注重从农村致富能手、退伍军人、返乡农民工等能人中选人担任村班子成员。

（三）加强村干部培训，提升村干部素质

每年举行不少于 3 天的村党组织书记培训，把发展壮大村级集体经济列为村党组织书记培训的重要内容，通过事例讲解与现场教学相结合的培训方式，开阔村党组织书记视野，增强发展意识，使之成为乡村振兴的中坚力量。

（四）创新流动党员管理模式，打造流动党建品牌，发挥流动党员助力乡村振兴的作用

蓝山驻郴州流动党支部为所联系的浆洞瑶族乡茶源坪村和小洞村解决药材的销路问题；驻花都区流动党总支鼓励带动蓝山籍个体工商户和企业家抱团回乡投资创业，建成蓝山湘江源皮具产业园标准厂房 10 万平方米，引进皮具箱包企业 72 家，带动引进总投资 60 亿元的皮具箱包科技产业园项目落户蓝山，为家乡作

贡献，为组织聚活力。

二、人才支撑不断夯实

2022 年，实施"基层干部乡村振兴主题培训计划"，依托县委党校和各乡镇党校，分级分类培训村干部、村集体经济组织负责人、非公有制经济组织和社会组织党组织负责人 39 期 4072 人次。持续开展"党建+乡村振兴高素质农民培育"，开办"乡村学堂"和"田间课堂"，定期邀请各类专家教授和技术人员到田间地头和现场教学示范点进行示范讲解，变"授人以鱼"为"授人以渔"。深入实施基层人才定向培养三年行动计划，与高校合作成立"湖南蓝山县人才开发与管理合作研究中心"，定向培养农村急需的师范、医学、农技等人才。大力实施"招才引智"人才引进计划。截至目前已引进现代农林水利技术、教育、卫生与预防医学、工程建设与规划等领域急需、紧缺、专业人才 190 人，新招录乡镇机关工作人员 155 人。全面落实"组团联村五抓五促"工作，526 名乡镇干部参与组团联村，全县所有行政村及农村社区实现全覆盖。建立基层干部帮带导师"师资库"，实行动态管理，按需调配使用，全县共选聘帮带导师 352 名，帮带学员 394 名。实施"党建+乡村振兴"示范工程，采取"县级领导挂点、后盾单位帮扶、两新组织结对、组工干部联村"的模式，创建 34 个党建引领乡村振兴示范点，选派 7 名优秀干部挂任乡镇党政领导班子成员，选派市、县驻村工作队 57 支 151 人，派最强力量"联村"，聚最大合力"扶村"。

三、农产品质量稳步提高

2022 年，蓝山县成功创建省级农产品质量安全县，荣获 2022 年湖南茶叶乡村振兴"十大茶旅融合示范县（市、区）"称号，获评湖南省农民教育培训工作先进单位，蓝山县塔峰镇（茶叶）被湖南省农业农村厅认定为省级农业产业强镇项目。

（一）扛稳粮食安全责任

严格落实党政同责，全力克服前涝后旱、夏秋连旱等恶劣天气影响，全县完成计划面积 22733.3 公顷的 103%，粮食总产量 13.75 万吨。全面完成永久基本农田保护任务，新建高标准农田 2000 公顷。

（二）擦亮"菜篮子"品牌

着力构建优质高效的粤港澳大湾区"菜篮子"直供体系，把"湘江源"特色品牌蔬菜的相对优势做成了产业的绝对优势。2022 年新增粤港澳大湾区"菜篮子"认定基地 7 个，累计达到 20 个。全县蔬菜播种总面积 10466.7 公顷，总产量 32 万吨。全年生猪出栏 67.58 万头，存栏 52.46 万头，能繁母猪存栏 4.31 万头。

（三）集聚改革发展动能

深入推进农村重点领域和关键环节改革，全力推动县域经济高质量发展。2022 年，全县农产品加工总产值 113 亿元，新增省级农业产业化龙头企业 1 家，省级示范家庭农场 3 家、省级示范农民合作社 4 家，累计有省级龙头企业 7 家，市级龙头企业 13 家。"蓝山黄花梨"成功注册地理标志证明商标，实现地理标志"零的突破"。

四、乡村产业持续发展

加快高标农田和生态循环智慧农业产业园建设，做大做强蔬菜、水果、烤烟、茶叶、药材 5 个"万字号"农业生产基地，全力打造粤港澳"菜篮子"供应基地，不断提升"湘江源"蔬菜公用品牌的影响力和美誉度。实施"一产接二连三"工程，推动种养业向产加销一体化拓展，立足本地特色资源，积极培育乡村旅游、休闲农业、电子商务等农业新业态。**助推产业升级**。大力培育产业化联合体，探索"飞地经济"，采取"1+1+20"的模式，引进广东澳益农业发展有限公司，建设一个桂花鱼工厂化养殖基地。**延伸产业链条**。积极推进农业与文化、旅游、教育、康养等深度融合，大力发展农村电商、直播带货、休闲采摘，聚焦"一主一特"，以"产业链"布局"人才链"，加快建设皮具箱包特色小镇、生态循环智慧农业产业园、舜水田园综合体等产业项目。加大对乡村重点文物保护单位、古遗址、古民居的保护力度，挖掘打造星级农家乐、乡村酒店、精品民宿、乡土美食、地方民俗等特色资源，着力打造一批农业产业强镇、特色小镇、田园综合体，推动形成以云冰山为龙头，湘江源、百叠岭、毛俊水库、湘江大峡谷等为延伸的生态文化旅游集群。蓝山县获评"国家级出口食品农产品质量安全示范区""全国蔬菜生产重点县""全国重点产茶县""全国十大生态产茶县""全国富硒产业推广示范县""全国有机肥替代化肥试点县""省级农产品质量安全县"。

五、脱贫攻坚成果巩固

按照"发现一户监测一户、帮扶一户、动态清零一户"的要求，完善落实防止返贫动态监测和帮扶机制，进一步做实做细防止返贫监测和帮扶各项工作。

（一）建立统筹协调机制，压实责任

成立防止返贫动态监测帮扶工作领导小组，由县乡村振兴局牵头开展工作，

民政、医保、人社、教育、住建、水利等重点部门和各乡镇为责任单位。在风险发现上依靠部门信息预警、村民自主申报和基层干部摸排三条重要途径。在政策帮扶上实行"行业出政策、乡镇抓落实"。将就业帮扶、危房改造、医疗救助、低保兜底等政策组合拳落地落细。行业部门结合行业政策对监测户的风险点进行核实研判，提出行业政策支撑，拿出项目资金，明确具体帮扶措施，提出限时办理期限。在结对帮扶上实行"村干部主抓监测、县乡干部主抓帮扶"的政策。

（二）开展动态监测，确保应纳尽纳

以家庭为单位，对所有的农村人口开展全面排查，做到监测对象结对帮扶、脱贫户结对联系全覆盖。组织乡镇村干部、帮扶单位干部、驻村队员，对所有农户开展两次拉网式排查，对排查中发现的"两不愁三保障"以及安全饮水存在隐患的家庭，因劳动力、生产力变化导致年人均收入下降可能达不到6900元警戒线的家庭，突发严重困难导致入不敷出的家庭，进行重新核查和甄别，符合政策条件的，纳入"三类对象"，实施监测帮扶。2022年，共314户1164人纳为监测对象，监测对象总规模为742户2326人，已消除风险的监测对象为226户735人，风险消除率30.46%。

（三）下足帮扶功夫，筑牢返贫防线

县乡村振兴局定期分析数据，对监测帮扶对象中帮扶措施尚未落实到位、风险尚未消除的对象根据风险点分类，按照部门职能反馈到各责任单位，各责任单位开展针对性帮扶后，再向乡村振兴局反馈措施落实情况。通过为重点对象开辟政策帮扶"绿色通道"，做到因户施策、对症下药，防止"泛福利化"和"大水漫灌"。严格落实"四个不摘"要求，保证兜底类的政策措施力度不减。将边缘易致贫户、突发严重困难户、脱贫不稳定户纳入巩固成果政策扶持范畴。对未消除风险的监测对象采取"一对一"方式结对帮扶，安排县、乡镇副科级及以上干部，有帮扶能力的机关事业单位财政供养人员担任。制订年度帮扶计划并跟踪落实；开展"每月一走访"，每季度采集一次收入数据，协助建好"一户一档"。2022年，共安排结对帮扶人349人，结对联系人1423人。如：义务教育家庭经济困难学生生活补助5295人189.5万元，减免义务教育学生48349人学费、教科书款338.5万元。全县脱贫人口家庭年人均纯收入为10040元，高于全市平均水平。

第三节 蓝山县实施乡村振兴战略的主要问题

近年来，蓝山县虽然在实施乡村振兴战略时取得了显著成效，但也面临一些困难与挑战，主要表现在以下四个方面。

一、村庄"空心化"

村庄"空心化"是指农村中的有文化的青壮年劳动力流向城市工作，造成农村人口在年龄结构上的极不合理分布；同时由于城乡二元体制和户籍制度的限制，以及村庄建设规划的不合理，村庄外延异常膨胀和村庄内部急剧荒芜，形成了村庄空间形态上的空心分布状况。随着城镇化步伐加快，村里进城打工甚至定居的人越来越多，蓝山县农村人口大量向城市转移，农村"空心化"、农户"空巢化"、农民老龄化的现象日益严重，不少村里原来几百户的人家只剩寥寥几十甚至几户，这一现象在偏远山区尤其明显。

二、资源闲置化

所谓闲置资源是指暂时没有使用起来的资源，尤其是那些可供流通使用的闲置资源。随着经济发展和城镇化加速推进，"空心村""空心户"不断增加，大量农村林地、耕地、住宅及宅基地等处于闲置或半闲置状态，成为沉睡资源。乡村资源的现状，一是资源分散在村民手中，各自为营；二是资源闲置，价值未被充分利用；三是村民没有好办法盘活各类资源。这种现状难以适应农村经济规模化、组织化、市场化发展需要。

三、产业薄弱化

产业薄弱化主要体现为一二三产业融合乏力。

（一）乡村产业融合度不高，产业链条短

蓝山县粮食、果蔬、茶叶、生猪、木材等主导产业都以销售原料或初加工产品为主，缺少新品开发、精品加工、精美包装，农副产业科技应用率不高，农产品档次和增值率较低，与农业产业配套衔接的加工、流通、餐饮服务业等不能同步协调发展，特别是科技含量较高的精深加工农业产业严重滞后，蔬菜、水果初加工率低，没有加工做保障，销不出时只能大量烂在地里。

（二）土地资源制约乡村产业融合

乡村产业振兴必然要发展高附加值的农业，但这些产业大多需要建设温室大棚等现代化生产设施，受到基本农田禁止"非农化""非粮化"限制，这些生产设施与当前国土空间规划和土地用途管制制度之间仍存在一定矛盾，导致高附加值农业产业种植用地严重缺乏，扩种计划受阻。同时，发展乡村第三产业也需要配套建设游客接待中心、酒店民宿、停车场等商业及公共服务设施，而促进产业融合的土地资源极度紧缺。

（三）乡村旅游资源未深入挖掘，配套设施不完善

全县大部分乡村旅游处于初级阶段，交通、住宿等旅游条件虽然有了起步基础，但相对缺乏统一规划和管理，呈无序发展状态。对旅游产业的协同整体开发不够，大部分民宿为村民自营，缺乏资金支持，交通、餐饮等配套设施不完善，对文化的挖掘深度不够，区域文旅景点联动不够，导致很多乡村旅游项目还不具有吸引力。

四、人才紧缺

一是短缺。当前，农村大部分青壮年劳动力都到城里务工去了，留守农村的基本上都是妇女、老人和儿童，"谁来种地""谁来建设美丽乡村"的问题日益突出。二是断档。年轻人极少或从不参加农业活动，连基本的务农技能都难以掌握，更没有接触过新技能；老年人则难以接受和适应新技能。三是脱节。农村发展新业态方面的专业化技能培训缺位或者滞后，致使人才脱节，特别是专门从事农业、林业、畜牧业等直接服务农村种养加工业的专业实用人才匮乏，不能为乡村振兴赋能助力。总之，农村发展进入了新阶段，但能适应这一发展需要的乡村建设人才严重短缺。

第四节 蓝山县实施乡村振兴战略的对策建议

针对当前蓝山县在实施乡村振兴战略过程中面临的主要问题，建议从以下几个方面加强应对，补齐短板。

一、以发挥基层党组织堡垒作用为引领，着力推进乡村组织振兴

（一）注重建设基层党组织强班子

（1）选优配强村"两委"班子。以适应新型农村社区建设为目标，调整优

化农村基层党组织设置，加大在农民专业合作社、农业企业、农业社会化服务组织中建立党组织力度，依托自然村、村民小组建立党支部或党小组，实现党的组织和工作全覆盖。推进村党组织书记担任村集体经济组织、合作组织负责人，推行村"两委"班子交叉任职，鼓励非村民委员会成员的村党组织班子成员或党员担任村务监督委员会主任，提高村民委员会中党员比例。全面推进党支部"五化"建设，全力打造党支部建设"升级版"。持续整顿软弱涣散村党组织，开展全县贫困村和软弱涣散村党组织选派专职书记或第一书记全覆盖行动。加大农村干部学历教育和后备干部递进培养力度，推动农村基层党员干部素质提升长效机制化。

（2）健全基层党员学习培训制度。分层分类抓好村（居）"两委"班子成员履职能力培训。健全落实农村党员定期培训制度，强化知识和技能培训，村党组织书记每年至少参加 1 次县级以上党组织举办的集中轮训，乡镇党委每年应当对党员分期分批进行集中培训 1 次。健全党员岗位争先创优长效机制，树立先进典型。继续实施"农民大学生培养计划"，持续推进农村党员和青年农民培训工程。

（3）推进基层党组织制度和作风建设。严肃党的组织生活，严格落实按"三会一课"、组织生活会、谈心谈话、民主评议党员等制度，全面推行"支部主题党日"活动。推进党务公开，畅通党员协商议事渠道。严格落实按"四议两公开"程序决策村级重大事项制度，促进乡村事务运行健康有序。从严监督管理农村集体资金、资产、资源，坚决防止借乡村建设之名新增村级债务，持续开展"雁过拔毛式"腐败问题专项整治。把基层党组织打造成为坚强有力的战斗堡垒，成为推动乡村振兴的"领头雁"。

（二）吸纳非党组织力量增活力

（1）引回"能人"。随着农村青壮年劳动力向城市转移，乡村"空心化"、农村人口老龄化等现象越来越突出。从产业发展角度看，要明确引才对象，加强分类引导，对有意向在乡村兴业的农民企业家、乡村能人、有一技之长的退伍军人等，分类引导其流转耕地种植、兴办实业、发展特色产业等。从组织干部培养的角度看，把"德、能、勤、绩、廉"作为考核指标，注重从农村致富能手、退伍军人、返乡大学生等群体中推荐能人到村支部主要岗位上任职锻炼，优化村级基层党组织结构，增强基层党组织的组织力量和引领农民发家致富的本领。

（2）用好"贤人"。进入新时代，地方乡贤也被赋予了全新的社会责任，尤其对于提升地方乡风民俗、传承诗书礼仪、绽放道德光辉、修复乡土记忆、凝聚乡愁文脉等方面具有重要作用。要培养和选树新乡贤队伍，建立健全有效的激励机制，尤其在创业扶持、特殊补贴、子女教育及住房医疗等方面加大政策倾斜。

建立乡村"新乡贤"工作平台，针对在外地工作的各界人士，开展乡贤联谊会，促进相互交流，让外地乡贤铭记家乡恩德，积极为乡贤提供参与当地党委、政府有关座谈会的机会，开展"走近乡贤"采访、乡贤"回乡行"等活动，零距离听取他们对建设美丽乡村的真知灼见，激发其为家乡乡村振兴贡献力量的热情和动力。

（3）培育"新人"。产业农民、合作社的领军人才是现代农业高质量发展的助推器。积极探索新型职业农民培养方式。在全产业链上，建设现代农业田间学校、农村人才创新孵化基地等培养载体，建立一批适合于现代农业发展的新型职业农民团队。

（4）认可"强人"。遴选农村种养大户、家庭农场主、农民专业合作社核心骨干，进行农业知识和实用技能专业培养，经考核合格后授予新型职业技术村民资格等级证书，并享受政府相关涉农专项资金政策扶持，进一步提升新型职业农民的综合素质和自主发展能力，打造一批爱农业、懂技术、善经营、会管理，引领农民共同致富，助推美丽乡村建设的新时代的农业强人。

（三）健全乡村治理体系促安稳

（1）增强村民自治能力。健全村级自治制度，引导农村基层组织、社会组织和村民个人有序参与农村发展事务，提升村民自我管理、自我服务水平。建立健全村务监督委员会，拓展"亮栏"行动，推动线上线下村务公开常态化。充分发挥社会各类人才、新乡贤等群体在乡村治理中的作用。依法依规修订村规民约。探索建立县、乡社区发展基金，支持运用"一事一议"机制开展微治理、微建设、微服务。

（2）健全基层公共服务平台。坚持以群众需求为导向，以便民高效服务为宗旨，大力推进"互联网+一体化平台"建设，推进基层公共服务（一门式）全覆盖，实现县、乡、村"服务一扇门、审批一枚章、事情一次办"，提升互联网等现代信息技术在乡村治理中的作用。

（3）深入推进平安乡村建设。加强乡镇司法所建设，统筹提供基层公共法律服务。深入开展农村法治宣传教育，组织开展"法律进乡村（社区）"活动、"民主法治示范村（社区）创建"活动等，构建覆盖全县乡村的法治文化体系。健全农村公共法律服务体系，公共法律服务乡镇工作站、村（社区）工作点建成率达100%。落实"一村一法律顾问"。全面实施农村辅警"113工程"，推行"互联网+警务"，扎实开展智慧农村警务室建设。推进综治中心、网格化服务管理中心标准化建设。通过创新乡村基层法治化治理模式，促进乡村和谐平稳，不断提升村民的幸福感、获得感和安全感。

二、以促进农民增收为首要目标，着力推进乡村产业振兴

（一）按照"精细农业"的思路，大力发展特色产业

健全现代农业产业体系，以市场需求为导向，实施"百千万工程"和"六大强农"行动升级版，推动蓝山"一县一特""一村一品"农业产业发展，做优做强蔬菜、水果、油料、茶叶、中药材等优势特色产业，打造优势特色产业集群。

（1）做优蔬菜产业。围绕"强基础、稳面积、调结构、提质量、增效益"的发展思路，紧抓粤港澳大湾区"菜篮子"工程机遇，构建粤港澳大湾区"菜篮子"生产、加工、经营于一体的现代农业产业体系。重点发展以外销蔬菜为主的粤港澳蔬菜供应基地、以四季鲜销时令蔬菜为主的城镇蔬菜供应基地、以高山蔬菜和设施蔬菜为主的反季节蔬菜供应基地、以本地名特优蔬菜为主的特色蔬菜供应基地。因地制宜，认定一批"湘江源"蔬菜生产示范基地。加强蔬菜集约化育苗基地、蔬菜采后处理与加工基地建设。培育发展蔬菜生产性服务业，推广"龙头企业+合作社+基本菜农"的生产经营模式，建立蔬菜产销联合体。积极开展"三品一标"认证、蔬菜产品标识包装和溯源上市，做大做响"湘江源"蔬菜公用品牌。

（2）做精水果产业。重点发展蓝山黄花梨、蓝山阳光玫瑰等地方特色时鲜水果，同时适度发展草莓等高效水果。在规模较大的集中产区配套建设贮藏保鲜、采后处理、避雨栽培、水肥一体化等设施。大力发展以柑橘加工为主的优势水果精深加工。

（3）做强油料产业。重点发展油茶、"双低"油菜、小籽花生等优质油料产业。扩大油茶高产原料基地，扩大早熟"双低"油菜种植规模，示范推广高油酸油菜新品种，扩大浓香型小籽花生种植规模，示范推广保健型黑籽花生新品种。组建以龙头企业和科研院校为链接的加工产业集团，充分挖掘油茶及其副产品的市场潜力，延长产业链，提高产品附加值。

（4）做大茶叶产业。围绕蓝山茶产业传承发展，深入实施良种化、标准化、品牌化战略，着力推进"机器换人""电商换市"和精深加工全产业链建设。依托蓝山三峰茶业公司的百叠岭、沙子岭及湘江源的自然环境和气候条件，重点发展百叠岭生态观光茶园有机红茶、绿茶等优势茶品种；开展"机器换人"设施设备研发，提高精深加工产品比重，延长产业链；推进茶叶、旅游、文化融合产业链项目建设，促进一二三产业深度融合发展。

（5）做强中药材产业。围绕"规模化种植、标准化生产、产业化经营、机

械化加工、电商化销售"的发展思路,在大麻、大桥、湘江源、荆竹等山区种植金银花、厚朴、药菊、杜仲等中草药,建设优质中药材原料基地,扩大自建基地规模。推广林下种植中药材,提高林地产出效率。加快突破企业研制新药重大关键技术和工艺,培育药材新品种。

(二)融合发展一二三产业,加快培育新产业新业态

不断提升农产品精深加工水平,进一步优化乡村休闲旅游业,大力发展乡村新型服务业,推动农村一二三产业融合发展,着力构建高质量的现代农业产业体系。

(1)提升农产品精深加工业。一要调优产业结构。鼓励和支持农民合作社、家庭农场和中小微企业等发展农产品产地初加工,减少产后损失,延长供应时间,提高质量效益。粮食等耐储农产品,重点发展烘干、储藏、脱壳、去杂、磨制等初加工,实现保值增值。果蔬、畜禽等鲜活农产品,重点发展预冷、保鲜、冷冻、清洗、分级、分割、包装等仓储设施和商品化处理,实现减损增效。食用类初级农产品,重点发展发酵、压榨、灌制、炸制、干制、腌制、熟制等初加工,满足市场多样化需求。二要优化空间布局。在塔峰镇雷家岭建设一个辐射八甲村、三和新村的以种植香芋、萝卜、苦瓜等为主的333.3公顷的舜水田园综合体;在塔峰镇六七甲村建设一个23.3公顷的智慧农业产业园;在湘九公路和舜水河沿线的城镇长铺村、舜河村、所城村、舜岩村等建设一个333.3公顷的蔬菜、水果生态农业产业园。将各处农业产业园打造成优质蔬菜、水果生产示范基地和集旅游观光、休闲、采摘体验于一体的生态农业产业园。在塔峰镇兴蓝大道以南、柳溪路以北的蓝山大道左右两侧,建设一个33.3公顷的集农产品加工、仓储物流于一体的农产品加工产业园。依托雷家岭蔬菜合作社、正鑫花生合作社、三峰茶业等龙头企业,重点发展果蔬加工、小籽花生加工、畜产品加工。三要大力发展冷链物流。以提升农业价值链、保障农产品和食品药品消费安全、切实改善民生为目标,重点对接粤港澳市场,打造蓝山县农产品现代物流园。发展"生鲜电商+冷链宅配""中央厨房+食材宅配"等新业态新模式。鼓励农产品物流技术创新,推广可循环使用的标准化包装,提高农产品包装保鲜技术水平。四要加快技术创新。加强与高等院校科研机构合作,加快新型非热加工、新型杀菌、高效分离、节能干燥、清洁生产等技术升级,引进一批精深加工技术和信息化、智能化、工程化装备,攻克一批农产品精深加工关键共性技术难题。建立精深加工技术装备目录,支持企业攻破关键核心技术。

(2)优化乡村休闲旅游业。一要统筹区域布局。围绕"因地制宜、错位发展、突出特色、统筹结合"的发展思路,布局农(林、牧、渔)家乐、休闲庄园、特色小镇、田园综合体、共享农庄等业态；打造以云冰山、湘江源旅游景区为依托的生态休闲旅游区。二要开展示范创建。依托农业自然环境、田园景观、农业设施、农业产业、农耕文化等资源要素，结合美丽乡村示范创建，建设特色餐饮、住宿、购物、娱乐等配套服务设施，重点培育一批生态环境优、产业优势大、发展势头好、示范带动强的休闲农业乡镇、美丽休闲乡村和休闲农业园区。打造一批发展产业化、经营特色化、管理规范化、产品品牌化、服务标准化的示范农庄。建设"一村一品"示范村镇，使农区成为乡村村落景观。采取"政府主导+市场运作+村户联动"的模式，集中建设一批集标准原料基地、集约加工转化、区域主导产业、紧密利益联结于一体的农业特色小镇。三要强化品牌打造。进一步挖掘"湘江源头"文化内涵，塑造一批特色产品，培育具有地方特色和一定产业规模与经济效益的特色农副产品。推介一批湘江源头探险游、历史文化民俗游、千年古村考察游等精品线路，开展最美农庄、最美乡村、精品民宿、最受欢迎休闲农业和乡村旅游景点等评选活动。办好西瓜节、茶文化节、葡萄节、梨花节、油菜花节、乡村文化旅游节，形成全县农旅节庆品牌联动效应。

（3）发展乡村新型服务业。一要提升农业社会化服务业。强化政府公共服务机构的支撑和引导作用，适应农业生产规模化、标准化、机械化的趋势，支持产业协会、邮政、农民合作社及乡村企业等，开展农技推广、土地托管、代耕代种、烘干收储等农业生产性服务，以及市场信息、农资供应、农业废弃物资源化利用、农机作业及维修、农产品营销等服务。引导各类服务主体把服务网点延伸到乡村，鼓励新型农业经营主体在城镇设立鲜活农产品直销网点，推广农超、农社（区）、农企等产销对接模式。鼓励大型农产品加工流通企业开展托管服务、专项服务、连锁服务、个性化服务等综合配套服务。稳步推进互联网物联网技术在农业领域的应用推广。二要拓展生活性服务业。改造提升餐饮住宿、商超零售、美容美发、照相、电器维修、再生资源回收等乡村生活服务业，积极发展养老护幼、卫生保洁、文化演出、体育健身、法律咨询、信息中介、典礼司仪等乡村服务业。积极发展订制服务、体验服务、智慧服务、共享服务、绿色服务等新形态，探索"线上交易+线下服务"的新模式。鼓励各类服务主体建设运营覆盖娱乐、健康、教育、家政、体育等领域的在线服务平台，推动传统服务业升级改造，为全县乡村居民提供高效便捷服务。全面推进村级益农信息社建设，实现村民网上购物、网上卖农产品，让农民享受到现代信息技术发展成果。三要发展农村电子商务。支持电商、运输、商贸、供销、邮政、物流、金融、通信、快递等各类电子商务主体到乡村布局，构建农村购物网络平台。鼓励金融机构、支付机构在农村推广应用手机支付及其他新兴电子支付方式，发展农村互联网金融支付渠道。实施"互联网+"农产品出村进城工程，完善县、乡、村三级物流服务体系，建立多站点合一、协同发展的农村电商物流配送体系。支持不同类型的新型农业经营主体开展农产品仓储保鲜冷链设施建设，从源头加快解决农产品出村进城"最先一公里"问题。建设农村电子商务公共服务中心，加强农村电商人才队伍建设，提高全县农村电商专业化水平。

（三）强化农业科技创新与技术推广，构建现代化农业产业体系

（1）强化农业科技创新体系建设。构建农业科研机构联动、重点龙头企业参与的科技支撑农业产业发展的创新体系。支持农业企业组建研发机构，开发一批拥有自主知识产权的高新技术产品。引导支持重点龙头企业建设国家级、省级实验室和工程技术研究中心。

（2）提升农业科技创新水平。鼓励各类新型农业经营主体与科研机构、高等院校开展技术攻关、试验研究和农业科技人才培训合作，重点聚焦良种引进推广、绿色农业科技创新和农机农艺融合、种养加融合发展、农业经营管理等方面，加快先进技术成果的引进和再创新。引进示范推广一批抗病、高产、抗逆性强、适合市场需求的优良品种。

（3）加快农业科技成果转化推广。积极探索"项目+基地+企业""科研院所+龙头企业+生产单位"等现代农业技术集成与示范转化模式，重点推进粮油经作高产高效、健康养殖、绿色防控、测土配方施肥、超级稻栽培等农业技术新成果示范推广。建立多元化的农业技术推广体系，建立健全公益性农业技术推广服务体系，提升基层农技推广机构服务水平，鼓励高校和科研院所创新科技成果转化推广方式，壮大市场化科技服务力量，深入推行农村科技特派员制度。广泛开展形式多样的农村科普活动，提高科普基地建设水平，建立科普惠农服务站。

（4）进一步提升农业机械化水平。全面落实农机购置补贴政策，加大对新机具、新产品及专用型农机具的研发、引进和示范推广。重点突破水稻、油菜、水果等主要农作物机械化栽种、植保、收获、烘干等关键技术环节。提升果蔬、油茶、茶叶、中药材的采收、贮运等机械化水平，推广饲料加工、饲养管理、粪污清理、控温控湿、动物防疫、茶叶采收等智能化、自动化机械设备。培育壮大农机大户、农机专业户、农机合作社、农机飞防（作业）公司以及农机租赁公司等新型农机服务组织，切实提升农机社会化服务水平。

（5）推进智慧农业技术应用。加快推进农业物联网应用，拓展智慧农业信息平台功能，提升农业生产要素、资源环境、供给需求、成本收益、疫情防控、灾害防御等监测预警水平。推动大数据、区块链、云计算、移动互联、人工智能、无人机、遥感等现代信息技术在农业各环节的应用，提升农业智能化程度。

促进智慧农业、智能农业、智慧园区等新一代信息技术发展模式与传统农业深度融合发展，建设一批农业信息应用示范基地。

三、以培养农村各类人才为前提，着力推进乡村人才振兴

（一）抓好新型职业农民培训

要强化人才培养，支持高校、科研机构与现代农业企业合作建立实训基地，支持各类教育培训机构开展农业高技能人才再培训、再教育。对具有发展潜力和带头示范作用的新型农民开展创业能力提升培训，符合条件的纳入职业培训补贴范围。有针对性地开展返乡入乡创新创业者、农村实用人才带头人、农村青年创业致富"领头雁"、贫困村创业致富带头人、专业"种养加"能手等培养计划，重点培育各类专业技能人才。

（二）加强农业农村科技人才队伍建设

柔性引聘省内外农业领域著名专家，带动本地专家培养，在涉农企业、农业科研院所、农业推广机构中择优培养一批农业科技人才，建立总量结构合理、创新气氛浓厚的科研人才队伍。加强农技推广人才队伍建设，实施农技推广人员学历提升计划，支持农技人员在职研修，增强专业技能。建立涉农院校与基层农技推广服务机构联合培养人才制度，通过"定向招生、定向培养、定向就业"方式，引导本土高素质农科毕业生到基层开展农技服务。加强高素质农民队伍建设，继续实施高素质农民培育计划，统筹推进新型农业经营主体和服务主体、返乡下乡创新创业者和专业"种养加"能手等培养行动，造就一批在农村留得住、用得上、能带动的"土专家、田博士、农创客"。

（三）做好人才保障

引进农业技术人才，培育农村乡土人才，健全乡土人才评聘机制，将农村中的种养大户、农民经纪人、"土专家"等人才吸纳进来，壮大基层农业技术人才队伍。多渠道引进高素质、复合型现代农业人才，建立柔性灵活的人才激励政策，吸引各类人才返乡创业，在落户、职称评定、社会保险、医疗卫生及子女就学等方面落实优惠政策。

四、以破旧俗树新风为抓手，着力推进乡村文化振兴

（一）积极开展文化活动

加快推进农村基层综合性文化服务中心建设。要坚持以政府为主导，以乡镇为依托，以农民为对象，加快建设全县乡镇村组文化设施和文化活动场所，形成

健全的文化基础设施服务网络，做到乡镇有综合文化站，村组有文化活动室。将农村公共文化服务重心下移，在乡村建设集图书阅读、广播影视、宣传教育、文艺演出、科技推广、科普培训和青少年校外活动等于一体的综合性文化服务中心。大力推进乡村（社区）文体广场建设，结合传统节日、民间特色节庆、农民丰收节等，因地制宜广泛开展一些层次高雅、内容通俗、贴近生活、贴近实际、群众喜闻乐见的乡村文化娱乐体育活动。广泛开展全民健身运动。建设一批特色文化名镇和特色文化名村。

（二）保护传承优秀传统文化

（1）继承少数民族优秀的民间绝技绝活。弘扬蓝山瑶族人民在长期的发展过程中所创造的民间音乐、书画写生、戏曲、瑶族歌舞、瑶族刺绣服饰、长鼓舞等古朴、独特的民间艺术及独具民俗风情的瑶族文化，传承汇源瑶族至今还保留完好的神秘古老的度戒、还盘王愿和家愿、烧尸、上刀梯、下火海、坐歌堂等非物质民间绝活。

（2）深入挖掘蓝山历史悠久的文化底蕴。早在夏商以前，就有先民在蓝山繁衍生息。数千年来，舜文化、瑶文化、湖湘文化、红色文化与岭南文化在这里相融相长，形成了厚重、丰富、独特的人文景观。虞舜帝曾南巡至九嶷山，以三分石为中心的数百里山区繁衍着一个"舜文化圈"。蓝山地处九嶷山，现在的所城、大麻、湘江源、荆竹一带是传说中舜帝的主要活动区域，要深入挖掘和传承这一带远古遗留的舜乡、舜庙、舜水、舜帝殿、望嶷亭、斑竹等与舜帝文化有关的神奇美丽传说和众多历史遗迹。

（3）进一步开发和保护好虎溪古戏台、滨溪石雕、塔下寺、传芳塔等千年古村民居寺庙的艺术价值和历史文化。下大力气做好历史文化名镇名村、传统村落、传统民居、文物古迹、民族村寨、农业遗迹的保护工作，真正让有形的乡村文化留得住，让活态的乡土文化传下去，让人们记得住乡愁，为美丽乡村建设和乡村旅游发展增添更有吸引力的亮丽风景。同时，要将乡村优秀文化融入文化礼堂、文化广场、农家书屋、文体活动中心等场所，利用乡村已有公共党建文化设施，建设文化广场、长廊、戏院等农村优秀文化阵地，力争95%的村（社区）有一定规模的文化小公园或者长廊等文化阵地，基本实现一村一文化阵地。

（三）大力推进移风易俗

强化道德教化。坚持德治为先，强化道德教化在乡村治理中的辅助作用。进一步在广大农村培育弘扬社会主义核心价值观，增强集体意识、法治精神和民主氛围。开展文明村镇创建，通过典型示范引领提高村民素质和文明程度。加强农村未成年人思想道德建设，开展"新时代好少年"学习宣传。持续巩固学雷锋志愿服务活动暨"城市管理提升年"文明养成行动成果，积极组织"弘扬婚育新风，助力乡村振兴"文科卫"三下乡"暨新时代文明实践集中示范活动，积极开展"新乡贤""好媳妇""好儿女"等评选活动，构建弘扬新乡贤文化。继续深化"治陋习、树新风"乡风文明建设年活动。出台乡村"十星级文明户"相关激励礼遇办法，每年评选出县十星级文明示范户，乡镇十星级文明户，村十星级文明户。进村入户开展"防疫情　树新风""十星级文明户评选宣传""简办红白喜事　抵制大操大办"等主题志愿服务活动，有效遏制大操大办、厚葬薄养、人情攀比等陈规陋习，在乡村形成见贤思齐、崇德向善的文明新气象。

五、以农村人居环境为重点，着力推进乡村生态振兴

（一）整治提升村容村貌

（1）建设全域美丽宜居乡村。实施村容村貌提升行动，加快"多规合一"实用性村庄规划编制，做到所有行政村应编尽编，加强乡村规划许可管理。编制全县乡村风貌整体设计和乡村风貌建设技术指导。推进农村公路提质改造，完善村庄公共照明设施，实施乡村绿化工程。坚持开展村庄清洁行动集中整治活动，由"清脏"向"治乱"拓展，由村庄面上清洁向屋内庭院清洁、村庄周边清洁拓展，着力培养农民群众卫生健康意识和环境保护理念，确保所有村庄常年保持干净、整洁、有序。实施美丽乡村示范创建，全面推行村庄分类提质，打造一批美丽乡村精品路线和示范片。深入实施"千村美丽、万村整治"工程，全域推进美丽乡村建设。巩固蓝山县毛俊镇美丽乡村全域推进建设成果。

（2）抓好农村人居环境治理。一要抓"治房"。分类分步、有序推进农村四类"空心房"整治，实现行政村"空心房"拆除率达90%以上，大力整治农村无序建房，将农村新建农房全部纳入规划管控与建房管理。二要抓"治厕"。根据农户集中居住与分散居住特点，全面开展无害化卫生厕所建设，加强农村公共卫生厕所的改造与管护。持续实施农村无害化卫生厕所改建项目，加快推进厕所粪污资源化利用，加强厕所后续管护机制建设。三要抓"治水"。实施农村生活污水治理行动，加快污水处理厂、生态污水处理池及其他污水处理设施建设，推动城镇污水管网向周边村庄延伸覆盖。继续推进楠市镇、新圩镇、毛俊镇污水处理厂建设，实现全县范围内每个乡镇至少建设1座污水处理厂，将毗邻城镇的村庄纳入城市污水收集管网统一处理；对人口集聚村庄，建设污水处理设施集中处理；对人口分散的村庄，采用"四池净化"式分散处理；对农家乐污水，建立隔油池进行纳管式治理。强化农村水环境治理，结合河长制建设，以河、塘、沟、渠、库等水域为重点，清理水域漂浮物，清除堤岸杂物和生产生活垃圾，确

保无丢弃的病死畜禽、无农业生产废弃物，水质清澈。在全县建成乡镇污水处理厂 14 个，实现农村生活污水治理行政村全覆盖。

（二）加强垃圾分类管理

全面推行"户分类、村收集、乡转运、县处理"的垃圾处理模式，实行城乡垃圾一体化处理。加强垃圾中转站、中转车等配套设施建设，提升垃圾转运能力。探索开展农村生活垃圾分类，完善村庄保洁长效机制，全面推广"一约四制"，到 2025 年，全县所有行政村实现对农村生活垃圾集中清运，对生活垃圾进行分类处理的村占比为 85% 以上，"一约四制"行政村覆盖率达到 100%。推进农村生活垃圾"两次四分"初步分类减量，先将农村生活垃圾分为可沤肥垃圾和不可沤肥垃圾；对不可沤肥垃圾，再分为可回收、不可回收两类，鼓励有条件的乡镇设立垃圾回收积分兑换超市。

（三）加快农业废弃物资源化利用

以农用有机肥和农村能源为主要利用方向，全县推进畜禽粪污资源化利用。禁止秸秆露天焚烧，完善全县农作物秸秆综合利用收储运体系，提升秸秆综合利用率。实施废弃农药包装物押金制度，探索基于市场机制的回收处理机制，对废弃农药包装物实施无害化处理和资源化利用。推进畜禽资源化利用提质改造，在全县建设、升级改造与养殖专业户和规模养殖场粪污处理设施配套的集中收集、处理系统和有机肥加工厂 2 个；建设病死畜禽临时储存点 10 个。加强秸秆综合利用，完善健全秸秆收储运体系，引进新技术，培育市场主体，健全保障机制。

后　记

  为了贯彻落实《中国共产党党校（行政学院）工作条例》精神，充分发挥党校（行政学院）资源优势、系统优势，推动集体攻关搞科研、上下协同出成果，实现永州市全市党校（行政学院）系统科研工作高质量发展，经市委党校（行政学院）校（院）委会研究，决定开展2022年度全市党校（行政学院）系统"永州实施乡村振兴战略研究"科研协作攻关项目。

  本项目经大家共同努力，顺利完成了。为了实现成果转化并向大家展示永州乡村振兴战略的实施情况，永州市委党校（行政学院）校（院）委会会议决定，将成果结集成书。本书由市委党校（行政学院）科研部组织编写，是全市党校（行政学院）系统集体攻关的成果和智慧结晶；由常务副校（院）长黄燕担任主编，校（院）教育长李跃军、科研处处长范仰棋担任副主编。本书由永州市委党校（行政学院）及各县（市、区）党校（行政学校）共同编写。全书共有十二章，其中，第一章由永州市委党校（行政学院）编写，第二章由冷水滩区委党校（行政学校）编写，第三章由零陵区委党校（行政学校）编写，第四章由祁阳市委党校（行政学校）编写，第五章由东安县委党校（行政学校）编写，第六章由双牌县委党校（行政学校）编写，第七章由道县县委党校（行政学校）编写，第八章由江永县委党校（行政学校）编写，第九章由江华瑶族自治县委党校（行政学校）编写，第十章由宁远县委党校（行政学校）编写，第十一章由新田县委党校（行政学校）编写，第十二章由蓝山县委党校（行政学校）编写。感谢市委党校（行政学院）校（院）委会对本书编写工作的大力支持和关心，感谢各县（市、区）党校（行政学院）的积极参与与辛勤付出，感谢湖南大学出版社对本书出版的大力支持。

本书因编者水平有限，难免存在不足之处，敬请读者谅解，并提出宝贵意见。

编　者

2023 年 2 月